수협회원조합

필기고시(민법)

KB194170

수협회원조합
필기고시(민법)

초판 2쇄 발행	2022년 5월 20일	
개정판 발행	2024년 9월 27일	

편 저 자 | 취업적성연구소

발 행 처 | ㈜서원각

등록번호 | 1999-1A-107호

주   소 | 경기도 고양시 일산서구 덕산로 88-45(가좌동)

교재주문 | 031-923-2051

팩   스 | 031-923-3815

교재문의 | 카카오톡 플러스 친구[서원각]

홈페이지 | goseowon.com

PREFACE

우리나라 기업들은 1960년대 이후 현재까지 비약적인 발전을 이루었다. 이렇게 급속한 성장을 이룰 수 있었던 배경에는 우리나라 국민들의 근면성 및 도전정신이 있었다. 그러나 빠르게 변화하는 세계 경제의 환경에 적응하기 위해서는 근면성과 도전정신 이외에 또 다른 성장 요인이 필요하다.

한국기업들이 지속가능한 성장을 하기 위해서는 혁신적인 제품 및 서비스 개발, 선도 기술을 위한 R&D, 새로운 비즈니스 모델 개발, 효율적인 기업의 합병·인수, 신사업 진출 및 새로운 시장 개발 등 다양한 대안을 구축해 볼 수 있다. 하지만, 이러한 대안들 역시 훌륭한 인적자원을 바탕으로 할 때에 가능하다. 최근으로 올수록 기업체들은 자신의 기업에 적합한 인재를 선발하기 위해 기존의 학벌 위주의 채용을 탈피하고 기업 고유의 채용 제도를 도입하고 있는 추세이다.

수협회원조합에서도 업무에 필요한 역량 및 책임감과 적응력 등을 구비한 인재를 선발하기 위하여 고유의 필기고시를 치르고 있다. 본서는 수협회원조합 채용대비를 위한 필독서로 수협회원조합 필기고시의 출제경향을 철저히 분석하여 응시자들이 보다 쉽게 시험유형을 파악하고 효율적으로 대비할 수 있도록 구성하였다.

신념을 가지고 도전하는 사람은 반드시 그 꿈을 이룰 수 있습니다. 처음에 품은 신념과 열정이 취업 성공의 그 날까지 빛바래지 않도록 서원각이 수험생 여러분을 응원합니다.

STRUCTURE

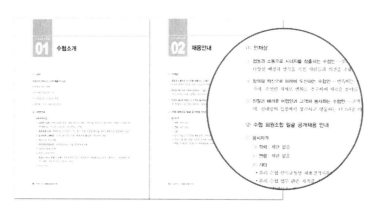

수협소개 및 채용안내

수협에 대한 간략한 설명과 채용 관련 정보를 담았습니다.

출제예상문제

각 영역별 출제가 예상되는 문제를 엄선하여 수록하였습니다.

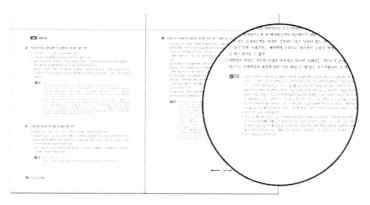

정답 및 해설

매 문제마다 상세한 해설을 달아 문제풀이만으로도 시험 대비가 가능하도록 구성하였습니다.

CONTENTS

PART 01 수협회원조합 소개

01 수협소개 ·· 8
02 채용안내 ·· 12

PART 02 민법총칙

01 통칙 ·· 16
02 자연인 ··· 24
03 법인 ·· 33
04 권리의 객체 ··· 39
05 의사표시 ·· 45
06 대리 ·· 58
07 법률행위의 무효 · 취소 ···································· 66
08 법률행위의 부관 ··· 72
09 기간 · 소멸시효 ·· 76

PART 03 물권법

01 총칙 ·· 86
02 물권의 변동 ··· 90
03 점유권 ··· 100
04 소유권 ··· 105
05 용익물권 ·· 122
06 담보물권 ·· 135

PART 04 채권총론

01 채권의 본질과 목적 ··· 152
02 채권의 효력 ··· 160
03 수인의 채권자 및 채무자 ·································· 184
04 채권양도와 채무인수 ······································· 196
05 채권의 소멸 ··· 204

PART 05 채권각론

01 계약총론 ·· 220
02 증여 · 매매 · 교환 ··· 234
03 소비대차 · 사용대차 · 임대차 ···························· 246
04 고용 · 도급 · 위임 ··· 261
05 임차 · 현상광고 · 조합 · 종신정기금 · 화해 ·········· 269
06 사무관리 · 부당이익 ··· 276
07 불법행위 ·· 283

01 수협소개

02 채용안내

PART **01**

수협회원조합 소개

수협소개

(1) 비전

어업인이 부자되는 어부(漁富)의 세상

• 어업인 권익 강화

• 살기좋은 희망찬 어촌

• 지속가능한 수산환경 조성

• 중앙회 · 조합 · 어촌 상생발전

(2) 사업안내

① 교육지원사업

  ㉠ **어업인 지원** : 어촌지도상 발굴, 불합리한 수산제도 개선 및 피해보상 업무지원, 어업인 일자리 지원(행복海), 어업인 교육지원, 여성어업인 지원

  ㉡ **회원조합 지원** : 회원조합 인사업무 지원, 전국 수협 조합장 워크숍 개최, 회원조합 경영개선 지원

  ㉢ **도시어촌 교류촉진** : 도시어촌 교류 지원, 어촌관광 활성화 지원(어촌사랑)

  ㉣ **외국인력 지원사업**

  ㉤ **어선안전조업사업** : 안전조업지도, 어업인안전조업교육

  ㉥ **해양수산방송 운영**

  ㉦ **어업 in수산 발간**

  ㉧ **희망의 바다 만들기 운동** : 수산자원의 조성 · 회복관리, 바다환경의 유지 · 개선관리, 개발행위 저지 · 대응, 희망의 바다 만들기 사이트

  ㉨ **조사 · 연구**

② 상호금융사업

    ㉠ 예금 : 금융환경에 발맞춰 고객님의 다양한 성향과 상황을 반영하고 더 큰 혜택으로 돌려드리기 위해 일반 예금 뿐 아니라, 세금우대예탁금 등 다양한 상품들을 제안

    ㉡ 카드 : 효율적인 소비생활을 위해 수협에서는 신용카드, 체크카드, 기프트카드 등 다양하고 세분화된 고객 맞춤형 카드 상품

    ㉢ 외환 : 고객님의 금융생활에 불편함이 없으시도록 다양하고 혜택 많은 금융서비스를 제공

    ㉣ 대출 : 신속하고 정확한 대출서비스로 용도와 자격요건에 따라 다양한 상품 구비

③ 공제보험사업

    ㉠ 생명공제 : 저축성공제, 연금성공제, 보장성공제

    ㉡ 손해공제 : 화재공제, 기타공제

④ 정책보험사업

    ㉠ 어선원 및 어선 재해보상보험 : 「어선원 및 어선 재해보상보험법」에 따라 정부로부터 업무를 위탁받아 수협이 운영하는 정책보험으로써 어업과 관련된 각종 재해로 인한 피해를 보장

    ㉡ 양식수산물 재해보험 : 「농어업재해보험법」에 따라 수협이 보험사업자로 선정되어 운영하는 정책보험으로써 자연재해로 인한 양식수산물 및 양식시설물의 피해를 보장

    ㉢ 어업인 안전보험 : 「농어업인의 안전보험 및 안전재해예방에 관한 법률」에 의거 운용되는 정부 정책보험으로서, 어업작업으로 인하여 발생하는 부상, 질병, 장해, 사망 등의 재해를 보상

⑤ 경제사업

    ㉠ 이용가공 사업 : 신선한 수산물 유통에 필수적인 제빙·냉동·냉장사업과 상품의 부가가치 제고를 위한 가공 사업을 수행

    ㉡ 공판사업 : 어업인이 생산한 수산물을 소비지로 집결시켜 대량 유통시킴으로써 판로확보와 안정적 수산물 공급에 기여하는 사업

    ㉢ 수산물 가격지지 사업 : 어획물의 수급조절을 통한 어업인 수취가격 제고와 소비자 가격안정을 위해 정부비축사업과 수매 지원사업을 수행

    ㉣ 어업용 면세유류 공급사업 : 어업인들의 안정적 어업활동지원과 소득증진을 목적으로 면세유류공급 안정성확보, 경쟁입찰을 통한 저가구매, 면세유류 공급대상 확대 등을 지속적으로 추진

    ㉤ 어업용 기자재 및 선수물자 공급사업 : 연근해어선에 필요한 어선용 기관대체, 장비 개량 및 선외기 등 어업용 기자재와 로프, 어망 등 선수품을 저렴한 가격으로 공동구매해 공급

    ㉥ 수협쇼핑 : 소비자가 온라인을 통해 다양한 수산물을 빠르고 안전하게 구매할 수 있는 식품 종합쇼핑몰

Ⓢ **수협B2B** : 온라인 비즈니스 시대에 적극 대응하고 수산물 유통구조 개선을 위해 기업 간 전자상거래를 지원하는 온라인 도매시장을 운영

Ⓞ **군급식사업** : 군장병들에게 양질의 수산물을 공급함으로써 체력 향상은 물론 어업인 소득증대에 기여

Ⓩ **단체급식 사업** : 수산물 소비촉진과 국민건강을 향상시키기 위해 전국 초 · 중 · 고등학교, 관공서 및 기업체 등의 단체급식 사업장에 양질의 수산물을 공급

Ⓒ **노량진시장 현대화 사업** : 2007년부터 시장 현대화사업을 추진하여 2015년 건물을 완공하고 2016년 새롭게 개장

Ⓚ **홈쇼핑사업** : 홈쇼핑 유통 채널을 통하여 중앙회 및 산지 회원조합, 중소 수산식품기업의 수산물 신규 판로개척과 대량 소비촉진으로 어업인 소득증대에 기여

Ⓣ **무역사업** : 미주 및 호주, 캐나다, 중국, 동남아시아 등에 바다애찬 상품 및 한국수산식품 등을 수출하고 있으며, 해외지역에서 한국 수산식품의 홍보활동과 해외시장 개척에 노력

(3) 수협자회사

① **수협은행** ··· 고객지향적 서비스로 고객의 재정적 성공을 도움으로써 국민 경제 활성화에 기여하고 해양 · 수산업의 발전과 해양 · 수산인의 성공을 지원하며 해양 · 수산관계자 및 고객과의 동반성장을 통해 밝은 미래를 이끌어 나가는 역할을 하고 있다.

② **수협노량진수산** ··· 노량진수산시장은 수산물 유통업계의 혁신을 주도하고 생산자와 소비자를 함께 보호하는 법정 도매시장으로서, 생산자 수취가격을 높이고 소비자에게는 저렴한 가격으로 품질 좋은 먹거리를 공급함으로써 수산물의 안정적인 수급과 소비자물가 안정에 기여하고 있다.

③ **수협유통** ··· 수협유통은 1992년 수협중앙회에서 설립한 수산물 유통 전문 회사이다. 수협유통에서는 "어업인에게 희망과 고객에게 믿음을"이라는 경영목표 아래 생산자에게는 유통활로를, 소비자에게는 고품질의 수산물을 합리적인 가격에 제공한다는 목표를 실현하기 위해 최선을 다하고 있다.

④ **수협사료** ··· 수협중앙회와 양식관련 수협이 공동출자하여 설립된 국내 유일의 양어사료 전문 제조업체로서 연안오염 경감 및 양식어민의 소득증대를 위해 기여하고 있다.

⑤ **수협개발** ··· 시설물관리 및 근로자파견 및 수산물 가공 도급사업 등의 차별화된 노하우와 전문성으로 최고의 서비스 제공을 목적으로 한다.

⑥ **위해수협국제무역유한공사** ··· 한 · 중 FTA체결에 따라 중국에 선도적으로 진출하여 세계의 생산공장에서 세계의 소비시장화 되고 있는 중국에 안전하고 우수한 국내 수산식품의 소비를 확대하고자, 중국 현지법인을 개설하여 국산 수산물의 대중국 수출확대를 통한 수산업 경쟁력 강화 및 수산물 소비촉진에 기여하고 있다.

(4) 회원조합소개

① 수산인 104만 명

② 전국 91개 조합
 ㉠ 지구별 70개소, 업종별 19개소, 수산물가공조합 2개소
 ㉡ 조합원 158천 명

③ 어촌계 2,029개소

채용안내

(1) 인재상

① 협동과 소통으로 시너지를 창출하는 수협인 … 동료와 팀워크를 발휘하여 조직의 목표 달성에 기여하며, 다양한 배경과 생각을 가진 사람들과 의견을 조율하여 문제를 해결하는 사람.

② 창의와 혁신으로 미래에 도전하는 수협인 … 번뜩이는 생각과 새로운 시각으로 변화하는 시대에 앞서 나가며, 유연한 자세로 변화를 추구하며 새로운 분야를 개척하는 사람.

③ 친절과 배려로 어업인과 고객에 봉사하는 수협인 … 고객을 섬기는 따뜻한 가슴으로 고객 행복에 앞장서며, 상대방의 입장에서 생각하고 행동하는 너그러운 마음을 품은 사람.

(2) 수협 회원조합 일괄 공개채용 안내

① 응시자격

　　㉠ 학력 : 제한 없음

　　㉡ 연령 : 제한 없음

　　㉢ 기타

　　　• 우리 수협 인사규정상 채용결격사유에 해당하지 않는 자

　　　• 우리 수협 업무 관련 자격증 소지자 우대

　　　• 취업지원대상자, 장애인은 관련법령에 의해 가점 등 부여

② **전형방법**

    ㉠ **서류전형** : 입사지원은 채용 홈페이지 On-line으로만 접수(입사지원서 등을 고려 채용예정인원의 각 수협별 배수 내외 선발)

    ㉡ **필기고시**

        • **일반관리계** : 필수과목(인 · 적성검사), 선택과목[민법(친족, 상속편 제외), 회계학(원가관리회계, 세무회계 제외), 경영학(회계학 제외), 수협법(시행령, 시행규칙 포함), 상업경제 중 택 1]

        • **기술 · 기능계** : 필수과목(인 · 적성검사)

    ㉢ **면접전형** : 인성면접, 실무면접 등

    ㉣ **최종합격**

        • 면접전형 고득점자 순으로 면접전형 합격자 결정

        • 면접전형 합격자 중 신체검사 합격자에 한하여 임용

    ㉤ **임용**

③ **응시자 유의사항**

    ㉠ 수협별 중복 입사지원은 불가능하다.

    ㉡ 적격자가 없는 경우 선발하지 않을 수 있다.

    ㉢ 입사지원서 기재 착오, 필수사항 및 요건 누락 등으로 인한 불이익은 본인 부담이며, 주요기재사항이 제출서류와 일치하지 않을 경우 합격 또는 입사를 취소할 수 있다.

    ㉣ 최종합격자는 반드시 본인이 임용등록 서류 제출일에 참석하여 등록을 마쳐야 하며 기한 내에 임용등록을 하지 않을 경우 임용 의사가 없는 것으로 간주한다.

    ㉤ 면접전형 시 제출한 서류는 채용절차의 공정화에 관한 법률 제11조에 따라 최종합격자 발표 후 14일 이내 반환 청구가 가능하다.

    ㉥ 우리 수협 인사규정상 임용 후 전보 및 순환보직 가능하다.

    ㉦ 채용 관련 문의는 채용게시판 내 Q & A 이용 또는 지원하신 수협 총무과로 연락하면 된다.

01 통칙

02 자연인

03 법인

04 권리의 객체

05 의사표시

06 대리

07 법률행위의 무효 · 취소

08 법률행위의 부관

09 기간 · 소멸시효

PART

02

민법총칙

통칙

01 민법의 기본원리 및 법원

1 근대 민법의 3대 기본원리가 아닌 것은?

① 사유재산권 존중의 원칙
② 계약자유의 원칙
③ 과실 책임의 원칙
④ 공공복리의 원칙

> **해설** 개인의 자유와 평등을 강조하는 근대민법은 계약자유의 원칙, 소유권 절대의 원칙, 과실 책임의 원칙이라는 3대원리로 구체화되었다. 현대복지국가에서는 3대원칙에 대한 수정을 하게 되었고 공공복리의 원칙이 등장하게 되었다. 공공복리의 원칙은 신의성실의 원칙, 권리남용의 원칙, 거래의 안전, 사회질서의 원칙을 구체적 실천원리로 하고 있다.

2 근대 민법의 기본원칙에 대한 수정원리가 아닌 것은?

① 소유권자의 이용권자에 대한 지배
② 신의성실의 원칙
③ 권리남용금지의 원칙
④ 거래의 안전보호의 원칙

> **해설** 근대 민법은 자본주의 경제의 원동력이 되었다. 그러나 자본주의의 구조적 모순으로 인하여 빈부의 격차가 심화되고, 강자와 약자의 계급대립을 격화되었다. 따라서 근대민법의 기본원리를 수정하게 된 것이다. 즉, 공공복리의 원칙이 현대 사법을 지배하는 최고의 지도원리로 등장함으로써 근대 민법의 3대원리는 그 수정이 불가피하게 되었다. 현행 민법에서의 ② 신의성실 ③ 권리남용금지 ④ 거래안전·사회질서 등의 원칙들은 근대 민법의 3대원칙을 적극적으로 수정하는 상위원칙으로서 공공복리를 구체화하는 실천원리의 기능을 수행하게 되는 것이다.

3 다음 중 민법상의 공공복리의 원리와 가장 관계가 먼 것은?

① 권리남용금지의 원칙
② 신의성실의 원칙
③ 계약자유의 원칙
④ 무과실책임의 원칙

✔해설 현행 민법은 공공복리를 최고의 원리로 삼고 있다. 신의성실·권리남용금지·거래안전·무과실책임 등의 원칙들은 공공복리를 구체화하는 실천원리의 기능을 수행하고 있다. 계약자유의 원칙은 근대 민법의 기본원리이다.

4 관습법에 대한 설명으로 옳지 않은 것은?

① 관습법은 법원의 판결에 의하여 그 존재가 확인되므로 관습법의 성립 시기는 법원의 판결에서 관습법의 존재를 인정하는 때에 관습법으로 성립한다는 것이 통설이다.

② 관습법은 당사자의 주장·입증을 기다림이 없이 법원이 직권으로 이를 확정하여야 한다는 것이 판례의 태도이다.

③ 판례에 의하여 관습법으로 인정되는 것으로는 미분리 과실의 소유권귀속에 관한 명인방법, 분묘기지권, 관습법상의 법정지상권 등이 있다.

④ 판례는 관습법은 법원으로서 법령과 같은 효력을 갖는 관습으로 법령에 저촉되지 않는 한 법칙으로서의 효력이 있으나, 사실인 관습은 법령으로서의 효력이 없는 단순한 관행으로서 법률행위의 당사자의 의사를 보충함에 그친다고 하여 양자를 개념상 구별하고 있다.

✔해설 ① 관습법의 성립시기에 대하여 통설은 관행이 법적 확신을 획득한 때에 관습법으로 성립한다고 본다. 다만 관행이 법적 확신을 취득하였는지의 여부는 법원의 판결에 의해 확인되므로, 판결이 확정되면 그 관습법은 법적 확신을 취득한 때로 소급하여 성립하였다고 할 것이다. ②④는 '관습법'과 '사실인 관습'의 차이에 대한 판례의 입장에서 타당하며, ③④도 관습법의 효력이나 범위에 대한 옳은 설명이다.

5 민법의 법원(法源)에 관한 다음 설명 중 틀린 것은?

① 민법 제1조에 규정되어 있는 법원은 법률, 관습법, 판례 그리고 조리이다.
② 민법 제1조에 의하면 법원에도 순위가 있다
③ 경우에 따라서는 대통령령도 민사에 관하여 법원이 될 수 있다.
④ 대법원규칙이나 조약도 민법의 법원이 될 수 있다.

✔해설 민법 제1조에 의해 법원으로 인정되는 것은 법률, 관습법, 조리이다(제1조 참조). 따라서 판례는 법원으로 명시되어 있지 않다.

Answer 1.④ 2.① 3.③ 4.① 5.①

6 민법의 법원(法源)에 관한 설명으로 가장 옳지 않은 것은? (다툼이 있는 경우 다수설과 판례에 의함)

① 민법 제1조에 따르면, 관습법은 법률에 대하여 보충적인 효력만이 있으나 예외적으로 법률에 우선하는 효력을 가질 수 있다.

② 민사문제에 관하여 법률, 관습법, 조리의 순서로 재판의 준칙이 된다.

③ 여기에서 법률은 형식적 의미의 민법뿐만 아니라 민사관련 모든 법령을 의미한다.

④ 관습법은 그 존부(存否)가 불분명하므로 관습법을 원용하는 당사자가 주장·증명하는 경우에만 이의 법원성을 인정할 수 있다.

> ✔ **해설** 관습법은 법원이 직권으로 이를 확정하여야 하고 사실인 관습은 그 존재를 당사자가 주장 입증하여야 하나, 관습은 그 존부 자체도 명확하지 않을 뿐만 아니라 그 관습이 사회의 법적 확신이나 법적 인식에 의하여 법적 규범으로까지 승인되었는지의 여부를 가리기는 더욱 어려운 일이므로, 법원이 이를 알 수 없는 경우 결국은 당사자가 이를 주장 입증할 필요가 있다(대판 1983.6.14. 80다3231).

7 성문법주의와 불문법주의에 관한 설명 중 옳지 않은 것은?

① 최근에는 대륙법계에서도 판례법 내지 관습법에 대한 중요성의 인식이 강화되고 있다.

② 불문법주의는 사회변화에 대한 규범적 적응성이 부족하므로 구체적 타당성의 확보에 어려움이 있다.

③ 법의 통일화·명확화의 측면에서는 성문법주의가 우세하다.

④ 불문법주의는 법적 안정성의 측면에서 유동적이다.

> ✔ **해설** 불문법은 사회에서 자연스럽게 형성되는 법이므로 사회변화에 대한 적응성이 뛰어나며 구체적 타당성을 충족시킨다.

8 다음 중 판례에 의해서 확인된 관습법이나 관습법상의 제도가 아닌 것은?

① 분묘기지권 　　　　　　　　② 지역권
③ 명인방법 　　　　　　　　　④ 동산의 양도담보

> ✔ **해설** 관습법상의 제도로는 분묘기지권, 명인방법상 공시방법, 동산의 양도담보, 관습법상 법정지상권, 사실혼 관계가 있다.

9 민법 제1조의 규정과 부합되지 않는 것은?

① 법원의 종류
② 판례의 구속력
③ 법원의 순위
④ 관습법의 보충성

> ✔해설 통설과 판례는 판례의 법원성을 부정하고 있으며, 민법 제1조에도 판례의 구속력에 대해 규정하고 있지 않다.

10 관습법에 관한 설명 중 옳지 않는 것은?

① 관습법은 민법의 법원(法源)으로서 효력이 있다.
② 관습법은 성문법에 대한 보충적 효력이 있음이 원칙이다.
③ 판례는 관습법과 사실인 관습의 개념을 동일시하고 있다.
④ 관습법에 의해 성문법이 개폐되는 효력을 인정하는 견해도 있다.

> ✔해설 ① 민법 제1조 참조
> ② 판례는 "가정의례준칙 제13조의 규정과 배치되는 관습법의 효력을 인정할 수 없다"고 판시하여 관습법은 성문법에 대하여 보충적 효력설의 입장이다.
> ③ 판례는 "관습법이란 법적 규범으로 승인·강행되기에 이르는 것을 말하고, 사실인 관습은 아직 법적 규범으로서 승인된 정도에 이르지 않은 것을 말하는바, 관습법은 법원으로서 효력이 있는 것이며, 사실인 관습은 법령으로서의 효력이 없는 단순한 관행으로서 법률행위의 당사자의 의사를 보충함에 그치는 것이다"라고 판시하여(대판 1983.6.14, 80다3231), 관습법과 사실인 관습의 개념을 구별하고 있다.
> ④ 이른바 변경적 효력설(대등적 효력설)은 관습법 생성의 불가피성과 일정한 경우에 성문민법이 관습에 의하여 개폐되고 있는 현실(관습법상의 법정지상권, 미분리 과실과 수목의 집단의 소유권이전에 관한 명인방법)에 비추어 볼 때 관습법은 성문법을 개폐하는 효력을 갖는다고 한다.

11 조리에 관한 설명으로 옳지 않은 것은?

① 조리는 법의 일반원칙, 사회통념 등으로 표현되기도 한다.
② 조리는 신의성실을 내용으로 한다.
③ 조리는 실정법 해석의 표준이 되며, 법의 흠결시 재판의 최종적 준거가 된다.
④ 법이 존재하지 않는 경우에 법관의 판단은 곧 조리가 된다.

> ✔해설 조리는 일반 국민의 건전한 상식, 이성적 판단 등을 의미한다. 법이 존재하지 않는 경우에 법관은 최종적으로 조리에 의하여 판단을 하여야 하겠지만, 그렇다고 해서 법관의 판단이 언제나 바로 조리가 되는 것은 아니다.

Answer   6.④ 7.② 8.② 9.② 10.③ 11.④

12 다음 법률용어의 해설 중 옳지 않은 것은?

① '선의'란 어떤 사정을 알지 못하는 것이고, '악의'는 이를 알고 있는 것이다.

② '추정'은 반대증거가 제출되어도 적용을 면할 수 없고 법률에서 정하는 효력이 당연히 발생하는 것이며, '간주'는 반대증거가 제출되면 적용을 면할 수 있다.

③ '대항하지 못한다'란, 법률행위의 당사자는 제3자에게 법률행위의 효력을 주장할 수 없지만, 제3자가 그 효력을 인정하는 것은 무방하다는 의미이다.

④ '고의'란 자신의 행위를 일정한 결과가 발생하는 것을 알면서도 그 행위를 하는 것이고, '과실'이란 일정한 결과발생을 당연히 알아야 함에도 불구하고 부주의로 알지 못하는 것을 뜻한다.

✔ **해설** '추정'은 반증이 제시되면 추정된 효력은 발생하지 않지만, '간주'는 반증이 제시되더라도 법률이 정한 효력은 그대로 유지된다.

13 민법의 효력에 관한 설명으로 옳지 않은 것은?

① 민법은 외국에 있는 대한민국 국민에게 그 효력이 미친다.

② 민법에서는 법률불소급의 원칙이 엄격하게 지켜지지 않는다.

③ 민법은 한반도와 그 부속도서라면 예외 없이 효력이 미친다.

④ 우리 민법은 국내에 있는 국제법상의 치외법권자에게는 그 효력이 미치지 아니한다.

✔ **해설** 민법은 국내에 있는 모든 내·외국인에게 그 효력이 있다.

03 법률관계

14 신의성실의 원칙에 관한 다음 설명 중 가장 옳지 않은 것은?

① 민법상 신의성실의 원칙은 법률관계의 당사자가 상대방의 이익을 배려하여 형평에 어긋나거나 신뢰를 져버리는 내용 또는 방법으로 권리를 행사하거나 의무를 이행하여서는 아니 된다는 추상적인 규범이다.

② 신의성실의 원칙은 권리의 발생·변경·소멸의 기능을 갖는다.

③ 신의성실의 원칙의 위반 또는 권리남용은 당사자의 주장이 없더라도 직권으로 판단할 수 있다.

④ 신의성실의 원칙은 오직 권리행사와 의무이행에만 적용되는 것으로서 이에 기해 어떠한 의무가 도출되는 것은 아니다.

 ③ 대판 1989.9.29, 88다카17181

④ 신의성실의 원칙은 권리행사뿐만 아니라 의무이행에도 적용되는 것으로서, 급부의무 또는 명시적으로 규정된 종된 의무에 적용하여 이를 확장함으로써 부수적 의무와 이에 상응하는 권리를 발생하게 한다.

15 신의성실의 원칙에 관한 다음 기술 중 옳은 것은?

① 신의성실의 원칙은 프랑스 민법에서 기원한다.

② 신의성실의 원칙은 주로 채권법 분야에 적용되는 것이었다.

③ 신의성실의 원칙과 권리남용금지의 원칙은 아무런 관련이 없다.

④ 신의성실의 원칙을 사법의 최고지도원리로 규정한 것은 독일 민법이다.

 ① 신의성실의 원칙은 로마법상 악의의 항변에서 기원한다.

② 신의칙은 채권법분야에서, 권리남용은 물권법분야에서 주로 발전 하였다.

③ 신의성실의 원칙과 권리남용금지의 원칙의 관계에 관하여 통설 및 판례는 양자는 표리관계에 있으며 권리행사가 신의성실에 반하는 경우에는 권리남용이 된다고 하여 권리남용금지를 신의칙의 효과로 보며 양 조항의 중복적용을 긍정한다.

④ 신의성실의 원칙을 최초로 사법의 최고 지도원리로 규정한 것은 스위스 민법이다.

16   다음 설명 중 옳지 않은 것은? (다툼이 있는 경우 판례에 의함)

① 권리의 행사가 권리남용에 해당하기 위해서는 객관적 요건뿐 아니라, 주관적 요건도 고려해야한다는 데 학설·판례가 일치하는 것은 아니다.

② 자신의 선행(先行)행위와 모순되는 행위의 효력을 부인하는 금반언의 원칙은 신의성실의 원칙의 한 내용이라 볼 수 있다.

③ 소멸시효의 완성을 주장하는 경우에는 신의성실의 원칙이 적용될 여지가 없다.

④ 실효의 원칙이 인정되기 위해서는 의무자인 상대방이 더 이상 권리자가 그 권리를 행사하지 아니할 것으로 믿을 만한 정당한 사유가 있어야 한다.

✔해설 ① 권리남용금지의 원칙에 있어서 주관적 요건을 요하는지 여부에 관해 통설은 이를 고려하지 않는다고 해석하며, 판례는 "권리행사가 권리의 남용에 해당한다고 할 수 있으려면, 주관적으로 그 권리행사의 목적이 오직 상대방에게 고통을 주고 손해를 입히려는 데 있을 뿐 행사하는 사람에게 아무런 이익이 없는 경우이어야 하고, 객관적으로는 그 권리행사가 사회질서에 위반된다고 볼 수 있어야 하는 것이다(대판 2003.2.14, 2002다62319)."라고 하여 주관적 요건을 요한다고 한 경우와 "권리의 행사가 상대방에게 고통이나 손해를 주기 위한 것이라는 주관적 요건은 권리자의 정당한 이익을 결여한 권리행사로 보여지는 객관적인 사정에 의하여 추인할 수 있다(대판 2003.11.27, 2003다40422)."라고 하여 주관적 요건은 객관적 사정에 의해 추인할 수 있다고 한 경우 등과 같이 일관된 입장을 보이고 있지 않다.

③ 일반적으로 권리의 행사는 신의에 좇아 성실히 하여야 하고 권리는 남용하지 못하는 것이므로 권리자가 실제로 권리를 행사할 수 있는 기회가 있어서 그 권리행사의 기대가능성이 있었음에도 불구하고 상당한 기간이 경과하도록 권리를 행사하지 아니하여 의무자인 상대방으로서도 이제는 권리자가 권리를 행사하지 아니할 것으로 신뢰할 만한 정당한 기대를 가지게 된 다음에 새삼스럽게 그 권리를 행사하는 것이 법질서 전체를 지배하는 신의성실의 원칙에 위반하는 것으로 인정되는 결과가 될 때에는, 이른바 실효의 원칙에 따라 그 권리의 행사가 허용되지 않는다고 보아야 할 것이다(대판 1992.1.21, 91다30118).

④ 대판 2002.1.8, 2001다60019

17   권리남용의 효과로 볼 수 없는 것은?

① 손해배상책임의 발생

② 권리의 박탈

③ 위험부담의 전환

④ 법률효과의 불발생

✔해설 권리남용금지 위반의 효과
⊙ 형성권 : 권리가 발생하지 않는다.
ⓒ 청구권 : 이행을 거부하면 된다.
ⓒ 위법행위 성립 : 손해배상청구권이 발생하는 경우가 있다.
ⓔ 권리박탈 : 일정한 경우(친권상실의 선고 – 제924조) 권리를 박탈하는 경우가 있다.

18 다음 중 권리남용의 기준이 되지 않는 것은? (통설에 의함)

① 공서양속
② 이익과 손해의 비교형량
③ 신의성실
④ 가해의 의사

> ✔해설 권리남용인지의 여부는 제반사항을 종합하여 결정할 문제이다. 그러나 일반적으로 신의칙 위반, 사회질서(공서양속) 위반, 정당한 이익의 흠결, 권리의 공공성·사회성 위반 등이 있을 때는 권리남용이 인정된다. 뿐만 아니라 권리행사를 통해 얻을 수 있는 이익과 상대방의 불이익을 비교형량 해 보아야 할 것이며, 가해의 의사에 관하여 통설은 필요하지 않다는 입장이다.

19 권리남용의 요건에 관한 설명으로 옳지 않은 것은?

① 권리의 행사라고 볼 수 있는 행위가 있어야 한다.
② 사회적 목적에 부합하지 않는 권리의 행사가 있어야 한다.
③ 권리의 불행사는 권리의 남용이 될 수 없다.
④ 권리행사의 형식만 갖출 뿐 실질적으로는 부당한 이익을 얻는 방법에 지나지 않을 때에는 권리남용이라 본다.

> ✔해설 권리남용의 요건으로는 외관상 권리행사가 있어야 하며 이에는 권리의 불행사도 포함된다.

20 권리가 충돌하는 경우 그 순위에 관한 설명 중 옳지 않은 것은?

① 물권과 채권이 충돌하면 물권이 우선한다.
② 물권과 물권이 충돌하면 선순위 물권이 우선한다.
③ 용익물권과 담보물권이 충돌하면 언제나 용익물권이 우선한다.
④ 채권과 채권이 충돌하면 먼저 행사한 자가 우선한다.

> ✔해설 물권상호 간에는 선순위 물권이 우선하며, 순위는 등기순위에 의하여 결정되고 등기순위는 순위번호에 의하여 결정된다.

CHAPTER 02 자연인

01 권리능력

1 다음 중 권리능력과 행위능력에 관한 설명으로 옳은 것은?

① 권리능력이 있으면 행위능력도 있다.

② 행위능력이 없으면 권리능력도 없다.

③ 권리능력과 행위능력의 실질적 내용은 동일하다.

④ 권리능력과 행위능력에 관한 규정은 강행규정이다.

> **✔ 해설** ①② 모든 권리능력자가 행위능력자일 수는 없지만, 모든 행위능력자는 권리능력자이다.
> ③ 권리능력은 행위능력을 인정받기 위한 기본적 전제이며 양자는 별개이다.

2 권리의 주체와 권리능력에 관한 설명으로 옳지 않은 것은?

① 법인이 아닌 사단도 권리의 주체이다.

② 권리의 주체는 자연인과 법인의 양자이다.

③ 모든 자연인은 평등한 권리능력을 가진다.

④ 태아도 예외적으로 특정의 권리에 관해서는 권리능력이 있는 것과 마찬가지로 취급된다.

> **✔ 해설** ① 법인이 아닌 사단을 권리능력 없는 사단이라 한다. 이는 곧 권리능력을 인정하지 않는다는 의미이다. 물론 이러한 사단도 단체 명의로 부동산등기를 할 수 있고, 소송에 있어서 당사자능력을 인정받고 있다.
> ③ 현대사회에서는 인간은 출생과 동시에 누구나 권리능력을 갖는다. 이를 '권리능력 평등의 원칙'이라 한다.
> ④ 태아는 아직 출생하지 않은 상태이기 때문에 권리능력을 인정받지 못하나, 예외적으로 불법행위로 인한 손해배상청구권, 상속, 유증 등의 경우에 있어서는 권리능력을 부여해 주고 있다.

3 다음 중 권리능력의 시기와 종기에 관한 설명으로 옳지 않은 것은?

① 자연인의 권리능력이 소멸되는 것에는 사망이 있다.
② 태아는 개별적인 경우에 권리능력이 인정된다.
③ 실종선고로 자연인은 권리능력을 상실한다.
④ 법인은 해산하여도 완전히 권리능력을 상실하지 않는다.

> **✔해설** ③ 실종선고는 실종자의 권리능력을 박탈하는 제도는 아니며, 다만 종래의 주소지를 중심으로 한 사법상의 법률관계에서만 사망
> 으로 간주하는 제도이다. 따라서 신 주소지에서의 행위나 공법상의 법률행위 등은 모두 유효하게 된다.
> ④ 법인은 해산하게 되면 청산단계에 들어가게 되는데 청산법인은 청산의 목적범위에서 제한적인 권리능력을 갖는다.

4 태아의 권리능력에 관한 설명 중 가장 옳은 것은?

① 우리 민법은 일반적 보호주의를 취하고 있다.
② 태아로 있는 동안에 법정대리인이 존재한다고 인정하는 것은 해제조건설이다.
③ 정지조건설에 의하면 태아는 이미 출생한 것으로 보지만 후일에 사산이 된 경우에는 소급하여 권리능
력을 상실한 것으로 본다.
④ 다수설은 정지조건설을, 판례는 해제조건설을 따른다.

> **✔해설** ① 개별적 보호주의의 입장이다.
> ③ 해제조건설의 입장이다.
> ④ 다수설은 해제조건설을, 판례는 정지조건설을 따른다.

5 다음 중 태아의 권리능력이 인정되지 않는 것은?

① 유증   ② 유류분권
③ 증여계약에 있어서의 수증   ④ 대습상속

> **✔해설** 태아에 관하여 우리 민법은 개별적 보호주의를 취하고 있다. 태아에게 ①②④ 이외에도 상속 · 사인증여 등에서 그 권리능력을
> 인정하나, 증여 · 인지청구 · 호주승계 등에서는 권리능력을 인정하지 않는다.

6 태아의 권리능력에 관한 다음 설명 중 옳지 않은 것은? (다툼이 있는 경우에는 판례에 의함)

① 어느 학설에 의하든 태아가 살아서 출생하기만 하면, 문제된 시점에서부터 권리능력이 있었던 것으로 취급된다.

② 유증의 경우에는 태아의 권리능력이 인정되나, 사인증여의 경우에는 태아의 권리능력이 인정되지 아니한다.

③ 태아가 교통사고의 충격으로 조산되고 그로 인하여 출생 후 얼마 안 되어 사망한 경우, 죽은 아이의 생명침해로 인한 손해배상청구권도 인정된다.

④ 모체와 같이 사망한 경우에도 태아의 불법행위에 기한 손해배상청구권은 인정된다.

✔해설 ① 태아의 법적 지위에 관한 정지조건설과 해제조건설은 태아가 포태 후 살아서 출생하기까지의 기간 동안의 법적 지위에 관한 문제이다. 따라서 태아가 살아서 출생하였다면 어느 설에 의하든 태아는 포태된 시점부터 개별적 권리능력을 인정받는다는 점에서 차이가 없다.

② 태아의 보호에 관한 개별주의를 취하고 있는 우리 민법은 유증에 관하여는 태아를 출생한 것으로 보지만, 사인증여에 관하여는 명문의 규정이 없으므로 이를 인정할 수 없다. 판례(대판 1996.4.12. 94다37714 · 37721)도 유증에 관한 규정 중 단독행위임을 전제로 하는 규정은 계약인 사인증여에 적용될 수 없다고 하고 있으므로, 태아의 권리능력에 관한 유증의 규정이 사인증여에 당연히 준용된다고 볼 수는 없다.

③ 일단 태아가 살아서 출생하였다면 문제의 시점부터 권리능력이 있었던 것으로 취급되므로, 생명침해로 인한 손해배상청구권도 인정된다(대판 1968.3.5. 67다2869).

④ 태아가 살아서 출생하지 못하고 사망한 경우에는 어느 설에 의하더라도 권리능력이 인정되지 않는다.

7 농부 甲은 경운기를 운전하던 중 지나가던 임산부 乙을 다치게 하였는데, 乙이 포태 중이던 태아 丙은 경운기 사고의 결과로 불구가 되어 태어났다. 이 경우 丙이 甲에게 취할 수 있는 법률관계로서 옳은 것은? (학설이 대립되는 경우 판례에 의함)

① 출생한 후 甲에게 손해배상을 청구할 수 있다.

② 사고 당시 乙이 丙을 대리하여 손해배상을 청구할 수 있다.

③ 불법행위 당시 권리능력이 없으므로 아무런 청구권도 없다.

④ 태아인 동안 법정대리인을 통해 甲에게 손해배상을 청구할 수 있다.

✔해설 판례는 정지조건설의 입장으로, 태아인 동안에는 권리능력을 인정하지 않으나 출생하게 되면 문제된 시점에 소급하여 권리능력을 인정하고 있다. 따라서 태아가 출생한 후에 손해배상을 청구할 수 있다.

8 미성년자의 능력에 관한 다음 설명 중 가장 옳지 않은 것은?

① 미성년자가 법률행위를 함에는 법정대리인의 동의를 얻어야 한다.
② 미성년자가 권리만을 얻거나 의무만을 면하는 행위는 법정대리인의 동의를 요하지 않는다.
③ 미성년자가 법정대리인의 동의를 얻지 않은 경우에는 법정대리인은 당해 법률행위를 취소할 수 있다.
④ 미성년자가 법률행위를 부인하는 경우 법정대리인의 동의가 있었다는 입증책임은 미성년자에게 있다는 것이 판례의 태도이다.

 해설 ① 제5조 제1항 본문
② 제5조 제1항 단서
③ 제5조 제2항
④ 미성년자가 토지매매행위를 부인하고 있는 이상, 미성년자가 그 법정대리인의 동의를 얻었다는 점에 관한 입증책임은 미성년자에게 없고 이를 주장하는 상대방에게 있다(대판 1970.2.24, 69다1568).

9 다음 중 미성년자에 대한 설명으로 가장 옳지 않은 것은?

① 법정대리인이 범위를 정하여 처분을 허락한 재산은 미성년자가 임의로 처분할 수 있다.
② 미성년자가 권리만을 얻거나 의무만을 면하는 행위를 할 때에는 법정대리인의 동의를 요하지 아니한다.
③ 법정대리인이 허락한 경우에는 미성년자는 특정한 영업에 대하여 성년자와 동일한 행위능력이 있다.
④ 법정대리인은 미성년자의 특정한 영업에 대하여 허락을 한 후에도 언제든지 그 허락을 취소 또는 제한할 수 있으며, 이러한 취소 또는 제한은 선의의 제3자에게도 대항할 수 있다.

해설 ① 제6조   ② 제5조 단서   ③ 제8조 제1항
④ 선의의 제3자에게 대항하지 못한다(제8조 제2항).

10 미성년자에 관한 다음 설명 중 가장 옳지 않은 것은? (다툼이 있는 경우 판례에 의함)

① 미성년자가 유효한 법률행위를 하려면 원칙적으로 법정대리인의 동의를 얻어야 하며, 법정대리인의 동의를 얻지 않은 미성년자의 법률행위는 법정대리인만이 취소할 수 있다.

② 법정대리인이 범위를 정하여 처분을 허락한 재산은 미성년자가 임의로 처분할 수 있으나, 미성년자가 아직 법률행위를 하기 전이라면 법정대리인은 위 허락을 취소할 수 있다.

③ 미성년자는 법정대리인으로부터 허락을 얻은 특정한 영업에 관하여는 성년자와 동일한 행위능력이 있으나, 법정대리인은 위 허락을 취소 또는 제한할 수 있다.

④ 미성년자의 법률행위에 관하여 법정대리인의 묵시적 동의가 인정되는 경우라면, 미성년자는 행위무능력을 이유로 그 법률행위를 취소할 수 없다.

 ① 취소할 수 있는 법률행위는 제한능력자. 하자있는 의사표시를 한 자. 그 대리인 또는 승계인에 한하여 취소할 수 있다(법 제140조). 즉, 미성년자도 법정대리인의 동의 없이 단독으로 유효하게 취소할 수 있다.
② 민법 제6조, 제7조
③ 민법 제8조
④ 미성년자가 법률행위를 함에 있어서 요구되는 법정대리인의 동의는 묵시적으로도 가능하며, 미성년자의 행위가 법정대리인의 묵시적 동의가 인정되거나 처분허락이 있는 재산의 처분 등에 해당하는 경우라면, 미성년자로서는 더 이상 행위무능력을 이유로 그 법률행위를 취소할 수 없다(대판 2007.11.26, 2005다71659).

11 제한능력자의 상대방을 보호하기 위한 제도의 설명으로 옳지 않은 것은? (다툼이 있는 경우 판례에 의함)

① 제한능력자의 상대방은 제한능력자가 능력자가 된 후에 그에게 1개월 이상의 기간을 정하여 그 취소할 수 있는 행위를 추인할 것인지 여부의 확답을 촉구할 수 있다.

② 제한능력자가 맺은 계약은 추인이 있을 때까지 상대방이 그 의사표시를 철회할 수 있다. 다만, 상대방이 계약 당시에 제한능력자임을 알았을 경우에는 그러하지 아니하다.

③ 상대방은 제한능력자에게나 법정대리인에게 추인 여부의 확답을 최고할 수 있다.

④ 미성년자가 속임수로써 법정대리인의 동의가 있는 것으로 믿게 한 경우에는 그 행위를 취소할 수 없다.

 ① 제15조 제1항 ② 제16조 제1항
③ 상대방은 제한능력자가 능력자로 된 경우에는 그에게, 제한능력자가 아직 능력자가 되지 못한 때에는 그 법정대리인에 대하여 1개월 이상의 기간을 정하여 그 취소할 수 있는 행위의 추인 여부의 확답을 최고할 수 있다(제15조 제1항, 제2항). 따라서 능력자가 되지 않은 제한능력자는 유효한 최고의 상대방이 아니다.
④ 제17조 제2항

12 미성년자에 관한 다음 설명 중 옳지 않은 것은?

① 중학생이 부모로부터 받은 학용품값으로 오락기를 구입한 경우에는 매매계약을 취소하지 못한다.

② 만 18세인 자는 단독으로 유언을 할 수 있다.

③ 미성년자의 법정대리인은 그가 행한 영업허락을 취소할 수 있으며, 그 취소가 있으면 처음부터 영업허락이 없었던 것으로 된다.

④ 미성년자에 대하여 법정대리인이 영업을 허락한 경우에는 미성년자는 그 영업에 관하여는 성년자와 동일한 행위능력을 가진다.

> **✔해설** ① 제6조의 '범위를 정하여 처분을 허락한 재산'에서 말하는 범위란 재산의 범위를 말하는 것이지 처분의 범위를 말하는 것은 아니다.
> ② 제1061조
> ③ 미성년자의 법정대리인이 허락한 영업에 대한 취소의 효력은 철회의 성격을 갖는 취소이다.
> ④ 제8조 제1항

13 제한능력자 제도에 관한 설명 중 옳지 않은 것은?

① 현행 민법상 제한능력자 제도는 제한능력자의 재산을 보호함을 1차 목적으로 한다.

② 제한능력자임을 알고 그로부터 단독행위를 수령한 상대방은 거절권을 행사할 수 있다고 봄이 통설적 견해이다.

③ 제한능력자임을 알고 그와 계약행위를 한 상대방은 철회권을 행사할 수 없다.

④ 제한능력자의 상대방이 추인 여부를 최고한 경우에 1개월 이상의 기간 내에 제한능력자 측에서 확답을 발하지 않은 경우에는 언제나 취소한 것으로 본다.

> **✔해설** 최고를 받은 제한능력자 측이 최고기간 내에 확답을 발하지 아니하면 원칙적으로 추인한 것으로 보며(제15조 제1항, 제2항), 특별한 절차를 필요로 하는 경우에는 취소한 것으로 본다(제15조 제3항).

14 제한능력자의 상대방을 보호하기 위한 제도에 관한 설명으로 옳지 않은 것은? (다툼이 있는 경우 판례에 의함)

① 제한능력자의 상대방은 제한능력자에 대하여도 거절의 의사표시를 할 수 있다.

② 제한능력자가 아직 능력자가 되지 못한 경우에는 그의 법정대리인에게 그 취소할 수 있는 행위를 추인할 것인지 여부의 확답을 촉구할 수 있고, 법정대리인이 그 정하여진 기간 내에 확답을 발송하지 아니한 경우에는 그 행위를 취소한 것으로 본다.

③ 제한능력자의 상대방은 제한능력자가 능력자가 된 후에 그에게 1개월 이상의 기간을 정하여 그 취소할 수 있는 행위를 추인할 것인지 여부의 확답을 촉구할 수 있다. 능력자로 된 사람이 그 기간 내에 확답을 발송하지 아니하면 그 행위를 추인한 것으로 본다.

④ 무능력자가 단순히 자신이 능력자라고 말한 것만으로는 민법 제17조 제1항의 사술을 쓴 것이라고 할 수 없다.

> ✔해설 ② 법정대리인이 그 기간 내에 확답을 발하지 아니한 때에는 그 행위를 추인한 것으로 본다(제15조 제2항).
> ① 제16조 제3항
> ③ 제15조 제1항
> ④ 대판 1971.12.14. 71다2045

03 주소 제도 및 부재와 실종

15 실종기간의 기산점에 관한 설명 중 옳지 않은 것은?

① 보통실종의 경우는 부재자의 최후의 소식이 있었을 때
② 선박실종의 경우는 선박이 침몰한 때
③ 위난실종은 위난이 종료한 때
④ 전쟁실종은 강화조약이 체결된 때

> ✔해설 전쟁실종의 기산점은 강화조약의 체결시가 아니라 사실상 전쟁이 끝나는 때. 즉 항복 선언이나 정전 또는 휴전 선언이 있는 때를 기준으로 한다.

16 실종선고로 인해 사망으로 간주되는 범위에 관한 설명 중 옳은 것은?

① 실종선고에 의한 사망은 실종자의 종래 주소 또는 거소에 한정된다는 것은 아니다.

② 실종선고는 실종자의 권리능력을 박탈하는 제도이다.

③ 실종자가 생존하여 다른 곳에서 법률관계를 맺는 경우에는 사망의 효과가 그 곳까지 미치지 않는다.

④ 실종 전의 주소에 본인이 돌아온 후 새로 맺는 법률관계는 실종선고의 취소가 있어야 유효하다.

> **해설** ①② 실종선고는 실종자의 종래의 주소를 중심으로 하는 사법적 법률관계만을 종료하는 것일 뿐 실종자의 권리능력을 박탈하는
> 제도가 아니다.
> ④ 신 주소지에서의 법률관계는 물론, 귀환 후 종전 주소지에서의 새로운 법률관계에 대해서도 사망의 효과는 미치지 않는다.

17 실종선고에 관한 설명 중 가장 옳지 않은 것은?

① 실종선고를 받은 사람은 실종기간이 만료한 때에 사망한 것으로 간주한다.

② 실종선고가 취소되더라도 실종선고 후 취소 전에 선의로 한 행위의 효력에는 영향을 미치지 아니한다.

③ 실종선고가 있은 후 실종자의 생존이 확인되면 선고의 효과가 번복된다.

④ 서울에 주소를 둔 甲이 실종선고를 받았으나 대전에 주소를 두고 컴퓨터 매매계약을 체결했다면 그 계약은 유효하다.

> **해설** ① 제28조
> ② 제29조 제1항
> ③ 실종선고가 있은 후 실종자의 생존이 확인되면 실종선고를 취소함으로써 실종선고로 인한 법률관계는 원상회복 또는 재조정
> 된다.
> ④ 실종선고로 인한 사망의 효과는 실종자의 종래의 주소를 중심으로 하는 사법적 법률관계에 한한다. 따라서 공법관계이거나
> 실종자가 실제로 살아있는 곳에서의 법률관계에는 영향이 없다.

Answer 14.② 15.④ 16.③ 17.③

18 甲은 1981년 5월 31일자로 행방불명되었고, 35세 된 甲의 장남 乙이 1999년 5월 1일에 실종선고를 청구하여 2000년 1월 5일에 가정법원이 실종선고를 하였다. 乙은 10억대의 토지를 상속하여 사업하다가 무일푼이 되었다. 이 경우의 법률관계에 대한 설명 중 옳은 것은?

① 甲은 1986년 6월 2일에 사망으로 추정된다.

② 실종선고 청구를 극력 반대하는 甲의 부모 몰래 乙이 실종선고를 청구하였을지라도 선고의 효과는 甲의 부모에게도 발생한다.

③ 甲의 자매가 있는 경우, 그도 법률상 이해관계인으로 실종선고 청구권자이다.

④ 甲이 생환하여 실종선고를 취소하면 취소의 효과는 소급효를 가지므로 乙은 상속한 10억 원을 반환하여야 한다.

> ✔해설 ① 甲은 1986년 5월 31일 24시에 사망으로 간주된다.
> ③ 甲의 자매는 법률상 이해관계인에 해당되지 않는다.
> ④ 乙이 선의인 경우에는 현존이익만을 반환하면 되고, 악의인 경우에는 받은 이익에 이자를 붙여서 반환하고 손해가 있으면 이를 배상하여야 한다(제29조 제2항).

19 다음 중 동시사망에 관한 설명으로 옳은 것은?

① 동일한 위난이란 반드시 동일한 장소의 위난일 것을 요한다.

② 동시에 사망한 것으로 추정한다.

③ 사망시기가 확인된다 해도 반증으로 번복할 수 없다.

④ 동시사망을 추정받기 위해서는 이해관계인 또는 검사의 청구에 의한 법원의 선고가 필요하다.

> ✔해설 ① 반드시 동일한 위난일 필요는 없고 시간적으로 동일한 시간임을 의미한다.
> ③ 사망의 시기가 판명되면 반증으로 동시사망추정은 번복된다.
> ④ 실종선고와는 달리 이해관계인 등의 청구도 필요 없고 법원의 선고에 의하여 추정되는 것도 아니다.

01 법인의 능력

1 법인의 불법행위에 관한 다음 설명 중 가장 옳지 않은 것은?

① 법인의 불법행위가 성립하는 경우 가해행위를 한 대표기관 개인은 책임을 지지 않는다.

② 법인실재설에 의하면 법인은 당연히 불법행위능력을 가지므로 불법행위책임을 진다.

③ 법인의 불법행위가 성립하려면 대표기관의 행위가 불법행위의 일반적 요건을 갖추어야 한다.

④ 법인의 불법행위가 성립하지 않는 경우에도 그 사항의 의결에 찬성하거나 그 의결을 집행한 사원, 이사 기타 대표자는 연대하여 배상하여야 한다.

✔**해설** 법인의 불법행위능력(제35조)

① 법인은 이사 기타 대표자가 그 직무에 관하여 타인에게 가한 손해를 배상할 책임이 있다. 이사 기타 대표자는 이로 인하여 자기의 손해배상책임을 면하지 못한다.

② 법인의 목적범위 외의 행위로 인하여 타인에게 손해를 가한 때에는 그 사항의 의결에 찬성하거나 그 의결을 집행한 사원, 이사 및 기타 대표자가 연대하여 배상하여야 한다.

Answer   18.② 19.② / 1.①

2 법인의 불법행위능력에 대한 다음 설명 중 가장 옳지 않은 것은?

① 법인은 대표자의 선임과 감독에 과실이 없음을 입증하여도 그 책임을 면할 수 없으나, 불법행위를 한 대표자에게 구상을 할 수 있다.

② 법인의 이사가 직무와 관련하여 타인에게 손해를 가한 경우 사용자 책임이 성립하며, 이 경우 민법 제756조의 규정에 따라 손해배상 책임을 부담한다. 법인에 대한 손해배상책임 원인이 대표자의 고의적인 불법행위인 경우, 피해자에게 그 불법행위 내지 손해발생에 어느 정도의 과실이 있더라도 과실상계를 하여서는 아니 된다.

③ 행위의 외형상 법인의 대표자의 직무행위라고 인정할 수 있는 것이라면 설사 그것이 대표자 개인의 사리를 도모하기 위한 것이었거나 혹은 법령의 규정에 위배된 것이었다 하더라도 직무에 관한 행위에 해당한다.

④ 법인은 그 대표자가 그 직무집행에 관하여 타인에게 가한 손해를 배상할 책임이 있고, 이 경우 그 대표자 개인의 배상책임이 소멸하는 것은 아니며, 법인과 대표자 개인의 손해배상책임은 일반적으로 부진정 연대채무관계에 있는 것으로 해석된다.

> **✔해설** ① 부진정 연대채무관계에 있으므로 불법행위 일반이론에 의한 구상이 가능하다.
> ② 민법 제35조 제1항은 "법인은 이사 기타 대표자가 그 직무에 관하여 개인에게 가한 손해를 배상할 책임이 있다"고 규정하고 있고, 민법 제756조 제1항은 "타인을 사용하여 어느 사무에 종사하게 한 자는 피용자가 그 사무집행에 관하여 제3자에게 가한 손해를 배상할 책임이 있다"고 규정하고 있다. 따라서 법인에 있어서 그 「대표자」가 직무에 관하여 불법행위를 한 경우에는 민법 제35조 제1항에 의하여, 법인의 「피용자」가 사무집행에 관하여 불법행위를 한 경우에는 민법 제756조 제1항에 의하여 각기 손해배상 책임을 부담한다(대판 2009.11.26. 2009다57033). 이 경우 양 책임은 경합한다(청구권경합).
> ③ 대판 1969.8.26. 68다2320. 1997.8.29. 97다18059
> ④ 제35조 제1항 참조

3 권리능력 없는 사단에 관한 다음 설명 중 가장 옳지 않은 것은? (다툼이 있는 경우 판례에 의함)

① 권리능력 없는 사단인 종중이 그 총유재산에 대한 보존행위로서 소송을 하는 경우에는 특별한 사정이 없는 한 종중 총회의 결의를 거쳐야 한다.

② 민법상 조합은 당사자능력이 인정되지 않지만, 권리능력 없는 사단은 당사자능력이 인정된다.

③ 권리능력 없는 사단에 대하여는 사단법인에 관한 민법 규정 가운데서 법인격을 전제로 하는 것을 제외하고는 유추적용된다.

④ 교회의 일부 교인들이 집단적으로 교회를 탈퇴하여 별도의 교회를 설립한 경우 종전 교회의 재산은 분열 당시의 교인들의 총유에 속한다.

① 총유재산에 관한 소송은 법인 아닌 사단이 그 명의로 사원총회의 결의를 거쳐 하거나 또는 그 구성원 전원이 당사자가 되어 필수적 공동소송의 형태로 할 수 있을 뿐 그 사단의 구성원은 설령 그가 사단의 대표자라거나 사원총회의 결의를 거쳤다 하더라도 그 소송의 당사자가 될 수 없다. 이러한 법리는 총유재산의 보존행위로서 소를 제기하는 경우에도 마찬가지라 할 것이다(대판 2005.9.15, 2004다44971 전합).
② 민사소송법 제52조(법인이 아닌 사단 등의 당사자능력) 법인이 아닌 사단이나 재단은 대표자 또는 관리인이 있는 경우에는 그 사단이나 재단의 이름으로 당사자가 될 수 있다.
③ 대판 1996.9.6, 94다18522 참조
④ 일부 교인들이 교회를 탈퇴하여 그 교회 교인으로서의 지위를 상실하게 되면, 종전 교회의 총유 재산에 대한 관리처분에 관한 의결에 참가할 수 있는 지위나 그 재산에 대한 사용·수익권을 상실하게 된다. 종전 교회는 잔존 교인들을 구성원으로 하여 실체의 동일성을 유지하면서 존속하며 종전 교회의 재산은 그 교회에 소속된 잔존 교인들의 총유로 귀속됨이 원칙이다(대판 2006.4.20, 2004다37775 전합).

4 권리능력 없는 사단에 관한 설명으로 옳지 않은 것은?

① 소집절차에 하자가 있어 그 효력을 인정할 수 없는 종중총회의 결의라도 후에 적법하게 소집된 종중총회에서 이를 추인하면 처음부터 유효하다.

② 종중의 법적 성격이 권리능력 없는 사단인 이상 어떤 종중이 종중으로서 존재하려면 사단의 실체를 갖추어야 하므로 종중규약이나 대표자가 없는 종중은 종중유사의 단체일지언정 고유의미의 종중은 아니다.

③ 권리능력 없는 사단도 사회적으로 독립한 존재이므로 명예권, 성명권, 재산권을 향유할 수 있다.

④ 하나의 교회가 2개의 교회로 분열된 경우, 특별한 사정이 없으면 교회의 법률적 성질이 권리능력 없는 사단이므로 종전의 교회재산은 분열 당시 교인들의 총유에 속하기 때문에 분열 후 각 교회의 교인들은 모두 각자 종전의 교회건물을 사용·수익할 수 있다.

② 종중 또는 문중은 종족의 자연적 집단이므로 특별한 조직행위를 요하는 것이 아니고 종중규약이나 독자적인 족보가 있어야 하는 것은 아니나 특별한 규약에 의하여 선임된 대표자 또는 관습에 따라 종장 또는 문장에 의하여 소집된 종중회의에서 선출된 대표자 등에 의하여 대표되는 정도로 현저한 조직을 갖추고 지속적인 활동을 하고 있다면, 비법인 사단으로서 단체성이 있다(대판 1983.4.12, 83도195).

Answer 2.② 3.④ 4.②

5 다음 중 비법인 사단에 관한 설명 중 가장 옳지 않은 것은? (다툼이 있는 경우 판례에 의함)

① 비법인 사단의 대표자가 정관을 위반하여 사원총회의 결의를 거치지 않고 단순한 채무부담행위에 해당하는 대외적 거래행위를 한 경우, 거래 상대방이 그러한 거래에 사원총회의 결의를 거쳐야 하도록 규정한 정관이나 규약에 따라 대표자의 대표권이 제한된 사실을 알았거나 알 수 있었을 경우가 아니라면 그 거래행위는 유효하다.

② 법인 아닌 사단의 구성원 개인은 그가 사단의 대표자라거나 사원총회의 결의를 거쳤고, 총유재산의 보존을 위하여 소를 제기하는 경우라고 해도 그 소송의 당사자가 될 수 없다.

③ 비법인사단인 교회의 대표자가 교인총회의 결의를 거쳐야 할 총유물인 교회 재산의 처분에 관하여 교인총회의 결의를 거치지 아니하고 처분한 경우, 이러한 처분행위의 상대방은 민법 제126조의 표현대리에 관한 규정을 준용하여 보호될 수 있다.

④ 비법인 사단이 타인 간의 금전채무를 보증하는 행위는 총유물 그 자체의 관리·처분이 따르지 않는 단순한 채무부담행위로 이를 총유물의 관리·처분행위라고 볼 수는 없다.

> ✔ **해설** ① 대판 2003.7.22. 2002다64780.
> ② 대판 2005.9.15. 2004다44971 전합.
> ③ 비법인사단인 교회의 대표자는 총유물인 교회 재산의 처분에 관하여 교인총회의 결의를 거치지 아니하고는 이를 대표하여 행할 권한이 없다. 그리고 교회의 대표자가 권한 없이 행한 교회 재산의 처분행위에 대하여는 민법 제126조의 표현대리에 관한 규정이 준용되지 아니한다(대판 2009.2.12. 2006다23312).
> ④ 대판 2007.4.19. 2004다60072 전합.

02 법인의 설립 및 소멸

6 재단법인 설립에 관한 설명 중 옳지 않은 것은?

① 생전처분으로 재단법인을 설립하는 때는 증여에 관한 규정을 준용한다.
② 유언으로 재단법인을 설립하는 때는 유언의 방식에 따라야 한다.
③ 재단법인 설립행위는 불요식 행위이다.
④ 유언으로 재단법인을 설립하는 때는 출연재산은 유언의 효력이 발생한 때로부터 법인에 귀속한 것으로 본다.

> ✔ **해설** ① 제47조 제1항
> ② 제47조 제2항
> ③ 재단법인을 설립하고자 할 때에는 일정한 재산을 출연하고 정관을 작성하여야 하므로 요식행위라고 볼 수 있다.
> ④ 제48조 제2항

7 다음 중 법인에 대한 설명으로 옳지 않은 것은?

① 법인은 그 주된 사무소의 소재지에서 설립등기를 함으로써 성립한다.

② 유언으로 재단법인을 설립하는 때에는 정지조건이 없는 한 출연재산은 유언자가 사망한 때로부터 법인에 귀속한 것으로 본다.

③ 총사원의 10분의 1 이상으로부터 회의의 목적사항을 제시하여 청구한 때에는 이사는 임시총회를 소집하여야 한다.

④ 학술, 종교, 자선, 기타 영리 아닌 사업을 목적으로 하는 사단은 주무관청의 허가를 얻어 이를 법인으로 할 수 있다.

✔ **해설** ① 제33조
② 유언으로 재단법인을 설립하는 경우 출연재산의 귀속 시기는 유언의 효력이 발생하는 때이며〈제48조 제2항〉, 유언의 효력은 유언자가 사망한 때에 발생한다〈제1073조 제1항〉.
③ 총사원의 5분의 1 이상으로부터 회의의 목적사항을 제시하여 청구한 때에는 이사는 임시총회를 소집하여야 한다. 이 정수는 정관으로 증감할 수 있다〈제70조 제2항〉.
④ 제32조

8 법인의 기관에 관한 설명 중 옳지 않은 것은?

① 감사의 성명·주소는 등기사항이다.

② 이사의 대표권 제한은 등기하지 아니하면, 제3자에게 대항할 수 없다.

③ 감사는 감독기관으로서 선량한 관리자의 주의의무를 부담한다.

④ 정관변경과 임의해산은 사원총회의 전권사항이다.

✔ **해설** ① 이사의 성명·주소는 등기할 사항이지만, 감사의 성명·주소는 등기할 사항이 아니다〈제49조〉.

Answer   5.③ 6.③ 7.③ 8.①

9   민법상 법인에 관한 설명 중 틀린 것은? (다툼이 있는 경우 판례에 의함)

① 사단법인뿐만 아니라 재단법인의 경우에도 정관의 변경은 주무관청의 허가를 얻지 아니하면 그 효력이 없다.

② 재단법인에 부동산을 출연한 경우 출연자와 재단법인 사이에서는 등기 없이도 출연부동산의 소유권이 재단법인에 귀속되나, 재단법인이 그 소유권의 취득을 제3자에게 대항하기 위해서는 등기가 필요하다.

③ 행위의 외형상 법인의 대표자의 직무행위라고 인정될 수 있는 것이면 법령의 규정에 위배된 것이라도 그 행위로 인하여 손해가 발생한 경우 법인의 불법행위책임이 인정된다.

④ 이사의 대표권에 대한 제한은 정관에 기재된 경우에만 선의의 제3자에게 대항할 수 있다.

> ✔ **해설** ① 제45조 제3항.
> ② 대판 1993. 9. 14. 93다8054
> ③ 대판 1969. 8. 26. 68다2320
> ④ 이사의 대표권에 대한 제한은 이를 정관에 기재하지 아니하면 그 효력이 없다. 즉 정관기재는 효력발생요건이다(제41조 참조). 그러나 정관에 기재되어 있다고 하더라도 이사의 대표권에 대한 제한을 등기하지 아니하면 제3자에게 대항하지 못한다(제60조).

10   법인의 감독에 관한 설명 중 옳은 것은?

① 업무감독은 설립허가를 준 주무관청이, 해산과 청산은 법원이 각각 담당한다.

② 업무감독뿐만 아니라 해산과 청산 모두 주무관청이 담당한다.

③ 업무감독은 설립허가를 준 주무관청이 하고, 해산과 청산은 따로 감독하지 않는다.

④ 업무감독뿐만 아니라 해산과 청산 모두 감독법원이 담당한다.

> ✔ **해설** 법인의 감독 … 법인이 설립된 이후에 법인의 사무는 주무관청의 검사·감독을 받도록 하고 있으며(제37조), 법인의 해산 및 청산은 법원이 검사·감독한다(제95조).

CHAPTER

04 권리의 객체

01 물건

1 물건에 관한 민법의 규정 중 가장 옳지 않은 것은?

① 토지 및 그 정착물은 부동산이다.

② 법정과실은 수취할 권리의 존속기간일수의 비율로 취득한다.

③ 권리의 사용대가로 받는 금전 기타의 물건은 법정과실로 한다.

④ 물건의 소유자가 그 물건의 상용에 공하기 위하여 자기 소유인 다른 물건을 이에 부속하게 한 때에는 그 부속물은 종물이다.

✔ 해설 ① 제99조 제1항
② 제102조 제2항
③ 과실은 물건이어야 한다. 따라서 법정과실도 역시 물건의 사용대가로 받는 금전 기타의 물건에 한한다(제101조 제2항).
④ 제100조 제1항

2 물건에 관한 설명으로 가장 옳지 않은 것은? (다툼이 있는 경우에는 판례에 의함)

① 민법은 물건을 유체물로 제한하지 않고 관리가능한 자연력도 물건으로 정의한다.
② 집합물은 특별한 사정이 없으면 법률상 일체의 물건으로 취급된다.
③ 판례에 의하면, 적법한 권원이 없이 타인 소유의 토지에 경작물을 재배한 경우 이에 대한 소유권은 경작자에게 속한다.
④ 수목의 집단은 원칙적으로 토지의 구성부분이나, 독립된 공시방법을 갖춘 경우에는 독립된 부동산이 된다.

> ✔ 해설 ① 제98조
> ② 집합물은 특별법에 의해 공시방법이 인정되는 경우와 특별법이 없더라도 경제적 독립성이 있고 공시방법이 갖추어진 경우를 제외하고는 일물일권주의 원칙상 하나의 권리의 객체가 될 수 없다.
> ③ 적법한 경작권 없이 타인의 토지를 경작하였더라도 그 경작한 입도가 성숙하여 독립한 물건으로서의 존재를 갖추었으면 그 입도의 소유권은 경작자에게 귀속한다(대판 1979.8.28. 79다784).
> ④ 입목에 관한 법률 제2조, 제3조

3 다음 중 과실에 관한 설명으로 옳지 않은 것은?

① 과실이라 함은 원물로부터 수취한 경제적 산출물이다.
② 천연과실은 물건의 용법에 의하여 수취하는 산출물이다.
③ 법정과실은 물건의 사용대가로 받는 금전, 기타의 물건이다.
④ 천연과실은 언제나 그 원물로부터 분리하는 때의 소유권자에게 귀속한다.

> ✔ 해설 ④ 천연과실은 그 원물로부터 분리하는 때에 이를 수취할 권리자에게 속한다(제102조 제1항).

4 다음 설명 중 옳지 않은 것은?

① 유체물은 공간의 일부를 차지하고 있는 유체물을 말하고 무체물은 형체가 없는 것으로서 전기, 열, 빛, 음향, 향기, 에너지 등이 이에 해당된다.
② 민법은 무체물 중 관리할 수 있는 자연력만을 물건으로 하고 있다.
③ 1동의 건물의 일부는 독립성이 없어 소유권의 객체가 될 수 없다.
④ 사람 또는 사람의 일부는 물건이 될 수 없다.

> ✔ 해설 ③ 1동의 건물 중 구조상 구분된 수개의 부분이 독립한 건물로서 사용될 수 있을 때에는 그 각 부분은 이 법이 정하는 바에 따라 각각 소유권의 목적으로 할 수 있다(집합건물의 소유 및 관리에 관한 법률 제1조).

5 다음 중 부동산에 관한 설명으로 옳은 것은?

① 미분리의 과실은 수목의 일부에 지나지 않기 때문에 토지의 정착물로서 언제나 그 독립성이 부정된다.

② 건물의 일부도 소유권의 객체가 될 수 있다.

③ 토지의 일부도 양도할 수 있다.

④ 토지와 건물은 독립된 부동산이 아니다.

> ✔해설 ① 다수설 및 판례에 의할 경우 과일, 담배잎, 뽕잎, 입도(立稻)가 명인방법을 갖출 경우 독립한 부동산으로 다루어지고 있다.
> ② 건물의 일부도 구조상·기능상의 독립성을 갖추면 구분소유권의 객체가 된다.
> ③ 일물일권주의 원칙상 인정되지 않는다.
> ④ 가장 대표적인 독립한 부동산이다.

6 현행법상 동산과 부동산의 법률상 취급에 있어 차이가 나타나는 경우가 아닌 것은?

① 물권변동의 공시방법

② 인정할 수 있는 제한물권의 종류

③ 소멸시효

④ 무주물 선점·부합의 법률효과

> ✔해설 ③ 소멸시효의 대상은 채권 등의 권리이다.
> ※ 양자의 취급상 차이

구분	부동산	동산
공시의 방법	등기	인도(引渡)
공신력 인정	공신력 부인	공신력 인정
무주물 선점	무주물의 부동산은 국유	선점자가 소유 가능
선의취득 여부	불인정	인정
첨부 가능성	부합만이 가능	부합, 혼화, 가공 모두 가능
용익물권 설정	모든 용익물권 설정 가능	용익물권 설정 불가능
담보물권 설정	유치권, 저당권 설정만 가능	유치권, 질권 설정만 가능
환매기간	5년	3년

7 甲은 乙 소유의 토지에 권한 없이 양파, 고추를 경작하여 수확하기에 이르렀다. 판례에 의할 때 이 농작물의 소유권자는 누구인가?

① 甲
② 乙
③ 甲과 乙의 공유
④ 甲과 乙의 합유

> ✔해설 권한 없이 타인의 토지에서 경작·재배한 농작물에 대하여, 판례는 그 경작자가 설사 위법하게 토지 소유자·점유자를 배제하여 경작한 경우에도 그러한 경우의 농작물은 항상 경작자에게 소유권이 있다고 본다. 이 경우에는 미분리 과실의 경우처럼 명인방법을 갖출 필요도 없다. 다만 토지 소유자는 부당이득반환청구권이나 손해배상청구권을 행사하여 그 구제를 받을 수 있을 것이다(대판 1979.8.28, 79다784).

8 다음 사례에 대한 판례의 태도에 부합하는 것은?

> 甲은 채무를 담보하기 위하여 그의 소유인 소 20마리의 소유권을 乙에게 양도하되, 甲이 무상으로 계속 점유하여 관리·사유하기로 하는 양도담보계약을 체결하였다. 그 후 송아지 5마리가 증식되었다. 한편 甲에게 대금채권을 갖고 있는 丙이 위 소를 모두 압류하였다.

① 송아지 5마리는 甲의 소유이다.
② 송아지 5마리는 乙의 소유이다.
③ 송아지 5마리는 丙의 소유이다.
④ 송아지 5마리는 乙과 丙의 합유이다.

> ✔해설 소가 출산한 송아지는 천연과실에 해당하고 그 천연과실의 수취권은 원물인 소의 사용수익권의 소유권을 가지는 양도담보설정자인 甲의 것이다.

9 물건에 대한 다음 설명 중 옳지 않은 것은? (판례에 의함)

① 종물은 동산뿐만 아니라, 부동산도 가능하다.

② 종물은 주물의 처분에 따른다.

③ 종물은 주물의 처분에 따른다는 규정은 임의규정이다.

④ 가옥의 소유자가 그 가옥에서 사용하기 위하여 비치한 가정용 세탁기는 그 가옥의 종물이다.

> **✔해설** ① 부동산도 종물이 될 수 있다.
> ※ 낡은 가재도구 등의 보관 장소로 사용되고 있는 방과 연탄창고 및 공동변소가 본채에서 떨어져 축조되어 있기는 하나 본채의 종물이다(대판 1991.5.14, 91다2779).
> ② 제100조 제2항
> ③ 민법 제100조 제2항은 임의규정이므로, 당사자는 주물을 처분할 때에 특약으로 종물을 제외할 수 있고 종물만을 별도로 처분할 수도 있다(대판 2012.1.26, 2009다76546).
> ④ 주물의 소유자의 상용에 공여되고 있더라도 주물 그 자체의 효용과는 직접 관계가 없는 물건, 예컨대 식기·침구·난로·가정용 세탁기 등은 가옥의 종물이라고 할 수 없다.
> ※ 종물은 주물의 상용에 이바지하는 관계에 있어야 하고, 주물의 상용에 이바지한다 함은 주물 그 자체의 경제적 효용을 다하게 하는 것을 말하는 것으로서 주물의 소유자나 이용자의 상용에 공여되고 있더라도 주물 그 자체의 효용과 직접 관계가 없는 물건은 종물이 아니다(대판 1997.10.10, 97다3750).

10 종물에 대한 설명으로 옳지 않은 것은? (다툼이 있는 경우 판례에 의함)

① 저당권의 실행으로 개시된 경매절차에서 부동산을 매각 받은 자는 그 부동산의 종물의 소유권도 취득한다.

② 어느 건물이 주된 건물의 소유주나 이용자의 사용에 공여되고 있더라도 주물 그 자체의 효용과 직접 관계가 없다면 종물이 아니다.

③ 저당권의 효력은 특별한 사정이 없는 한 저당부동산에 부합된 물건과 종물에 미친다.

④ 토지에 대한 경매절차에서 그 지상건물이 토지의 종물이 아님에도 이를 종물로 보아 경매법원에서 경매를 진행하고 매각허가를 하였다면 매수인은 그 건물의 소유권을 취득한다.

> **✔해설** ④ 저당권은 법률에 특별한 규정이 있거나 설정행위에 다른 약정이 있는 경우를 제외하고 그 저당부동산에 부합된 물건과 종물 이외에까지 그 효력이 미치는 것이 아니므로, 토지에 대한 경매절차에서 그 지상건물을 토지의 부합물 내지 종물로 보아 경매법원에서 저당토지와 함께 경매를 진행하고 경락허가를 하였다고 하여 그 건물의 소유권에 변동이 초래될 수 없다(대판 1997.9.26, 97다10314).

Answer 7.① 8.① 9.④ 10.④

11 주물과 종물에 관한 설명으로 옳은 것은?

① 주유소의 주유기는 주유소 건물의 종물이라는 것이 판례이다.

② 종물은 주물의 처분에 따라야 하고 당사자 간의 반대특약은 무효이다.

③ 일시적으로 어떤 물건의 효용을 돕는 물건도 종물이다.

④ 종물은 동산이어야 하고, 부동산은 될 수 없다.

> ✔ **해설** ① 주유소의 주유기가 비록 독립된 물건이기는 하나 유류저장탱크에 연결되어 유류를 수요자에게 공급하는 기구로서 주유소 영업을 위한 건물이 있는 토지의 지상에 설치되었고 그 주유기가 설치된 건물은 당초부터 주유소 영업을 위한 건물로 건축되었다는 점 등을 종합하여 볼 때, 그 주유기는 계속해서 주유소 건물 자체의 경제적 효용을 다하게 하는 작용을 하고 있으므로 주유소 건물의 상용에 공하기 위하여 부속시킨 종물이다(대판 1995.6.29, 94다6345).
> ② 종물은 주물의 처분에 따른다는 규정은 임의규정으로 당사자의 특약이 있으면 그 특약에 따른다.
> ③ 종물과 주물관계는 상용에 이바지하고 있어야 하므로 항상 효용을 돕는 것이어야 한다.
> ④ 주물이든 종물이든 모두 부동산일 경우도 있다.

04 원물과 관실

12 다음 중 법정과실에 해당하는 것은?

① 지연이자

② 이익배당금

③ 차임

④ 근로자의 임금

> ✔ **해설** 법정과실 … 물건의 사용대가로 받는 금전, 기타의 물건으로 이자, 집세 등이 이에 속한다. 법정과실은 원물과 과실이 모두 물건이어야 하므로 노동의 대가인 임금, 권리사용의 대가인 특허권의 사용료, 주식의 배당금, 지연이자 등은 과실이 아니다.

01 법률행위 총설

1 다음 중 법률행위의 개념에 관한 설명으로 옳은 것은?

① 법률행위란 의사표시 그 자체이다.

② 법률행위란 법률효과이다.

③ 법률행위란 의사표시를 요소로 하는 법률요건이다.

④ 법률행위의 법률효과는 법률규정에 의하여 발생한다.

> ✔ 해설 ① 법률행위란 의사표시를 필수요소로 할 뿐, 의사표시 그 자체는 아니다.
> ② 법률행위는 법률요건이다.
> ④ 법률행위의 법률효과는 당사자의 의사표시대로 발생한다.

2 다음 중 법률행위의 효력발생요건이 아닌 것은?

① 당사자가 권리능력을 가질 것 ② 당사자가 존재할 것

③ 법률행위의 목적이 가능할 것 ④ 사회적 타당성이 있을 것

> ✔ 해설 유효(효력발생)요건
> ㉠ 일반적 유효요건 : 모든 법률행위에 필요한 공통적 유효요건
> • 당사자가 능력을 가질 것
> • 목적이 확정되고, 가능하며, 적법하고, 사회적 타당성을 가질 것
> • 의사표시에 결함이 없을 것(의사와 표시가 일치하고 의사표시에 하자가 없을 것)
> ㉡ 특별유효요건 : 특정 법률행위에서 별도로 요구되는 유효요건
> • 유언에 있어서 유언자의 사망
> • 대리행위에 있어서 대리권의 존재
> • 조건·기한부 법률행위에 있어서 조건의 성취, 기한의 도래 등

Answer 11.① 12.③ / 1.③ 2.②

3 甲은 乙에게 자동차를 500만원에 사라고 청약하고, 乙이 이를 승낙하면 매매계약이 성립하며, 甲에게는 매매대금지급청구권이, 乙에게는 소유권이전청구권이 발생한다. 이 경우 옳은 것은?

① 청약, 승낙과 매매는 법률요건이며, 매매대금지급청구권과 소유권이전청구권은 법률효과이다.
② 청약, 승낙과 매매는 법률사실이며, 매매대금지급청구권과 소유권이전청구권은 법률효과이다.
③ 청약, 승낙은 법률사실이고 매매는 법률요건이며, 매매대금지급청구권과 소유권이전청구권은 법률효과이다.
④ 청약, 승낙은 법률요건이고 매매는 법률사실이며, 매매대금지급청구권과 소유권이전청구권은 법률효과이다.

> ✔**해설** 매매계약을 체결한 결과로 재산권이 이전한 경우 청약과 승낙은 법률사실이고, 매매계약은 법률요건이며, 재산권의 이전은 법률효과이다.
> ※ 법률사실, 법률요건, 법률효과의 관계 … 법률사실이 모여서 법률요건을 이루고, 법률요건이 갖추어지면 법률효과가 발생한다.
> ㉠ 법률사실 : 법률요건을 이루는 개개의 사실
> ㉡ 법률요건 : 하나 이상의 법률사실로 구성되는 법률관계의 변동의 원인
> ㉢ 법률효과 : 법률요건에 의하여 발생하게 되는 법률관계의 변동의 결과

4 불공정한 법률행위의 효과에 관한 다수설 및 판례의 태도로서 가장 옳지 않은 것은?

① 불공정한 법률행위는 선량한 풍속 기타 사회질서에 반하는 법률행위의 일종이다.
② 객관적으로 급부와 반대급부 간에 현저한 불균형이 있어야 하는 불공정한 법률행위는 당연히 대가관계 있는 법률행위에만 적용될 수 있다.
③ 급부와 반대급부 간에 현저한 불균형이 있으면 피해 당사자의 무경험, 경솔, 궁박을 이용하려는 폭리행위의 악의가 추정된다.
④ 대리인에 의한 법률행위의 경우 대리행위가 불공정한 법률행위인가를 판단함에는 경솔·무경험은 그 대리인을 기준으로 하여야 하고, 궁박상태에 있었는지의 여부는 본인의 입장에서 판단하여야 한다.

> ✔**해설** ③ 급부와 반대급부 간에 현저한 불균형이 있다고 하여 피해 당사자의 궁박, 경솔, 무경험이 추정되지는 않는다(대판 1969.7.8, 69다594).

5 민법 제104조의 불공정한 법률행위에 관한 설명 중 옳은 것은? (다툼이 있는 경우 판례에 의함)

① 증여나 기부행위와 같이 대가관계 없이 일방적인 급부를 하는 행위에 대해서는 적용되지 않는다.

② 불공정한 거래가 이루어진 경우 그 법률행위는 궁박·경솔·무경험에 기인한 것으로 추정되므로 유효를 주장하는 자가 그 부존재를 입증하여야 한다.

③ 피해당사자가 궁박·경솔·무경험의 상태에 있었으면 그 상대방 당사자에게 폭리행위의 악의가 없었더라도 불공정한 법률행위는 성립한다.

④ 대리인에 의하여 법률행위가 이루어진 경우 그 법률행위가 민법 제104조의 불공정한 법률행위에 해당하는지 여부를 판단함에 있어서 경솔, 무경험과 궁박은 대리인을 기준으로 판단하여야 한다.

> ✔ **해설** ① 대판 1993.3.23. 92다52238
> ② 매도인 측에서 매매계약이 불공정한 법률행위로서 무효라고 하려면 객관적으로 매매가격이 실제가격에 비하여 현저하게 헐값이고 주관적으로 매도인이 궁박, 경솔, 무경험 등의 상태에 있었으며, 매수인 측에서 위와 같은 사실을 인식하고 있었다는 점을 주장 입증하여야 한다(대판 1991.5.28. 90다19770).
> ③ 민법 제104조에 규정된 불공정한 법률행위는 객관적으로 급부와 반대급부 사이에 현저한 불균형이 존재하고, 주관적으로 그와 같이 균형을 잃은 거래가 피해 당사자의 궁박, 경솔 또는 무경험을 이용하여 이루어진 경우에 성립하는 것으로서, 약자적 지위에 있는 자의 궁박, 경솔 또는 무경험을 이용한 폭리행위를 규제하려는 데 그 목적이 있는바, 피해 당사자가 궁박, 경솔 또는 무경험의 상태에 있었다고 하더라도 그 상대방 당사자에게 위와 같은 피해 당사자 측의 사정을 알면서 이를 이용하려는 의사, 즉 폭리행위의 악의가 없었다면 불공정 법률행위는 성립하지 않는다(대판 2011.1.13. 2009다21058).
> ④ 대리인에 의하여 법률행위가 이루어진 경우 그 법률행위가 민법 제104조의 불공정한 법률행위에 해당하는지 여부를 판단함에 있어서 경솔과 무경험은 대리인을 기준으로 하여 판단하고, 궁박은 본인의 입장에서 판단하여야 한다(대판 2002.10.22. 2002다38927).

6 다음 중 강행규정의 내용이라고 볼 수 없는 것은?

① 가족관계의 질서유지에 관한 규정
② 거래안전을 위한 규정
③ 경제적 약자의 보호를 위한 규정
④ 신의성실의 원칙에 관한 규정

> ✔ **해설** 강행규정의 예
> ㉠ 법질서의 기본구조에 관한 규정 : 권리능력, 행위능력, 법인, 소멸시효 제도
> ㉡ 사회일반의 중대한 이해에 직접 영향을 미치는 규정 : 물권법의 규정
> ㉢ 사회윤리관이나 가족관계 질서에 관한 규정 : 가족법의 규정
> ㉣ 경제적 약자를 보호하기 위한 사회 정책적 규정 : 주택임대차보호법의 규정
> ㉤ 거래의 안전을 위한 규정 : 유가증권 제도

Answer 3.③ 4.③ 5.① 6.④

7 반사회질서의 법률행위에 관한 설명으로 가장 옳지 않은 것은? (다툼이 있는 경우 판례에 의함)

① 반사회질서행위에는 법률행위의 목적인 권리·의무의 내용이 선량한 풍속 기타 사회질서에 위반하는 경우 뿐만 아니라 그 내용 자체는 그러하지 않더라도 법률상 이를 강제하거나 그 법률행위에 반사회질서적인 조건이나 대가가 결부됨으로써 반사회질서적인 경우도 포함한다.

② 법률행위의 성립과정에서 불법적인 방법이 사용된 데 불과한 때에는 이는 의사표시의 하자문제는 될 수 있으나 반사회질서행위에 해당하지 않는다.

③ 법률행위의 동기는 표시되거나 상대방에게 알려진 경우에도 반사회질서행위가 될 수 없다.

④ 반사회질서행위는 불법원인급여의 원인이 되는 행위이므로 이러한 행위를 한 자는 급여한 재산이나 제공한 노무로 인한 이익의 반환을 청구하지 못한다.

> ✔️**해설** ①③ 민법 제103조에 의하여 무효로 되는 반사회질서행위는 법률행위의 목적인 권리의무 내용이 선량한 풍속 기타 사회질서에 위반되는 경우뿐만 아니라 그 내용 자체는 반사회질서적인 것이 아니라고 하여도 법률적으로 이를 강제하거나 그 법률행위에 반사회질서적인 조건 또는 금전적 대가가 결부됨으로써 반사회질서적 성질을 띠게 되는 경우 및 표시되거나 상대방에게 알려진 법률행위의 동기가 반사회질서적인 경우를 포함한다(대판 1984.12.11, 84다카1402).
> ② 단지 법률행위의 성립과정에서 강박이라는 불법적 방법이 사용된데 불과한 때에는 강박에 의한 의사표시의 하자나 의사의 흠결을 이유로 효력을 논의할 수는 있을지언정 반사회질서의 법률행위로서 무효라고 할 수는 없다(대판 1992.11.27, 92다7719).
> ④ 제103조와 제746조는 표리관계에 있는 것으로, 민법은 불법을 원인으로 인하여 재산을 급여하거나 노무를 제공한 때에는 그 이익의 반환을 청구하지 못하도록 하여(제746조) 소극적으로 법적 정의를 유지하려고 하고 있다.

8 다음 중 불공정한 법률행위에 관한 설명으로 옳은 것은? (다툼이 있는 경우 판례에 의함)

① 급부와 반대급부의 불균형이 존재해야 하므로 무상행위에는 적용이 없다.

② 급부와 반대급부 사이에 현저한 불균형이 존재하면 상대방의 궁박·경솔·무경험이 추정된다.

③ 대물변제예약이 불공정한 법률행위가 되는 요건의 하나인 대차의 목적물 가격과 대물변제의 목적물 가격에 있어서의 불균형이 있느냐 여부를 결정할 시점은 대물변제의 효력이 발생할 변제기 당시를 표준으로 하여야 할 것임이 원칙이므로 채권액수도 역시 변제기까지의 원리액을 기준으로 하여야 할 것이다.

④ 대리인에 의한 법률행위의 경우 궁박·경솔·무경험은 대리인을 기준으로 하여 판단하여야 한다.

> ✔️**해설** ① 무상행위라 하더라도 부담이 과도한 때에는 제104조의 적용이 있고, 또한 경솔·궁박으로 소유권을 포기하는 경우에도 적용된다(대판 1975.5.13, 75다92).
> ② 객관적 조건이 존재한다고 하여 주관적 요건이 추정되지는 않는다. 따라서 궁박 등의 입증책임은 법률행위의 무효를 주장하는 자에게 있다(대판 1970.11.24, 70다2065).
> ③ 대판 1965.6.15, 60다610
> ④ 대리인에 의한 법률행위의 경우 궁박은 본인을 기준으로, 경솔과 무경험은 대리인을 기준으로 하여 판단하여야 한다(대판 1972.4.25, 71다2255).

9 의사표시의 무효, 취소에 관한 설명 중 옳지 않은 것은?

① 상대방과 통정한 허위의 의사표시는 무효로 한다.
② 법률행위 내용의 중요부분에 착오가 있는 의사표시는 무효로 한다.
③ 의사표시는 표의자가 진의 아님을 알고 한 경우라도 원칙적으로 그 효력이 있다.
④ 상대방 있는 의사표시에 관하여 제3자가 사기나 강박을 행한 경우에는 상대방이 그 사실을 알았거나 알 수 있었을 경우에 한하여 그 의사표시를 취소할 수 있다.

> ✔해설 ① 제108조 제1항
> ② 의사표시는 법률행위의 내용의 중요부분에 착오가 있는 때에는 취소할 수 있다. 그러나 그 착오가 표의자의 중대한 과실로 인한 때에는 취소하지 못한다(제109조 제1항).
> ③ 제107조 제1항 본문
> ④ 제110조 제2항

10 다음 중 착오에 의한 의사표시를 이유로 취소할 수 있는 것은? (다툼이 있는 경우 판례에 의함)

① 토지매도인이 토지소유자가 아닌 경우
② 농지인 줄 알고 매수하였으나 실제로는 상당부분이 하천인 경우
③ 토지를 시가보다 비싸게 산 경우
④ 공장을 짓기 위하여 토지를 매수하였으나 이후 관할관청에 알아본 결과 공장설립허가가 허용되지 않는 토지인 경우

> ✔해설 ① 현실매매에 있어서 상대방이 누구이냐를 중요시하지 않는 경우에는 사람의 동일성의 착오는 이른바 중요부분의 착오가 아니다(통설). 토지매도인이 토지소유자가 아닌 경우 민법 제569조에 의하여 규율될 뿐이다.
> ② 본건 토지 답 1,389평을 전부 경작할 수 있는 농지인 줄 알고 매수하여 그 소유권이전등기를 마쳤으나 타인이 경작하는 부분은 인도되지 않고 있을 뿐 아니라 측량결과 약 600평이 하천을 이루고 있어 사전에 이를 알았다면 매매의 목적을 달할 수 없음이 명백하여 매매계약을 체결하지 않았을 것이므로 위 토지의 현황 경계에 관한 착오는 본건 매매계약의 중요부분에 대한 착오라 할 것이다(대판 1968.3.26, 67다2160).
> ③ 물건의 수량·가격(시가) 등에 관한 착오는 동기의 착오에 불과할 뿐, 일반적으로 중요부분의 착오가 되지 않는다(대판 1985.4.23, 84다카890).
> ④ 매수인이 토지에 대한 전용허가를 받기 위하여는 구 중소기업창업지원법에 의한 사업계획의 승인을 받는 등의 복잡한 절차를 거쳐야 한다는 사실을 모르고 곧바로 벽돌공장을 지을 수 있는 것으로 잘못 알고 있었다고 하여도, 그러한 착오는 동기의 착오에 지나지 않으므로 당사자 사이에 그 동기를 의사표시의 내용으로 삼았을 때 한하여 의사표시의 내용의 착오가 되어 취소할 수 있다(대판 1997.4.11, 96다31109).

Answer 7.③ 8.③ 9.② 10.②

11 의사표시에 관한 설명 중 가장 옳지 않은 것은? (다툼이 있는 경우 판례에 의함)

① 의사표시는 표의자가 진의 아님을 알고 한 것이라도 그 효력이 있다. 그러나 상대방이 표의자의 진의 아님을 알았거나 이를 알 수 있었을 경우에는 무효로 한다. 그 무효는 선의의 제3자에게 대항하지 못한다.

② 상대방과 통정한 허위의 의사표시는 무효로 한다. 그 무효는 선의의 제3자에게 대항하지 못하는데, 여기서 제3자는 그 선의여부가 문제이지 이에 관한 과실 유무를 따질 것은 아니다.

③ 의사표시는 법률행위의 내용의 중요부분에 착오가 있는 때에는 취소할 수 있다. 그러나 그 착오가 표의자의 중대한 과실로 인한 때에는 취소하지 못한다.

④ 상대방 있는 의사표시를 발신한 후에는 상대방에게 도달하기 전이라도 이를 철회할 수 없다.

> ✔ **해설**
> ① 제107조
> ② 제108조 제2항의 제3자는 선의이면 족하고 무과실은 요건이 아니다.
> ③ 제109조
> ④ 상대방 있는 의사표시는 그 통지가 상대방에 도달한 때로부터 그 효력이 생긴다(법 제111조 제1항). 즉, 민법은 의사표시의 효력발생시기에 관하여 도달주의를 원칙으로 하고 있다. 따라서 의사표시가 도달되어 효력을 발생하기 전이라면, 자유롭게 철회할 수 있다.

12 착오에 관한 다음 설명 중 판례의 태도에 부합하지 않는 것은?

① 착오에 의한 의사표시에서 취소할 수 없는 표의자의 '중대한 과실'이라 함은 표의자의 직업, 행위의 종류, 목적 등에 비추어 보통 요구되는 주의를 현저히 결여하는 것을 의미한다.

② 착오로 인한 의사표시의 취소는 선의의 제3자에게 대항하지 못한다.

③ 의사표시는 법률행위의 내용의 중요부분에 착오가 있는 때는 취소할 수 있고, 의사표시의 동기에 착오가 있는 경우에는 당사자 사이에 그 동기를 의사표시의 내용으로 삼았는지 여부와 관계없이 의사표시의 내용이 착오가 되어 취소할 수 있다.

④ 하나의 법률행위의 일부분에만 취소사유가 있다고 하더라도 그 법률행위가 가분적이거나 그 목적들의 일부가 특정될 수 있다면, 나머지 부분이라도 이를 유지하려는 당사자의 가정적 의사가 인정되는 경우 그 일부만의 취소도 가능하다.

> ✔ **해설**
> ① 대판 2000.5.12, 99다64995
> ② 제109조 제2항
> ③ 동기의 착오가 법률행위의 내용의 중요부분의 착오에 해당함을 이유로 표의자가 법률행위를 취소하려면 그 동기를 당해 의사표시의 내용으로 삼을 것을 상대방에게 표시하고 의사표시의 해석상 법률행위의 내용으로 되어 있다고 인정되면 충분하고 당사자들 사이에 별도로 그 동기를 의사표시의 내용으로 삼기로 하는 합의까지 이루어질 필요는 없지만, 그 법률행위의 내용의 착오는 보통 일반인이 표의자의 입장에 섰더라면 그와 같은 의사표시를 하지 아니하였으리라고 여겨질 정도로 그 착오가 중요한 부분에 관한 것이어야 한다(대판 1998.2.10, 97다44737).
> ④ 대판 1998.2.10, 97다44737

13 진의 아닌 의사표시에 관한 다음 설명 중 옳지 않은 것은? (다툼이 있는 경우 판례에 의함)

① 공무원의 사직의 의사표시와 같은 사인의 공법행위에도 진의 아닌 의사표시에 관한 규정이 준용된다.

② 사용자가 사직의 의사 없는 근로자로 하여금 사직서를 작성·제출하게 한 후 이를 수리하여 근로계약 관계를 종료시키는 경우 진의 아닌 의사표시가 성립할 수 있다.

③ 진의 아닌 의사표시는 표시행위에 상응하는 내심의 효과의사가 없는 것이다.

④ 표의자가 증여를 하기로 하고 그에 따른 증여의 의사표시를 한 이상, 증여를 하는 자가 재산을 강제로 뺏기는 것이라고 생각하더라도 진의 아닌 의사표시는 성립하지 않는다.

✔ 해설 ① 공무원의 사직의 의사표시와 같은 공법상의 행위에는 진의 아닌 의사표시의 규정이 준용되지 않고, 외부에 표시된 대로 효력이 발생한다(대판 1997.12.12, 97누13962).
② 진의 아닌 의사표시인지의 여부는 효과의사에 대응하는 내심의 의사가 있는지 여부에 따라 결정되는 것인 바, 비록 사용자가 근로자로부터 사직서를 제출받고 이를 수리하는 의원면직의 형식을 취하여 근로계약관계를 종료시킨다고 할지라도, 사직의 의사 없는 근로자로 하여금 어쩔 수 없이 사직서를 작성 제출하게 하였다면 원고들이 사직서를 작성 제출할 당시 그 사직서에 기하여 의원면직 처리될지 모른다는 점을 인식하였다고 하더라도 이것만으로써 그들의 내심에 사직의 의사가 있는 것이라고 할 수 없다. 따라서 원고들의 사직의사표시는 비진의 의사표시에 해당한다(대판 1991.7.12, 90다11554).

14 A토지와 B토지를 소유하고 있는 甲은 A토지를 매수인 乙에게 매도하기로 하고 乙과 함께 현장을 답사한 다음 매매계약서를 작성하였다. 그런데 甲과 乙은 토지지번에 관하여 착오를 일으켜 계약서상 매매목적물로 B토지의 지번을 기재하였고 乙도 이를 간과하여 결국 B토지에 관하여 매매계약을 원인으로 하는 소유권이전등기가 경료 되었다. 그 후 乙은 B토지를 丙에게 매도하고 丙 앞으로 소유권이전등기를 마쳐주었다. 다음 설명 중 옳지 않은 것은? (다툼이 있는 경우 판례에 의함)

① 甲과 乙 간의 매매계약은 착오에 의한 의사표시로 규율되어야 한다.

② 甲과 乙 간의 매매계약은 A토지에 관하여 성립한 것으로 보아야 한다.

③ 부동산등기에는 공신력이 없으므로 丙은 B토지에 관하여 소유권을 취득할 수 없다.

④ 甲은 乙에게 A토지에 관하여 소유권이전등기를 해 줄 의무가 있다.

✔ 해설 부동산의 매매계약에 있어 쌍방당사자가 모두 특정의 A토지를 계약의 목적물로 삼았으나 그 목적물의 지번 등에 관하여 착오를 일으켜 계약을 체결함에 있어서는 계약서상 그 목적물을 A토지와는 별개인 B토지로 표시하였다 하여도 A토지에 관하여 이를 매매의 목적물로 한다는 쌍방당사자의 의사합치가 있는 이상 위 매매계약은 A토지에 관하여 성립한 것으로 보아야 할 것이고 B토지에 관하여 매매계약이 체결된 것으로 보아서는 안 될 것이며, 만일 B토지에 관하여 위 매매계약을 원인으로 하여 매수인 명의로 소유권이전등기가 경료 되었다면 이는 원인이 없이 경료된 것으로서 무효이다(대판 1993.10.26, 93다2629).
※ 오표시 무해의 원칙 … 표시가 잘못된 경우라 하더라도, 당사자의 내심의 의사(진의)가 서로 일치하고 있다면 그 진의대로 법률효과가 발생한다는 원칙이다. 이는 의사와 표시의 불일치를 의미하는 착오와 유사한 경우처럼 보이지만, 실은 법률행위의 해석(자연적 해석)을 통해 당사자의 진의가 일치함을 밝혀냄으로써 착오의 문제까지 이르지 않는 경우를 말한다.

15 허위표시의 무효는 선의의 제3자에게 대항하지 못한다. 이때 '제3자'에 해당하지 않는 것은?

① 가장매매에 기한 손해배상청구권의 양수인
② 가장매매의 매수인으로부터 그 목적부동산을 다시 매수한 자
③ 가장매매의 매수인으로부터 저당권을 설정받은 자
④ 가장매매의 매수인에 대한 압류채권자

> ✔ **해설** 제3자라 함은 당사자와 그의 포괄승계인 이외의 자로서 허위표시행위를 기초로 하여 새로운 이해관계를 맺은 자를 말하며 ②③
> ④ 및 가장매매에 기한 대금채권의 양수인, 가상소비대차에 기한 채권의 양수인, 통정으로 행한 타인 명의의 예금통장 명의인으
> 로부터 예금채권을 양수한 자 등이 이에 속한다.

16 판례상 법률행위의 중요부분의 착오라고 인정되는 것은?

① 부동산의 가격에 대한 착오
② 토지의 현황 · 경계에 관한 착오
③ 지적(地籍)의 부족에 관한 착오
④ 매매목적물의 소유주에 대한 착오

> ✔ **해설** ① 의사표시의 착오가 법률행위의 내용의 중요부분에 착오가 있는 이른바 요소의 착오이냐의 여부는 그 각 행위에 관하여 주관
> 적, 객관적 표준에 쫓아 구체적 사정에 따라 가려져야 할 것이고 추상적, 일률적으로 이를 가릴 수는 없다고 할 것인 바, 토
> 지매매에 있어서 시가에 관한 착오는 토지를 매수하려는 의사를 결정함에 있어 그 동기의 착오에 불과할 뿐 법률행위의 중요
> 부분에 관한 착오라 할 수 없다(대판 1985.4.23. 84다카890).
> ② 토지의 현황 · 경계에 관한 착오는 매매계약의 중요한 부분에 대한 착오이다(대판 1974.4.23. 74다54).
> ③ 특정된 지번의 임야 전부에 관한 매매계약서에 표시된 지적이 실지 면지보다 적은 경우라도 위 계약이 법률행위의 요소에
> 착오가 있는 것이라 할 수 없다(대판 1969.5.13. 69다196).
> ④ 타인 소유의 부동산을 임대한 것이 임대차계약을 해지할 사유는 될 수 없고 목적물이 반드시 임대인의 소유일 것을 특히 계
> 약의 내용으로 삼은 경우라야 착오를 이유로 임차인이 임대차계약을 취소할 수 있다(대판 1975.1.28. 74다2069).

17 통정허위표시에 관한 설명 중 가장 옳지 않은 것은? (다툼이 있는 경우 판례에 의함)

① 통정허위표시의 무효는 선의의 제3자에게 대항하지 못하는데, 이 때 제3자는 자신이 선의라는 사실을 주장·입증하여야 한다.

② 통정허위표시에 있어서의 제3자는 그 선의 여부가 문제될 뿐이고 제3자의 과실 유무를 따질 것은 아니다.

③ 채무자의 법률행위가 통정허위표시인 경우에도 채권자취소권의 대상이 되고, 한편 채권자취소권의 대상으로 된 채무자의 법률행위라도 통정허위표시의 요건을 갖춘 경우에는 무효이다.

④ 통정허위표시에 의하여 외형상 형성된 법률관계로부터 생긴 채권을 가압류한 경우 그 가압류권자는 허위표시에 기초하여 새로이 법률상 이해관계를 가지게 된 제3자에 해당하므로, 그가 선의인 이상 통정허위표시의 무효를 그에 대하여 주장할 수 없다.

> ✔해설 ① 허위의 매매에 의한 매수인으로부터 부동산상의 권리를 취득한 제3자는 특별한 사정이 없는 한 선의로 추정할 것이므로 허위표시를 한 부동산양도인이 제3자에 대하여 소유권을 주장하려면 그 제3자의 악의임을 입증하여야 한다(대판 1970.9.29. 70다466).
> ② 대판 2004.5.28. 2003다70041
> ③ 대판 1998.2.27. 97다50985
> ④ 대판 2010.3.25. 2009다35743

18 채무자 丙이 보증인 甲을 기망하여 자기 채권자 乙과 보증계약을 체결시켰다. 다음 설명 중 옳은 것은?

① 丙이 사기를 한 경우이므로 甲, 乙이 취소할 수 있다.

② 丙이 사기를 한 경우이므로 항상 甲만이 취소할 수 있다.

③ 丙이 사기를 한 경우이므로 항상 乙만이 취소할 수 있다.

④ 丙이 사기를 한 경우이므로 乙이 그 사실을 알았을 경우에 甲이 취소할 수 있다.

> ✔해설 乙이 사기의 사실을 알았거나 알 수 있었을 경우에 한하여 甲은 乙에 대하여 의사표시를 취소할 수 있다(제110조 제2항).

19 강박에 의한 의사표시에 관한 설명 중 옳지 않은 것은?

① 판례에 의하면, 의사결정의 자유가 박탈된 상태에서 한 의사표시는 무효이다.

② 판례·통설에 의하면 고소하겠다고 위협하는 것은 부정한 이익의 취득을 목적으로 하는 때에만 위법하다.

③ 강박수단이 법질서에 위배된 경우 중에는 위법성이 없는 때도 있다.

④ 강박에 의한 의사표시의 취소도 선의의 제3자에게 대항하지 못한다.

> ✔ **해설** ① 강박에 의한 법률행위가 하자 있는 의사표시로서 취소되는 것에 그치지 않고 무효가 되기 위해서는, 강박의 정도가 단순한 불법적 해악의 고지로 상대방으로 하여금 공포를 느끼도록 하는 정도가 아니고, 의사표시자로 하여금 스스로 의사결정을 할 수 있는 여지를 완전히 박탈한 상태에서 의사표시가 이루어져 단지 법률행위의 외형만이 만들어진 것에 불과한 정도이어야 한다(대판 2003.5.13. 2002다73708·73715).
> ② 어떤 해악을 고지하는 강박행위가 위법하다고 하기 위해서는, 강박행위 당시의 거래관념과 제반 사정에 비추어 해악의 고지로써 추구하는 이익이 정당하지 아니하거나 강박의 수단으로 상대방에게 고지하는 해악의 내용이 법질서에 위배된 경우 또는 어떤 해악의 고지가 거래관념상 그 해악의 고지로써 추구하는 이익의 달성을 위한 수단으로 부적당한 경우 등에 해당하여야 한다(대판 2000.3.23. 99다64049).
> ③ 강박수단이 법질서에 위배된 경우라면 언제나 위법성이 있다.
> ④ 제110조 제3항

---

20 민법 제108조의 통정허위표시는 무효이지만, 그 무효로 제108조 제2항의 선의의 제3자에게 대항하지는 못한다. 다음 중 민법 제108조 제2항의 제3자에 해당하지 않는 자는 누구인가? (다툼이 있는 경우 판례에 의함)

① 실제로는 전세권설정계약을 체결하지 아니하였으면서도 담보의 목적 등으로 당사자 사이의 합의에 따라 전세권설정등기를 마친 경우, 전세권부채권의 가압류권자

② 허위의 채무부담행위로 생긴 주채무를 보증하고 보증채무자로 그 채무를 이행하여 주채무자에게 구상권을 취득한 자

③ 금융기관이 통정허위표시로 대출계약의 대주가 되었다가 구 상호신용금고법상의 계약이전을 요구받은 경우, 계약이전에 따라 위 금융기관의 대출계약상 지위를 이전받은 자

④ 가장소비대차의 대주가 가장채권을 보유하고 있다가 파산한 경우의 파산관재인

> ✔ **해설** ① 대판 2010.03.25 2009다35743
> ② 대판 2000.7.6. 99다51258
> ③ 대법원은 구 상호신용금고법 소정의 계약이전은 금융거래에서 발생한 계약상의 지위가 이전되는 사법상의 법률효과를 가져오는 것이므로, 계약이전을 받은 금융기관은 계약이전을 요구받은 금융기관과 대출채무자 사이의 통정허위표시에 따라 형성된 법률관계를 기초로 하여 새로운 법률상 이해관계를 가지게 된 민법 제108조 제2항의 제3자에 해당하지 않는다고 판시하였다(대판 2004.1.15. 2002다31537). 따라서 계약인수의 상대방은 계약당사자의 지위를 승계하기 때문에 제3자가 될 수 없다.
> ④ 대판 2003.6.24. 2002다48214

21 다음 중 사기에 관한 설명으로 옳지 않은 것은?

① 사기는 의사와 표시 사이에 불일치는 없고 표의자의 의사형성의 동기에 하자가 있는 것이다.

② 사기가 성립하려면 사기자가 상대방을 기망하여 착오에 빠지게 하려는 고의와 착오에 기하여 어떤 의사표시를 하게 하려는 고의와의 2단의 고의가 있어야 한다.

③ 상대방 있는 의사표시에 관하여 제3자가 사기를 행할 경우에는 표의자는 무조건 취소할 수 있다.

④ 사기자의 부작위(침묵)가 사기가 되기 위해서는 사기자에게 특별한 고지의무가 있어야 한다.

> ✔ **해설** 상대방 있는 의사표시에 관하여 제3자가 사기나 강박을 행한 경우에는 상대방이 그 사실을 알았거나 알 수 있었을 때에 한하여 그 의사표시를 취소할 수 있다(제110조 제2항). 하자 있는 의사표시의 경우에는 표시에 해당하는 내심의 의사는 존재하나, 다만 그 의사결정이 자유롭게 행하여지지 않은 것이다.

22 사기에 의한 의사표시에 관한 설명 중 옳은 것은? (다툼이 있는 경우 판례에 의함)

① 기망에 의하여 타인의 물건에 관한 매매가 성립한 경우에는 담보책임의 규정과 사기의 규정이 경합하여 선택적으로 행사할 수 있다.

② 매수인이 목적물의 시가를 알면서도 시가보다 싼 금액을 시가라고 말한 경우에도 이로써 매도인의 의사결정에 불법적으로 간섭을 한 것으로 기망행위에 해당한다.

③ 대형백화점의 이른바 변칙세일, 즉 종전 판매가격을 실제보다 높게 표시하여 할인판매를 가장한 정상판매를 기도하거나 할인율을 기망하는 것은 사기에 해당한다.

④ 선의의 제3자는 취소 이전에 취소를 주장하는 자와 양립되지 아니하는 법률관계를 가진 자만을 의미한다.

> ✔ **해설** ① 민법 제569조가 타인의 권리의 매매를 유효로 규정한 것은 선의의 매수인의 신뢰이익을 보호하기 위한 것이므로, 매수인이 매도인의 기망에 의하여 타인의 물건을 매도인의 것으로 알고 매수한다는 의사표시를 한 것은 만일 타인의 물건인줄 알았더라면 매수하지 아니하였을 사정이 있는 경우에는 매수인은 민법 제110조에 의하여 매수의 의사표시를 취소할 수 있다고 해석해야 할 것이다(대판 1973.10.23. 73다268).
> ② 이 경우 매수인은 매도인의 의사결정에 불법적으로 간섭했다고 볼 수 없으므로 기망행위에 해당하지 않는다(대판 1959.1.29. 4291민상139).
> ③ 대판 1993.8.13. 92다52665
> ④ 취소를 주장하는 자와 양립되지 아니하는 법률관계를 가졌던 것이 취소 이전에 있었던가 이후에 있었던가는 가릴 필요 없이 사기에 의한 의사표시 및 그 취소사실을 몰랐던 모든 제3자에 대하여는 그 의사표시의 취소를 대항하지 못한다고 보아야 할 것이고 이는 거래안전의 보호를 목적으로 하는 민법 제110조 제3항의 취지에도 합당한 해석이 된다(대판 1975.12.23. 75다533).

04 **의사표시의 효력발생**

23 甲이 의사표시를 발송했는데 그 의사표시가 도달하기 전에 상대방 乙이 행위능력을 상실하였을 경우 이에 대한 설명으로 옳은 것은?

① 甲은 의사표시의 도달을 주장할 수 있다.

② 이 경우 의사표시는 자동적으로 철회된다.

③ 甲과 乙 모두 의사표시의 도달을 주장할 수 있다.

④ 甲은 乙의 법정대리인이 그 도달을 안 후에 그 의사표시의 효력을 주장할 수 있다.

> **✔해설** 의사표시의 상대방이 의사표시를 받은 때에 제한능력자인 경우에는 의사표시자는 그 의사표시로써 대항할 수 없다. 다만, 그 상대방의 법정대리인이 의사표시가 도달한 사실을 안 후에는 그러하지 아니하다(제112조).

24 의사표시의 효력발생에 관한 설명 중 옳지 않은 것은?

① 도달주의 원칙을 취하므로 의사표시는 본래의 의사표시가 도달하기 전까지는 이를 철회할 수 있다.

② 의사표시가 도달하고 있는 한, 발신 후 표의자가 사망하였거나 행위능력을 상실하여도 그 의사표시는 효력이 발생한다.

③ 공시송달에 의한 의사표시는 게시된 날로부터 2주일이 지난 때에 도달된 것으로 간주된다.

④ 의사표시의 상대방이 이를 받은 때에 제한능력자인 경우에도 그 의사표시로써 대항할 수 있다.

> **✔해설** ① 도달주의 원칙상 의사표시가 도달해야 효력이 발생하므로 도달 전에는 철회할 수 있다.
> ② 제111조 제2항
> ③ 민사소송법 제196조
> ④ 의사표시의 상대방이 의사표시를 받은 때에 제한능력자인 경우에는 의사표시자는 그 의사표시로써 대항할 수 없다. 다만, 그 상대방의 법정대리인이 의사표시가 도달한 사실을 안 후에는 그러하지 아니하다(제112조).

25 다음 중 의사표시가 도달주의 원칙의 예외가 아닌 것은?

① 무권대리인의 상대방의 본인에 대한 최고에서 본인의 확답
② 채무인수에서 채무자의 최고에 대한 채권자의 확답
③ 격지자 간의 계약 성립시기
④ 무권대리인의 상대방의 본인에 대한 추인 여부의 확답 최고

> ✔해설 ④ 최고에 대한 확답은 발신주의이나 최고의 효력은 도달시에 발생한다.
> ※ 도달주의 원칙에 대한 예외규정(발신주의)
>   ㉠ 무능력자 상대방의 최고에 대한 무능력자 측의 확답〈제15조〉
>   ㉡ 사원총회의 소집통지〈제71조〉
>   ㉢ 무권대리인의 상대방의 최고에 대한 본인의 확답〈제131조〉
>   ㉣ 채무인수에서 채무자의 최고에 대한 채권자의 확답〈제455조〉
>   ㉤ 격지자 간의 계약성립시기〈제531조〉

CHAPTER

06 대리

01 총설

1 대리에 관한 다음 설명 중 가장 옳지 않은 것은?

① 대리인은 행위능력자이어야 한다.

② 불법행위나 사실행위는 대리가 인정되지 않는다.

③ 대리제도는 사적자치의 범위를 확장해 주는 제도이다.

④ 관념의 통지나 의사의 통지와 같은 준법률행위에도 대리가 인정된다.

> ✔ **해설** ① 대리인은 행위능력자임을 요하지 아니한다(제117조).
> ②④ 준법률행위 중 의사의 통지나 관념의 통지에 관하여는 의사표시에 관한 규정을 유추적용하므로, 대리도 가능하다고 보는 것이 통설이다. 그러나 불법행위나 사실행위에는 대리가 인정되지 않는다.
> ③ 대리제도는 사적자치의 범위를 확장 또는 보충해 주는 제도이다.

2 다음 중 대리관계에 관한 설명으로 옳은 것은?

① 임의대리인이 본인의 승낙을 얻어 복대리인을 선임한 경우 그 복대리인은 그 권한 내에서 본인을 대리한다.

② 대리인은 원칙적으로 본인의 허락 없이도 본인을 위하여 자기와 법률행위를 하거나 동일한 법률행위에 관하여 당사자 쌍방을 대리할 수 있다.

③ 의사표시의 효력이 의사의 흠결, 사기, 강박 등으로 인하여 영향을 받을 경우 그 사실의 유무는 본인을 표준하여 결정한다.

④ 권한을 정하지 아니한 대리인은 보존행위나 일정한 범위 안의 이용 또는 개량행위는 물론 대리인의 목적물에 관한 처분행위도 가능하다.

> ✔ **해설** ② 대리인은 본인의 허락이 없으면 본인을 위하여 자기와 법률행위를 하거나 동일한 법률행위에 관하여 당사자 쌍방을 대리하지 못한다. 그러나 채무의 이행은 할 수 있다(제124조).
> ③ 대리인을 표준으로 하여 결정한다(제116조 제1항).
> ④ 권한을 정하지 아니한 대리인은 보존행위, 대리의 목적인 물건이나 권리의 성질을 변하지 아니하는 범위에서 그 이용 또는 개량하는 행위만을 할 수 있다(제118조).

3 대리에 관한 다음 설명 중 가장 옳은 것은? (다툼이 있는 경우 판례에 의함)

① 대리권한 없이 타인의 부동산을 매도한 자가 그 부동산을 상속한 후 소유자의 지위에서 자신의 대리행위가 무권대리로 무효임을 주장하여 등기말소 등을 구하는 것은 금반언의 원칙이나 신의성실의 원칙에 반하여 허용될 수 없다.

② 대리권이 있다는 것과 표현대리가 성립한다는 것은 그 요건사실이 다르지만 유권대리의 주장이 있으면 표현대리의 주장이 당연히 포함되는 것이므로 이 경우 법원은 표현대리의 성립 여부까지 판단해야 한다.

③ 무권대리행위가 범죄가 되는 경우 그 사실을 알고도 장기간 형사소송를 하지 아니하였다는 사실만으로도 무권대리 행위에 대한 묵시적 추인을 인정할 수 있다.

④ 민법 제127조에 규정된 대리권의 소멸사유에는 본인의 사망, 본인의 파산, 대리인의 사망, 대리인의 파산 등이 있다.

> ✔해설 ① 대판 1994.9.27. 94다20617. 참조
> ② 유권대리는 본인이 대리인에게 수여한 대리권의 효력에 의하여 법률효과가 발생하는 반면 표현대리는 법률이 상대방 보호와 거래안전유지를 위하여 본래 무효인 무권대리행위의 효과를 본인에게 미치게 한 것이다. 비록 표현대리가 성립된다 하더라도 무권대리의 성질이 유권대리로 전환되는 것은 아니므로, 양자의 구성요건 해당사실 즉 주요사실은 다르다. 따라서 유권대리에 관한 주장 속에 표현대리의 주장이 포함되는 것은 아니다(대판 1983.12.13. 83다카1489).
> ③ 무권대리행위가 범죄가 되는 경우, 그 사실을 알고도 장기간 형사소송를 하지 아니하였다는 사실만으로 묵시적인 추인이 있었다고 할 수는 없다. 권한 없이 기명날인을 대행하는 방식에 의하여 약속어음을 위조한 경우에 피위조자가 이를 묵시적으로 추인하였다고 인정하려면 추인의 의사가 표시되었다고 볼 만한 사유가 있어야 한다(대판 1998.2.10. 97다31113).
> ④ 민법 제127조에 규정된 대리권의 소멸사유에는 본인의 사망, 대리인의 사망, 대리인의 성년후견의 개시 또는 파산 등이 있다. '본인의 파산'은 대리권의 공통된 소멸사유가 아니다.

4 복대리에 관한 설명 중 옳은 것은?

① 대리인이 자신의 이름으로 선임한 대리인의 대리인이다.

② 대리인이 복대리인을 선임한 후에는 대리권이 소멸한다.

③ 대리인이 본인의 지명에 의하여 복대리인을 선임한 경우에는 그 부적임과 불성실함을 알고 본인에게 통지와 그 해임을 태만이 한 때가 아니면 책임이 없다.

④ 법정대리인이 부득이한 사유로 복대리을 선임한 때는 그 선임감독에 관한 책임만 진다.

> ✔해설 ① 복대리인은 대리인이 자신의 이름으로 선임한 본인의 대리인이다.
> ② 복대리인 선임 후 대리인의 권한은 소멸하지 않으며 복대리인의 권한과 함께 병존하게 된다.
> ③ 대리인이 본인의 지명에 의하여 복대리인을 선임한 경우에는 그 부적임 또는 불성실함을 알고 본인에게 대한 통지나 그 해임을 태만한 때가 아니면 책임이 없다(제121조 제2항).
> ④ 제122조

5 대리인과 사자의 차이에 관한 다음 설명 중 옳지 않은 것은?

① 대리인에게는 의사능력이 필요 없으나, 사자에게는 의사능력이 필요하다.

② 의사표시의 하자의 유무에 관하여, 대리에서는 대리인에 관하여 결정하고, 사자는 본인에 관하여 결정한다.

③ 대리인은 자기가 결정한 의사를 표시하나, 사자는 본인이 결정한 의사를 표시한다.

④ 의사의 흠결에 관하여, 대리에서는 대리인의 의사와 그 표시를 비교하지만, 사자에서는 본인의 의사와 사자의 표시를 비교한다.

> ✔해설 ① 대리에서는 법률행위의 효과의사를 대리인 스스로가 결정하는 반면, 사자에서는 본인이 결정한다는 데 근본적인 차이가 있으므로 대리인에게는 적어도 의사능력이 필요하나, 사자는 의사능력마저도 필요 없다.
>
> ※ 대리와 사자의 구별
>
> | 구분 | 대리 | 사자 |
> |---|---|---|
> | 효과의사결정 | 대리인이 스스로 결정 | 본인이 결정 |
> | 행위능력의 여부 | 대리인은 행위능력을 요하지 않음 | 본인은 행위능력자이어야 하지만 사자는 행위능력자임을 요하지 않음 |
> | 의사표시의 흠결 판단기준 | 대리인을 기준으로 하여 판단 | 사자의 표시와 본인의 의사를 비교해서 판단 |
> | 의사표시의 하자 판단기준 | 대리인을 기준으로 하여 판단 | 본인을 기준으로 하여 판단 |

6 임의대리와 법정대리를 구별하는 표준에 관한 설명 중 옳지 않은 것은?

① 대리권이 본인의 의사에 기인하여 수여되는 것이 임의대리이고 법률의 규정으로 수여되는 것이 법정대리이다.

② 대리권의 범위가 수권행위에 의하여 정하여지는 것이 임의대리이고 법률로서 정하여지는 것이 법정대리이다.

③ 대리인을 두는 것이 임의적인 것은 임의대리이고 법률에 의하여 두는 것은 법정대리이다.

④ 대리인이 마음대로 복대리인을 선임할 수 있는 것이 임의대리이고 복대리인을 마음대로 선임할 수 없는 것이 법정대리이다.

> ✔해설 법정대리는 복임권이 자유로운 데 반하여, 임의대리는 본인의 사전 승낙이 존재하거나 부득이한 사유가 존재하는 경우에만 예외적으로 인정된다.

7 대리행위에 관한 다음 설명 중 옳지 않은 것은 몇 개인가?

> ㉠ 대리인이 한 불법행위의 효과는 본인에게 귀속되지 아니한다.
> ㉡ 대리인의 행위무능력을 이유로 그 대리행위를 본인이 취소할 수 있다.
> ㉢ 당사자의 특약에 의하여 대리인의 무능력을 이유로 대리행위를 취소할 수 있다.
> ㉣ 대리인이 의사무능력자인 경우 그 대리행위는 항상 무효이다.
> ㉤ 대리인이 본인의 인장을 사용하여 본인 명의의 증서를 작성하는 것은 대리의사가 표시되었다고 해석되는 것이 통설적 견해이다.

① 1개   ② 2개
③ 3개   ④ 4개

 ㉠ 대리는 법률행위에 한해 인정된다. 따라서 사실행위, 불법행위 등에는 인정되지 않는다.
㉡ 대리인은 행위능력자임을 요하지 않으므로(제117조), 본인은 대리인이 제한능력자임을 이유로 대리행위를 취소할 수 없다.
㉣ 대리인은 적어도 의사능력이 있어야 하므로, 의사능력 없는 대리인의 대리행위는 무효이다.

8 대리권의 남용에 관한 설명 중 옳은 것은? (다툼이 있는 경우 판례에 의함)

① 피용인이 대리권을 남용한 경우에 판례는 사용자책임의 성립을 부인한다.
② 권리남용으로서 무효이다.
③ 판례는 민법 제107조 제1항 단서를 유추적용 한다.
④ 상대방이 대리권 남용을 안 경우에도 신의칙 위반을 인정할 수 없다.

 ① 피용자의 불법행위가 외형상 객관적으로 사용자의 사업 활동 내지 사무집행행위 또는 그와 관련된 것이라고 보일 때에는 행위자의 주관적 사정을 고려함이 없이 이를 사무집행에 관하여 한 행위로 본다(대판 1996.1.26. 95다46890).
②③④ 대리인이 본인의 이익이나 의사에 반하여 자기 또는 제3자의 이익을 위한 배임적 대리행위를 한 경우에, 그 상대방이 그 사정을 알았거나 알 수 있었을 경우 제107조 제1항 단서를 유추하여 그 대리인의 행위는 본인의 행위로 성립할 수 없다(대판 1996.4.26. 94다29850).

9 대리에 관한 설명 중 가장 옳지 않은 것은?

① 대리인이 그 권한 외의 법률행위를 한 경우에 제3자가 그 권한이 있다고 믿은 때에는 본인은 그 행위에 대하여 책임이 있다.

② 제3자에 대하여 타인에게 대리권을 수여함을 표시한 자는 그 대리권의 범위 내에서 행한 그 타인과 그 제3자간의 법률행위에 대하여 책임이 있다. 그러나 제3자가 대리권 없음을 알았거나 알 수 있었을 때에는 그러하지 아니하다.

③ 대리인은 행위능력자임을 요하지 아니한다.

④ 특정한 법률행위를 위임한 경우에 대리인이 본인의 지시에 좇아 그 행위를 한 때에는 본인은 자기가 안 사정 또는 과실로 인하여 알지 못한 사정에 관하여 대리인이 알지 못하였음을 주장하지 못한다.

> ✔**해설** ① 대리인이 그 권한 외의 법률행위를 한 경우에 제3자가 그 권한이 있다고 믿을 만한 정당한 이유가 있는 때에는 본인은 그 행위에 대하여 책임이 있다(제126조). 즉, '제3자가 그 권한이 있다고 믿은 때'가 아니라, '제3자가 그 권한이 있다고 믿을 만한 정당한 이유가 있는 때'이다.
> ② 제126조
> ③ 제117조
> ④ 제116조 제2항

02 무권대리와 표현대리

10 무권대리와 표현대리에 관한 설명으로 옳지 않은 것은?

① 표현대리가 성립하면 본인과 표현대리인 사이에는 위임관계가 성립한다.

② 표현대리의 효과는 상대방 측에서만 주장할 수 있고, 본인은 표현대리를 주장할 수 없다.

③ 민법 제126조의 권한을 넘은 표현대리는 기본대리권이 공법상의 대리권인 경우에도 성립할 수 있다.

④ 대리권 없는 자가 타인의 대리인으로 한 계약의 상대방은 본인이 추인하기 전에 본인이나 대리인에 대하여 이를 철회할 수 있다.

> ✔**해설** 표현대리에서 본인의 책임은 본래 무권대리지만 본인에게 책임 있는 사정에 의하여 대리권의 외관이 만들어진 경우에 이를 신뢰한 상대방을 보호하고 거래안전을 보호하기 위하여 본인이 그 대리행위의 효과를 받도록 한 법정책임이다. 따라서 표현대리의 성립으로 본인과 표현대리인 사이에 위임관계가 성립하지 않는다.

11 대리권수여의 표시에 의한 표현대리에 관한 설명으로 가장 옳지 않은 것은?

① 본인이 제3자에 대하여 타인에게 대리권을 수여한다는 통지를 요건으로 한다.

② 단순히 구두(口頭)로 대리권 수여의 의사를 표시하거나 자기 명의의 사용을 묵인한 경우에도 대리권 수여의 표시에 의한 표현대리가 성립할 수 있다.

③ 대리권 수여의 표시에 의한 표현대리는 법정대리인에게는 적용될 수 없다.

④ 판례와 다수설은 대리권 수여에 의한 표현대리를 유권대리로 보아 무권대리인의 손해배상책임에 관한 규정을 적용하지 않는다.

✔ 해설 판례와 다수설은 표현대리의 본질을 무권대리로 보고 있으며, 무권대리인의 손해배상책임에 관한 규정을 적용한다.

12 다음 중 표현대리의 논거로서 부당한 것은?

① 외관주의   ② 의사책임

③ 형식주의   ④ 금반언의 원칙

✔ 해설 표현대리는 외관주의, 의사·금반언·신뢰책임이며, 거래의 안전을 위한 제도이다.

13 무권대리에 관한 다음 설명 중 옳은 것은?

① 무권대리인의 행위는 본인이 추인하여도 효력이 없다.

② 상대방이 무권대리인의 대리권 없음을 알았거나 알 수 있었을 경우에는 무권대리인은 상대방에게 책임을 부담하지 아니한다.

③ 본인이 상대방의 최고를 받은 후 상당한 기간 안에 확답을 발하지 않으면 무권대리인의 행위를 추인한 것으로 본다.

④ 무권대리인은 자신의 선택에 좇아 상대방에게 계약의 이행 또는 손해배상의 책임을 부담한다.

✔ 해설 ① 무권대리행위는 본인이 이를 추인하지 아니하면 본인에 대하여 효력이 없다〈제130조〉. 즉, 본인이 추인하면 유효하다.
② 제135조 제2항
③ 최고를 받은 후 상당기간 내에 확답을 발하지 아니하면, 거절한 것으로 본다〈제131조〉.
④ 타인의 대리인으로 계약을 한 자가 그 대리권을 증명하지 못하고 또 본인의 추인을 얻지 못한 때에는 상대방의 선택에 좇아 계약의 이행 또는 손해배상의 책임이 있다〈제135조 제1항〉.

14 추인에 대한 다음 설명 중 가장 옳지 않은 것은? (다툼이 있는 경우 판례에 의함)

① 무권대리행위의 추인은 명시적인 방법만이 아니라 묵시적인 방법으로도 할 수 있고, 무권대리인이나 무권대리행위의 상대방에 대하여도 할 수 있다.

② 무권대리인이 본인의 대리인이라 자칭하면서 매매계약을 체결한 경우에도, 본인이 이를 추인하면 추인한 때부터 그 매매계약의 효력이 발생한다.

③ 무권대리행위가 범죄가 되는 경우에 대하여 그 사실을 알고도 장기간 형사고소를 하지 아니하였다 하더라도 그 사실만으로 묵시적인 추인이 있었다고 할 수 없다.

④ 불공정한 법률행위로서 무효인 경우에는 추인에 의하여 무효인 법률행위가 유효로 될 수 없다.

> **✔해설** ① 무권대리행위는 그 효력이 불확정 상태에 있다가 본인의 추인 유무에 따라 본인에 대한 효력발생 여부가 결정되는 것인바, 그 추인은 무권대리행위가 있음을 알고 그 행위의 효과를 자기에게 귀속시키도록 하는 단독행위로서, 그 의사표시에 특별한 방식이 요구되는 것은 아니므로 명시적인 방법만이 아니라 묵시적인 방법으로도 할 수 있고, 무권대리인이나 무권대리행위의 상대방에 대하여도 할 수 있다(대판 2009.11.12. 2009다46828).
> ② 추인은 다른 의사표시가 없는 때에는 계약시에 소급하여 그 효력이 생긴다(제133조). 무권대리행위의 추인은 소급효가 있다.
> ③ 대판 1998.2.10. 97다31113.
> ④ 대판 1994.6.24. 94다10900.

15 다음 중 표현대리가 성립하지 않는 경우는?

① 백지위임장을 교부하였으나 실제 대리권을 수여하지 않았는데도 상대방이 그 위임장을 믿고 위임장 기재의 거래행위를 하였을 때

② 처가 남편의 유학 중 그 인감을 사용하여 남편의 전답을 팔아 맏아들의 대학등록금을 납부하였을 때

③ 甲의 수금원 乙이 해고당했음에도 불구하고 이를 모르는 丙으로부터 여전히 甲의 대리인으로서 수금을 한 때

④ 인감증명서를 위조하여 타인 소유의 부동산을 자기 명의로 소유권을 이전한 후 이를 제3자에게 매각한 때

> **✔해설** ① 제125조의 대리권수여의 표시에 의한 표현대리에 해당한다.
> ② 이른바 부부 간의 일상 가사대리권을 기초로 하는 제126조의 표현대리이다. 부부 상호 간에는 일상 가사대리권이라는 부부의 일상생활에 필요한 범위 내에서 인정되는 기초적 대리권이 인정되는 바, 이를 기초로 하여 이를 초과하는 법률행위가 있었을 때 표현대리가 인정되는 경우가 있다. 다만 여기서 중요한 점은 표현대리로 인정할 수 있는 정당한 사유가 존재하는지 여부이나, 설문의 경우는 정당한 사유가 존재하는 경우로 보아 표현대리를 인정하는 데 별 문제가 없다. 남편의 사고로 인한 입원, 남편의 수감 등과 같은 것은 정당한 사유가 될 수 있다.
> ③ 제129조의 대리권 소멸 후의 표현대리에 해당한다.
> ④ 아무런 권한 없이 타인의 부동산을 사취한 것이므로 표현대리의 문제가 아니다.

16 협의의 무권대리의 계약에 관한 설명 중 옳지 않은 것은?

① 상대방은 본인에 대하여 추인 여부를 최고할 수 있다.
② 본인이 상당한 기간 내에 확답이 없으면 추인한 것으로 본다.
③ 본인이 추인을 거절하였을 때에도 본인의 이익이 침해되면 무권대리인에게 불법행위로 인한 손해배상을 청구할 수 있다.
④ 본인이 추인하면 무권대리인의 무권대리는 일종의 사무관리이다.

> ✔해설 본인이 상당한 기간 내에 확답이 없으면 추인을 거절한 것으로 본다. 이것이 무능력자의 상대방이 무능력자나 법정대리인에 대하여 한 최고의 효력과 다른 점이다. 즉, 무능력자의 상대방의 최고에 대하여 확답이 없으면 원칙적으로 추인한 것으로 본다.

17 무권대리 등에 관한 다음 설명 중 옳은 것은? (다툼이 있는 경우 판례에 의함)

① 대리권 없는 자가 타인의 대리인으로 계약을 한 경우에 상대방은 상당한 기간을 정하여 본인에게 그 추인여부의 확답을 최고할 수 있고, 본인이 그 기간 내에 확답을 발하지 아니한 때에는 추인을 거절한 것으로 본다.
② 표현대리는 무권대리행위의 효과를 본인에게 미치게 하는 제도로서, 표현대리가 성립하면 무권대리의 성질이 유권대리로 전환되므로, 유권대리에 관한 주장 속에는 표현대리의 주장이 포함되어 있다.
③ 본인이 무권대리행위를 추인할 경우 그 무권대리인의 의사표시의 일부에 대하여 추인하거나 그 내용을 변경하여 추인하여도 그 추인은 상대방의 동의와 상관없이 원칙적으로 유효하다.
④ 무능력자도 대리인이 될 수 있으므로 무권대리인이 무능력자인 경우에도 민법 제135조에 따라 계약의 이행이나 손해배상책임을 진다.

> ✔해설 ① 민법 제131조.
> ② 유권대리와 표현대리는 구성요건 해당사실 즉 주요사실이 다르므로, 유권대리에 관한 주장 속에 무권대리에 속하는 표현대리의 주장이 포함되어 있다고 볼 수 없다(대판 1983.12.13. 83다카1489).
> ③ 무권대리행위의 추인은 무권대리인에 의하여 행하여진 불확정한 행위에 관하여 그 행위의 효과를 자기에게 직접 발생케 하는 것을 목적으로 하는 의사표시이며, 무권대리인 또는 상대방의 동의나 승락을 요하지 않는 단독행위로서 추인은 의사표시의 전부에 대하여 행하여져야 하고, 그 일부에 대하여 추인을 하거나 그 내용을 변경하여 추인을 하였을 경우에는 상대방의 동의를 얻지 못하는 한 무효이다(대판 1982.1.26. 81다카549).
> ④ 상대방이 대리권 없음을 알았거나 알 수 있었을 때 또는 대리인으로 계약한 자가 제한능력자일 때에는 제135조 제1항, "타인의 대리인으로 계약을 한 자가 그 대리권을 증명하지 못하고 또 본인의 추인을 얻지 못한 때에는 상대방의 선택에 좇아 계약의 이행 또는 손해배상의 책임이 있다"의 규정을 적용하지 아니한다(제135조 제2항).

CHAPTER 07 법률행위의 무효 · 취소

01 법률행위의 무효

1 다음의 법률행위 중 무효가 아닌 것은?

① 미성년자의 증여
② 통정허위표시
③ 불공정한 법률행위
④ 방식을 지키지 않는 유언

> ✔ 해설 ① 미성년자의 법률행위는 취소사유이다(제140조).
> ② 제108조
> ③ 제104조
> ④ 제1065조 내지 제1072조

2 다음 중 그 효력이 나머지와 다른 것은?

① 상대방과 통정한 법률행위
② 내용의 중요부분에 착오가 있는 법률행위
③ 당사자의 궁박으로 인하여 현저하게 공정을 잃은 법률행위
④ 어느 일방의 의사가 진의가 아니고, 상대방도 진의가 아님을 알고 한 법률행위

> ✔ 해설 ①③④는 법률행위의 무효사유이며, ②는 취소사유이다.

3 다음 중 무효인 법률행위는?

① 甲이 乙에게 도박채무의 변제로서 토지양도계약을 체결한 경우

② 甲이 乙의 강박에 의하여 丙에게 토지를 증여하는 계약을 체결한 경우

③ 甲이 乙에게 토지를 매도하면서 그 매매대금 1억 원을 1천만 원으로 잘못 표시한 경우

④ 甲이 乙에게 부동산을 증여하겠다는 농담을 하였으나 乙은 甲이 농담한 것으로 알 수 없었던 경우

> ✔ **해설**　① 사회질서에 반하는 행위로 무효이다.
> ② 강박에 의한 의사표시는 취소할 수 있다.
> ③ 착오에 의한 의사표시로 취소할 수 있다.
> ④ 상대방이 표의자의 의사표시가 진의 아님을 모른 경우이므로 효력이 있다.

4 무효행위의 전환에 대한 설명으로 가장 옳지 않은 것은? (다수설과 판례에 의함)

① 무효행위의 전환에 관한 제138조는 임의규정이다.

② 비밀증서에 의한 유언이 요건에 흠결이 있어서 무효인 경우에도 자필증서 방식에 적합한 때에는 자필증서로서 유효하다.

③ 전환되는 다른 법률행위에 대한 당사자의 의사는 법률행위의 보충적 해석에 의하여 인정되는 가정적 의사이다.

④ 불요식행위인 경우에는 요식행위로의 전환이 가능하고, 요식행위인 경우에는 요식행위로의 전환도 당연히 가능하다.

> ✔ **해설**　④ 불요식행위를 요식행위로 전환하는 것은 인정될 수 없고, 전세권 설정행위를 저당권 설정행위로 바꾸는 것과 같이 전환 전의 법률행위뿐만 아니라 전환 후의 법률행위 모두가 요식행위인 경우에는 전환을 인정하지 않음이 원칙이다.

Answer　1.① 2.② 3.① 4.④

5 법률행위에 따라 무효원인도 되고 취소원인도 되는 것은?

① 불법조건이 붙은 법률행위
② 상대방이 알 수 있는 비진의 표시
③ 의사무능력자의 행위
④ 강행법규 위반행위

> **✔ 해설** ① 조건이 선량한 풍속 기타 사회질서에 위반한 것인 때에는 그 법률행위는 무효로 한다.
> ② 상대방이 표의자의 진의 아님을 알았거나 이를 알 수 있었을 비진의 표시는 무효이다.
> ③ 법률행위가 무효와 취소 모두에 해당하는 경우에는 당사자가 각각 그 요건을 증명하여 무효 또는 취소를 자유롭게 주장할 수 있다. 사기 또는 강박에 의하여 사회질서에 반하는 행위를 한 경우 등도 이에 해당한다. 제한능력자의 법률행위는 취소할 수 있고 그가 의사능력을 가지고 있지 않았다면 무효와 취소가 경합한다.
> ④ 강행법규에 위반하는 법률행위는 무효이다.

6 무효행위의 추인과 관련한 다음 판례 중 옳지 않은 것은?

① 법률행위가 선량한 풍속 기타 사회질서에 반하여 무효로 된 경우에는 추인하여도 계속 무효이다.
② 협의이혼을 한 후 배우자 일방이 일방적으로 다시 혼인신고를 하였다면, 상대방이 그 사실을 알면서 혼인생활을 계속하였더라도 무효인 혼인을 추인하였다고 볼 수 없다.
③ 무효인 법률행위는 당사자가 무효임을 알고 추인할 경우 새로운 법률행위를 한 것으로 간주할 뿐이고 소급효가 없는 것이므로, 무효인 가등기를 유효한 등기로 전용키로 한 약정은 그 때부터 유효하고 이로써 위 가등기가 소급하여 유효한 등기로 전환될 수는 없다.
④ 하나의 법률행위의 일부분에만 취소사유가 있는 경우에 그 법률행위가 가분적이거나 그 목적물의 일부가 특정될 수 있다면, 그 나머지 부분이라도 이를 유지하려는 당사자의 가정적 의사가 인정되는 경우 그 일부만의 취소도 가능하다.

> **✔ 해설** ① 대판 1994.6.24. 94다10900
> ② 대법원은 협의이혼 후 배우자 일방이 일방적으로 혼인신고를 하였더라도 그 사실을 알고 혼인생활을 계속한 경우, 상대방에게 혼인할 의사가 있었거나 무효인 혼인을 추인하였다고 인정하였다(대판 1995.11.21. 95므731).
> ③ 대판 1992.5.12. 91다26546
> ④ 대판 1998.2.10. 97다44737

7 다음 설명 중 옳은 것은?

① 무효인 법률행위도 추인하면 그 효력이 생기는 것이 원칙이다.

② 법률행위의 일부분이 무효인 때에는 언제나 그 전부를 무효로 한다.

③ 본인이 하는 추인은 취소의 원인이 종료한 후에 하지 않으면 효력이 없다.

④ 취소한 법률행위는 처음부터 무효인 것으로 보므로, 미성년자는 그 행위로 인하여 받은 모든 이익을 상환할 책임이 있다.

✔해설 ① 무효인 법률행위는 추인하여도 그 효력이 생기지 아니한다. 그러나 당사자가 그 무효임을 알고 추인한 때에는 새로운 법률행위로 본다.
② 법률행위의 일부분이 무효인 때에는 그 전부를 무효로 한다. 그러나 그 무효부분이 없더라도 법률행위를 하였을 것이라고 인정될 때에는 나머지 부분은 무효가 되지 아니한다.
④ 취소한 법률행위는 처음부터 무효인 것으로 본다. 그러나 제한능력자는 그 행위로 인하여 받은 이익이 현존하는 한도에서 상환할 책임이 있다(제141조).

8 법률행위의 추인에 관한 설명 중 옳지 않은 것은?

① 취소권자의 범위와 추인권자의 범위 및 자격요건은 일치한다.

② 미성년자가 혼인한 후에는 자기 스스로 혼인 전에 법정대리인의 동의 없이 한 법률행위를 추인할 수 있다.

③ 한정치산자가 후견인의 동의를 얻어 추인을 한 경우, 그 의사표시에 사기·강박을 받았거나 중대한 과실 없이 중요부분에 착오를 일으킨 경우 취소할 수 있다.

④ 추인의 의사표시는 그 행위가 추인할 수 있는 행위임을 알고 하여야 하는 점에서 이를 모르더라도 일정한 사실이 있으면 당연히 추인이 되는 법정추인과 다르다.

✔해설 추인하기 위해서는 취소의 원인이 종료한 후에 하여야 하므로 제한능력 상태, 착오 또는 사기·강박의 상태에 있는 자는 비록 취소는 할 수 있으나 추인은 할 수 없다.

Answer 5.③ 6.② 7.③ 8.①

9 법률행위의 취소에 관한 다음 설명 중 가장 옳지 않은 것은? (다툼이 있는 경우 판례에 의함)

① 하나의 법률행위의 일부분에만 취소사유가 있다고 하더라도 그 법률행위가 가분적이거나 그 목적물의 일부가 특정될 수 있다면, 그 나머지 부분이라도 이를 유지하려는 당사자의 가정적 의사가 인정되는 경우 그 일부만의 취소도 가능하고, 그 일부의 취소는 법률행위의 일부에 관하여 효력이 생긴다.

② 동기의 착오가 법률행위의 내용의 중요부분의 착오에 해당함을 이유로 표의자가 법률행위를 취소하려면 그 동기를 당해 의사표시의 내용으로 삼을 것을 상대방에게 표시하고 의사표시의 해석상 법률행위의 내용으로 되어 있다는 것으로는 부족하고 당사자들 사이에 그 동기를 의사표시의 내용으로 삼기로하는 합의가 이루어져야 한다.

③ 미성년자의 행위임을 이유로 법률행위를 취소하는 경우 미성년자는 그 행위로 인하여 받은 이익이 현존하는 한도에서 상환할 책임이 있다.

④ 민법 제146조 전단은 '취소권은 추인할 수 있는 날로부터 3년 내에 행사하여야 한다'고 규정하고 있는 바, 위 조항의 '추인할 수 있는 날'이란 취소의 원인이 종료되어 취소권행사에 관한 장애가 없어져서 취소권자가 취소의 대상인 법률행위를 추인할 수도 있고 취소할 수도 있는 상태가 된 때를 가리킨다.

> ✔ **해설** ① 대판 1992.2.14. 91다36062
> ② 동기의 착오가 법률행위의 중요부분의 착오로 되려면 표의자가 그 동기를 당해 의사표시의 내용으로 삼을 것을 상대방에게 표시하고 의사표시의 해석상 법률행위의 내용으로 되어 있다고 인정되면 충분하고 당사자들 사이에 별도로 그 동기를 의사표시의 내용으로 삼기로 하는 합의까지 이루어질 필요는 없다 할 것이다(대판 1989.12.26. 88다카31507).
> ③ 민법 제141조 단서
> ④ 대판 1998.11.27. 98다7421

10 취소에 관한 다음 설명 중 옳지 않은 것은?

① 취소할 수 있는 법률행위는 취소되면 처음부터 무효인 것으로 간주된다.

② 취소의 의사표시에 착오, 사기·강박, 제한능력 등 취소사유가 있으면 다시 취소할 수 있다.

③ 취소할 수 있는 행위에 의하여 취득한 권리를 특정승계 한 경우는 취소권을 승계하나, 취소권만 특정승계 하는 것은 허용되지 않는다.

④ 매매계약을 한 후 매도인이 소유권이전등기의 말소등기절차이행을 청구하거나 매수인이 대금반환을 청구하는 것은 그 전에 매매계약을 취소하는 의사표시가 포함된 것으로 해석할 수 있다.

> ✔ **해설** 제한능력자는 단독으로 취소할 수 있고 그 취소의 효력은 확정적으로 발생하기 때문에 법정대리인의 동의 없음 등을 이유로 그 취소를 다시 취소할 수 없다.

11 취소에 관한 다음 설명 중 옳지 않은 것은?

① 법률행위의 취소는 취소권자만이 행사할 수 있다.

② 실종선고의 취소에는 소급효가 있다.

③ 제한능력자의 행위임을 이유로 법률행위를 취소한 경우 부당이득반환은 그 행위로 인해 받은 이익이 현존하는 한도에서 반환하면 된다.

④ 착오, 사기, 강박, 제한능력을 이유로 법률행위를 취소하는 경우 그 취소의 효과는 선의의 제3자에게 대항할 수 없다.

✔ 해설 제한능력을 이유로 취소하는 경우에는 선·악을 불문하고 제3자에게 대항할 수 있으나 착오, 사기, 강박을 이유로 취소하는 경우에는 선의의 제3자에게 대항할 수 없다.

12 무효인 법률행위와 취소할 수 있는 법률행위에 관한 비교 설명 중 옳지 않은 것은?

① 제한능력자의 행위에 대하여 무효 또는 취소를 주장할 수 있는 경우가 있다.

② 어떠한 경우가 무효인 법률행위인가 또는 취소할 수 있는 법률행위인가는 결국 입법 정책적 문제이다.

③ 무효인 법률행위와 취소할 수 있는 법률행위는 모두 불완전한 법률행위로서 일정 기간이 지나면, 모두 확정적으로 효력이 없어진다.

④ 어떠한 법률행위가 무효임을 주장하는 자는 그 행위와 이해관계인 모두를 상대로 할 수 있으나, 취소의 상대방은 정하여져 있다.

✔ 해설 무효인 법률행위는 특별한 주장을 하지 아니하여도 당연 무효이지만, 취소할 수 있는 법률행위는 취소권자가 취소의 의사표시를 하여야 처음부터 효력이 없어진다. 만약 일정 기간 내에 취소하지 않으면 확정적으로 유효한 법률행위로 된다.

Answer   9.②   10.②   11.④   12.③

CHAPTER

08 법률행위의 부관

01 조건부 법률행위

1 조건에 관한 다음 설명 중 옳지 않은 것은?

① 조건의 성취가 미정한 권리의무도 일반규정에 의하여 처분, 상속, 보존 또는 담보로 할 수 있다.

② 조건의 성취로 인하여 이익을 받을 당사자가 신의성실에 반하여 조건을 성취시킬 때에는 상대방은 그 조건이 성취하지 아니한 것으로 주장할 수 있다.

③ 조건이 선량한 풍속 기타 사회질서에 위반한 것인 때에는 그 조건만을 무효로 하고 나머지 법률행위는 유효로 한다.

④ 해제조건이 법률행위 당시 이미 성취할 수 없는 것인 경우에는 조건 없는 법률행위로 본다.

✔해설 ① 제149조
② 제150조 제2항
③ 조건이 선량한 풍속 기타 사회질서에 위반한 것인 때에는 그 법률행위는 무효로 한다〈제151조 제1항〉.
④ 제151조 제3항

2 조건과 기한에 관한 설명 중 옳지 않은 것은? (판례에 의함)

① 부관이 붙은 법률행위에 있어서 부관에 표시된 사실이 발생하지 아니하면 채무를 이행하지 아니하여도
  된다고 보는 것이 상당한 경우에는 조건으로 보아야 하고, 표시된 사실이 발생한 때에는 물론이고 반대
  로 발생하지 아니하는 것이 확정된 때에도 그 채무를 이행하여야 한다고 보는 것이 상당한 경우에는
  표시된 사실의 발생 여부가 확정되는 것을 불확정기한으로 정한 것으로 보아야 한다.

② 이미 부담하고 있는 채무의 변제에 관하여 일정한 사실이 부관으로 붙여진 경우에는 특별한 사정이 없
  는 한 그것은 변제기를 유예한 것으로서 그 사실이 발생한 때 또는 발생하지 아니하는 것으로 확정된
  때에 기한이 도래한다.

③ 조건의 성취로 인하여 불이익을 받을 당사자가 신의성실에 반하여 조건의 성취를 방해한 때에는 상대
  방은 그 조건이 성취한 것으로 주장할 수 있는데, 이때 조건이 성취된 것으로 의제되는 시기는 신의성
  실에 반하는 행위가 있었던 시점이다.

④ 계약당사자 사이에 일정한 사유가 발생하면 채무자는 기한의 이익을 잃고 채권자의 별도의 의사표시가
  없더라도 바로 이행기가 도래한 것과 같은 효과를 발생케 하는 이른바 정지조건부 기한이익상실의 특
  약을 한 경우에는 그 특약에 정한 기한이익의 상실사유가 발생함과 동시에 기한의 이익을 상실케 하는
  채권자의 의사표시가 없더라도 이행기도래의 효과가 발생하고, 채무자는 특별한 사정이 없는 한 그때부
  터 이행지체의 상태에 놓이게 된다.

> **✔ 해설** ①② 부관이 붙은 법률행위에 있어서 부관에 표시된 사실이 발생하지 아니하면 채무를 이행하지 아니하여도 된다고 보는 것이 상당
> 한 경우에는 조건으로 보아야 하고, 표시된 사실이 발생한 때에는 물론이고 반대로 발생하지 아니하는 것이 확정된 때에도 그
> 채무를 이행하여야 한다고 보는 것이 상당한 경우에는 표시된 사실의 발생 여부가 확정되는 것을 불확정기한으로 정한 것으로
> 보아야 한다. 따라서 이미 부담하고 있는 채무의 변제에 관하여 일정한 사실이 부관으로 붙여진 경우에는 특별한 사정이 없는
> 한 그것은 변제기를 유예한 것으로서 그 사실이 발생한 때 또는 발생하지 아니하는 것으로 확정된 때에 기한이 도래한다(대판
> 2003.8.19. 2003다24215).
> ③ 대판 1998.12.22. 98다42356
> ④ 대판 1989.09.29. 88다카14663

3 다음 설명 중 옳지 않은 것은?

① 조건은 법률행위의 효력의 발생 또는 소멸에 관한 것이며, 법률행위의 성립에 관한 것은 아니다.

② 조건이 되는 사실은 장래의 불확실한 사실이어야 한다.

③ 불확실한 사실인지의 여부는 당사자를 기준으로 주관적으로 정한다.

④ 조건은 당사자가 임의로 부가한 것이어야 한다.

> ✔ 해설 조건이란 법률행위의 효력의 발생 또는 소멸을 불확실한 사실의 성부에 의존케 하는 부관이다. 조건이 되는 사실은 장래의 불확실한 사실, 즉 객관적으로 성부가 불명한 것이어야 하는데 이 점에서 장래 도래할 것이 확실한 기간과 다르다. 조건은 법률행위의 내용이므로 당사자가 임의로 정한 것이어야 한다. 따라서 법정조건은 여기서 말하는 조건이 아니다.

4 다음 설명 중 옳은 것은?

① 불능조건이 정지조건으로 되어있는 경우 그 법률행위는 유효하다.

② 불능조건이 해제조건으로 되어있는 경우 그 법률행위는 무효이다.

③ 기성조건이 정지조건으로 되어있는 경우 그 법률행위는 조건 없이 유효하다.

④ 기성조건이 해제조건으로 되어있는 경우 그 법률행위는 유효이다.

> ✔ 해설 ① 불능조건이 정지조건이면 이는 무효가 된다.
> ② 불능조건이 해제조건이면 조건 없는 법률행위가 된다.
> ④ 기성조건이 해제조건이면 이는 무효가 된다.

02 기한부 법률행위

5 기한의 이익에 관한 설명으로 가장 옳지 않은 것은?

① 기한의 이익은 기한이 도래하지 않음으로 인하여 법률관계의 당사자가 받는 이익을 의미한다.

② 기한의 이익을 가지는 자는 원칙적으로 법률관계의 성질에 따라 결정된다.

③ 다른 약정이 없을 경우 기한의 이익은 채무자를 위하여 존재하는 것으로 추정된다.

④ 기한이 일정한 당사자의 이익만을 위하여 존재하는 경우 그 당사자는 자유롭게 기한의 이익을 포기할 수 있고 포기는 소급효를 갖는다.

> ✔ 해설 ③ 제153조 제1항
> ④ 기한이익의 포기는 소급효가 없으며, 장래에 있어서만 효력이 있다.

6 조건과 기한에 관한 설명 중 옳은 것은?

① 기한이익의 포기가 상대방의 이익을 침해한 경우는 항상 포기할 수 없다.

② 기한도래의 효력은 소급하지 않으나 당사자에게만 효력이 있는 소급효를 약정할 수 있다.

③ 조건 있는 법률행위의 당사자는 조건의 성부가 미정한 동안에 조건의 성취로 인하여 생길 상대방의 이익을 해하지 못한다.

④ 법률이 그 내용을 정하고 있거나 효력발생시기를 정하고 있는 것도 조건이나 기한으로 볼 수 있다.

> **✔해설** ① 당사자 모두가 기한의 이익을 갖고 있을 경우에는 상대방의 손해를 배상하고 포기할 수 있다.
> ② 기한부 법률행위에 있어서 기한도래 후에는 그 때부터 불소급으로 법률행위의 효력이 발생 또는 소멸되며, 이는 당사자 특약으로도 소급할 수 없다.
> ③ 제148조
> ④ 조건은 법률행위의 일부로서 당사자의 임의적 의사표시로 부가한 것이기 때문에 법률규정에 의하여 부가된 법정조건은 조건이 아니다.

7 조건과 기한을 비교한 설명 중 옳지 않은 것은?

① 양자 모두 법률행위의 부관이다.

② 조건이 되는 사실이나 기한이 되는 사실 모두 장래의 사실이다.

③ 기한은 도래함이 확실하고, 조건은 그 성부가 불확실하다.

④ 어음(수표)행위는 조건에는 친하나, 기한에는 친하지 않다.

> **✔해설** 어음(수표)행위에 조건을 붙이는 것은 공익상 허용되지 않으므로 조건에 친하지 않으나, 어음(수표)행위에 시기(이행기)는 붙일 수 있으므로 기한에는 친하다.

CHAPTER

09

기간 · 소멸시효

01 기간

1 다음 중 기간에 관한 설명으로 옳지 않은 것은?

① 내일(1월 1일)부터 5일간이라 하면 1월 5일까지이다.

② 기간이 오전 0시로부터 시작하는 경우에는 초일을 산입한다.

③ 오늘(5월 3일)부터 1개월이라 하면 6월 3일까지이다.

④ 오는 4월 6일부터 1주일이라 하면 4월 13일까지이다.

✔**해설** 제157조 단서에 의하여 초일인 4월 6일도 산입되므로 오는 4월 6일부터 1주일이라 하면 4월 12일까지이다.

2 기간에 대한 다음 설명 중 가장 옳지 않은 것은?

① 2월 28일 오후 3시부터 1개월의 말일은 3월 31일이다.

② 민법상의 계산방법은 일정한 기산일로부터 과거에 소급하여 계산되는 기간에도 준용된다.

③ 기간의 말일이 공휴일인 때에는 그 기간은 그 익일로 만료하며, 기간의 초일이 공휴일인 경우에도 그 기간은 익일부터 기산한다.

④ 기간의 계산방법으로는 자연적 계산법과 역법적 계산법이 있는데, 민법은 시간을 단위로 하는 단기간에 대하여는 자연적 계산법을, 일, 주, 월 또는 년을 단위로 하는 장기간에 대하여는 역법적 계산법을 채택하고 있다.

✔**해설** ① 기간을 월로 정한 때에는 역에 의하여 계산한다(제160조 제1항). 따라서 월의 일수의 장단에 상관없이, 초일이 월말이면 말일도 매달 말일이 된다.

③ 기간의 초일이 공휴일이라 하더라도 기간은 초일부터 기산한다(대판 1982.2.23, 81누204).

3 기간에 관한 다음 설명 중 옳은 것은? (다툼이 있는 경우 판례에 의함)

① 사단법인의 사원총회 소집을 1주일 전에 통지하여야 하는 경우 총회 일시가 10월 1일 오후 2시인 경우 9월 24일 오후 12시까지는 소집통지를 발신하여야 한다.

② 정년이 53세라 함은 만 53세에 도달하는 날을 의미하는 것이 아니라 만 53세가 만료하는 날을 의미하는 것이다.

③ 갑이 2020년 7월 21일(목요일) 을에게 100만 원을 변제기 2020년 8월 21일(일요일)로 정하여 대여한 경우, 갑의 을에 대한 대여금 채권의 소멸시효는 2030년 8월 22일 24시에 완성한다(2030년 7월 21일은 수요일이고, 2030년 8월 21일은 토요일임).

④ 2021년 5월 4일부터 2주일 이내에 항소장을 제출해야 할 때 항소기간은 2021년 5월 5일부터 기산되고, 그 날이 어린이날로 공휴일이라고 하여 2021년 5월 6일부터 기산되는 것은 아니다.

✔ 해설 ① 기간의 역산은 기간의 계산방법을 유추적용한다. 사례에서 사원총회일의 전일(9월 30일)이 기산일이 되고, 그로부터 일주일이 되는 9월 24일이 만료일이 된다. 따라서 9월 23일 오후 12시까지는 소집통지를 발신하여야 한다.

② 노사 간의 협약에 의하여 광부의 정년을 53세로 한 때에는 광부의 가동연령을 만 53세 되는 시기로 인정함이 정당하다(대판 1969.4.22. 69다183). 즉, 만 53세에 도달하는 날을 의미하는 것이다.

③ 확정기한은 기한이 도래한 때로부터 소멸시효가 진행한다. 사례에서 기한이 도래한 때는 2020년 8월 21일(일요일)이지만, 소멸시효의 기산일은 다음날인 2020년 8월 22일(월요일)이다. 기간을 일, 주, 월 또는 연으로 정한 때에는 기간의 초일은 산입하지 아니하기 때문이다(제157조). 대여금 채권의 소멸시효기간은 10년이므로(제162조 제1항), 2030년 8월 30일(토요일)이 말일이 된다. 기간의 말일이 토요일 또는 공휴일에 해당한 때에는 기간은 그 익일로 만료하므로(제161조), 공휴일에 해당하는 2030년 8월 22일(일요일)이 아닌 2030년 8월 23일 24시에 소멸시효가 완성한다.

④ 기간의 말일이 토요일 또는 공휴일에 해당한 때에는 기간은 그 익일로 만료한다(제161조). 기간의 초일이나 기산일에 있어서 토요일 또는 공휴일은 어떤 예외조항도 없다.

Answer 1.④ .③ 3.④

02 소멸시효

4 다음 중 민법상 소멸시효에 관한 설명으로 가장 옳지 않은 것은?

① 소멸시효는 그 기산일에 소급하여 효력이 생긴다.

② 소멸시효는 법률행위에 의하여 이를 단축 또는 경감할 수 있다.

③ 채권자가 피고로서 응소하여 적극적으로 권리를 주장하고 그것이 받아들여졌다고 하더라도 시효중단사유인 재판상의 청구에 해당되는 것은 아니라고 함이 판례의 태도이다.

④ 채무자가 시효완성 전에 스스로 채권자의 권리행사나 시효중단을 불가능 또는 현저히 곤란하게 한 결과 채권자가 그러한 조치를 할 수 없었던 경우에는 소멸시효의 완성을 주장할 수 없다는 것이 판례의 태도이다.

 해설 ① 제167조
② 소멸시효는 법률행위에 의해 이를 배제, 연장 또는 가중할 수 없으나, 이를 단축 또는 경감할 수 있다(제184조 제2항).
③ 시효중단사유의 하나로 규정하고 있는 재판상의 청구라 함은, 통상적으로는 권리자가 원고로서 시효를 주장하는 자를 피고로 하여 소송물인 권리를 소의 형식으로 주장하는 경우를 가리키지만, 이와 반대로 시효를 주장하는 자가 원고가 되어 소를 제기한 데 대하여 피고로서 응소하여 그 소송에서 적극적으로 권리를 주장하고 그것이 받아들여진 경우도 마찬가지로 이에 포함되는 것으로 해석함이 타당하다(대판 1993.12.21, 92다47861).
④ 채무자가 시효완성 전에 채권자의 권리행사나 시효중단을 불가능 또는 현저히 곤란하게 하거나 그러한 조치가 불필요하다고 믿게 하는 행동을 하였거나, 객관적으로 채권자가 권리를 행사할 수 없는 장애사유가 있었거나, 또는 일단 시효완성 후에 채무자가 시효를 원용하지 아니할 것 같은 태도를 보여 권리자로 하여금 그와 같이 신뢰하게 하였거나, 채권자 보호의 필요성이 크고 같은 조건의 다른 채권자가 채무의 변제를 수령하는 등의 사정이 있어 채무이행의 거절을 인정함이 현저히 부당하거나 불공평하게 되는 등의 특별한 사정이 있는 경우에 한하여 채무자가 소멸시효의 완성을 주장하는 것이 신의성실의 원칙에 반하여 권리남용으로서 허용될 수 없다(대판 1999.12.7, 98다42929).

5 소멸시효의 중단에 관한 설명으로 옳지 않은 것은?

① 재판상 청구는 소송의 각하, 기각 또는 취하의 경우에는 시효중단의 효력이 없다.

② 시효중단의 효력이 있는 승인을 하기 위해서는 상대방이 권리에 관한 처분능력이나 권한이 있어야 한다.

③ 최고는 6월내에 재판상의 청구, 파산절차참가, 화해를 위한 소환, 임의출석, 압류 또는 가압류, 가처분을 하지 아니하면 시효중단의 효력이 없다.

④ 압류, 가압류 및 가처분은 권리자의 청구에 의하여 또는 법률의 규정에 따르지 아니함으로 인하여 취소된 때에는 시효중단의 효력이 없다.

✔ **해설** ① 제170조 제1항
② 시효중단의 효력 있는 승인에는 상대방의 권리에 관한 처분의 능력이나 권한 있음을 요하지 아니한다(제177조).
③ 제174조
④ 제175조

6 다음 중 소멸시효기간이 나머지와 다른 것은?

① 의사의 치료에 관한 채권
② 변호사의 의무에 관한 채권
③ 이자채권
④ 연예인의 임금(출연료)채권

 해설 ①②③ 3년의 소멸시효
④ 1년의 소멸시효
※ 3년의 단기소멸시효〈제163조〉
ⓐ 이자, 부양료, 급료, 사용료 기타 1년 이내의 기간으로 정한 금전 또는 물건의 지급을 목적으로 한 채권
ⓑ 의사, 조산사, 간호사 및 약사의 치료, 근로 및 조제에 관한 채권
ⓒ 도급받은 자, 기사 기타 공사의 설계 또는 감독에 종사하는 자의 공사에 관한 채권
ⓓ 변호사, 변리사, 공증인, 공인회계사 및 법무사에 대한 직무상 보관한 서류의 반환을 청구하는 채권
ⓔ 변호사, 변리사, 공증인, 공인회계사 및 법무사의 직무에 관한 채권
ⓕ 생산자 및 상인이 판매한 생산물 및 상품의 대가
ⓖ 수공업자 및 제조자의 업무에 관한 채권
※ 1년의 단기소멸시효〈제164조〉
ⓐ 여관, 음식점, 대석, 오락장의 숙박료, 음식료, 대석료, 입장료, 소비물의 대가 및 체당금의 채권
ⓑ 의복, 침구, 장구 기타 동산의 사용료의 채권
ⓒ 노역인, 연예인의 임금 및 그에 공급한 물건의 대금채권
ⓓ 학생 및 수업자의 교육, 의식 및 유숙에 관한 교주, 숙주, 교사의 채권

7 소멸시효의 기산점에 관한 설명으로 가장 옳은 것은?

① 기한의 정함이 없는 채권 – 기한이 객관적으로 도래한 때
② 부작위 채권 – 채무자가 위반행위를 한 때
③ 불확정 기한부 채권 – 채무자가 기한의 도래를 안 때
④ 동시이행의 항변권이 붙어 있는 채권 – 그 항변권이 소멸된 때

✔ 해설 소멸시효의 기산점

권리의 종류	시효의 기산점
확정기한부 권리	기한 도래시부터
불확정기한부 권리	객관적 기한 도래시부터
기한 미정의 권리	채권 발생시부터
정지조건부 권리	조건 성취시부터
부작위 및 불법행위로 인한 채권	위반행위 및 불법행위를 한 때로부터
할부금채권	• 1회 불이행이 있더라도 각 변제기 도래시마다 순차적으로 소멸시효 진행 • 다만, 채권자가 잔존채무 전부의 변제를 구하는 의사표시를 한 경우에는 그 전액에 대하여 그때부터 소멸시효 진행
물권	물권 성립시부터
동시이행 항변권이 붙은 권리	이행기의 도래시부터
구상권	권리 발생하여 행사시부터
청구·해지통고 후 소정의 유예기간이 필요한 권리	청구·해지통고할 수 있는 때로부터 소정의 유예기간 경과 후

8 소멸시효에 관한 설명 중 가장 옳은 것은? (다툼이 있는 경우 판례에 의함)

① 소멸시효는 법률행위에 의하여 이를 배제, 연장 또는 가중할 수 없고, 이를 단축 또는 경감할 수도 없다.
② 하나의 금전채권의 원금 중 일부가 변제된 후 나머지 원금에 대하여 소멸시효가 완성된 경우, 소멸시효 완성의 효력은 소멸시효가 완성된 원금 부분으로부터 그 완성 전에 발생한 이자 또는 지연손해금뿐만 아니라 변제로 소멸한 원금 부분으로부터 그 변제 전에 발생한 이자 또는 지연손해금에도 미친다.
③ 일정한 채권의 소멸시효기간에 관하여 이를 특별히 1년의 단기로 정하는 민법 제164조는 그 각 호에서 개별적으로 정하여진 채권의 채권자가 그 채권의 발생원인이 된 계약에 기하여 상대방에 대하여 부담하는 반대채무에 대하여는 적용되지 아니한다.
④ 부동산에 관한 경매절차에서 매각대금이 납부되고 매각을 원인으로 가압류등기가 말소되었다고 하더라도, 가압류등기 말소 후의 배당절차에서 가압류채권자의 채권에 대한 배당이 이루어지고 배당액이 공탁되었다면 가압류채권자가 그 공탁금에 대하여 채권자로서 권리행사를 계속하고 있다고 볼 수 있으므로 가압류에 의한 시효중단의 효력은 계속된다.

① 소멸시효는 법률행위에 의하여 단축 또는 경감할 수 있다(제184조 제2항).
② 하나의 금전채권의 원금 중 일부가 변제된 후 나머지 원금에 대하여 소멸시효가 완성된 경우, 가분채권인 금전채권의 성질상 변제로 소멸한 원금 부분과 소멸시효 완성으로 소멸한 원금 부분을 구분하는 것이 가능하고, 이 경우 원금에 종속된 권리인 이자 또는 지연손해금 역시 변제로 소멸한 원금 부분에서 발생한 것과 시효완성으로 소멸된 원금 부분에서 발생한 것으로 구분하는 것이 가능하므로, 소멸시효 완성의 효력은 소멸시효가 완성된 원금 부분으로부터 그 완성 전에 발생한 이자 또는 지연손해금에는 미치나, 변제로 소멸한 원금 부분으로부터 그 변제 전에 발생한 이자 또는 지연손해금에는 미치지 않는다(대판 2008.3.14. 2006다2940).
③ 대판 2013.11.14. 2013다65178.
④ 가압류에 의한 시효중단은 경매절차에서 부동산이 매각되어 가압류등기가 말소되기 전에 배당절차가 진행되어 가압류채권자에 대한 배당표가 확정되는 등의 특별한 사정이 없는 한, 채권자가 가압류집행에 의하여 권리행사를 계속하고 있다고 볼 수 있는 가압류등기가 말소된 때 그 중단사유가 종료되어, 그때부터 새로 소멸시효가 진행한다. 따라서 매각대금 납부 후의 배당절차에서 가압류채권자의 채권에 대하여 배당이 이루어지고 배당액이 공탁되었다고 하여 가압류채권자가 그 공탁금에 대하여 채권자로서 권리행사를 계속하고 있다고 볼 수는 없으므로 그로 인하여 가압류에 의한 시효중단의 효력이 계속된다고 할 수 없다(대판 2013.11.14. 2013다18622).

9 소멸시효와 제척기간에 관한 설명으로 가장 옳지 않은 것은? (다툼이 있는 경우 판례에 의함)

① 소멸시효가 완성되면 기산일에 소급하여 권리소멸의 효과가 발생하나, 제척기간의 완성은 장래에 향하여만 효력이 있다.
② 소멸시효에서는 중단이 인정되나, 제척기간의 경우에는 그러하지 아니하다.
③ 소멸시효의 경우에는 시효의 완성으로 이익을 얻는 자가 그 사실을 재판상 원용하지 않으면 법원은 이를 재판의 기초로 할 수 없으나, 제척기간의 경우에는 그 기간의 경과만으로 권리소멸의 효과가 발생하므로 법원은 당사자의 주장을 기다리지 않고 이를 고려하여야 한다.
④ 민법은 소멸시효와 제척기간을 개념상 명확하게 구분하는 한편, 소멸시효에 관해서만 통일적인 규정을 두고 있다.

법 조문상 '시효로 인하여'라는 표현이 있으면 소멸시효로 보고, 제척기간의 경우 기간만 규정을 두고 있다. 소멸시효와 제척기간의 구분에 있어서는 학설 및 판례상 상속·유증 승인 및 포기취소권, 도품 및 회복청구권 등에 있어 논란이 있다.

Answer   7.② 8.③ 9.④

10 소멸시효의 중단에 관한 설명 중 옳지 않은 것은? (판례에 의함)

① 한 개의 채권 중 일부만을 청구한 경우에도 그 취지로 보아 채권 전부에 관하여 이를 구하는 것으로 해석된다면 그 청구액을 채권 전부로 보아야 하고, 이러한 경우 그 채권의 동일성의 범위 내에서 그 전부에 관하여 시효중단의 효력이 발생한다.

② 소멸시효 중단사유로서의 승인은 묵시적으로도 할 수 있는데, 묵시적 승인의 표시는 채무자가 그 채무의 존재 및 액수에 대하여 인식하고 있음을 전제로 하여 그 표시를 대하는 상대방으로 하여금 채무자가 그 채무를 인식하고 있음을 그 표시를 통해 추단하게 할 수 있는 방법으로 행해져야 한다.

③ 소멸시효 중단사유로서의 최고는 6월 내에 재판상의 청구, 파산절차참가, 화해를 위한 소환, 임의출석, 압류 또는 가압류, 가처분을 하지 아니하면 시효중단의 효력이 없으나, 최고를 받은 채무자가 채무이행의무의 존부 및 액수 등에 대하여 조사해 볼 필요가 있다는 이유로 채권자에 대하여 그 이행의 유예를 구한 경우에는 채권자가 그 회답을 받을 때까지 위 최고의 효력이 계속된다.

④ 원인채권의 지급을 확보하기 위한 방법으로 어음이 수수된 경우 어음상 채권에 대하여 재판상 청구가 있는 경우 원인채권에 대하여 시효중단의 효력이 없으나, 반대로 원인채권에 대한 재판상 청구는 어음상 채권에 대하여 시효중단의 효력이 있다.

✔해설 ① 한 개의 채권 중 일부에 관하여만 판결을 구한다는 취지를 명백히 하여 소송을 제기한 경우에는 소제기에 의한 소멸시효중단의 효력이 그 일부에 관하여만 발생하고, 나머지 부분에는 발생하지 아니하지만 비록 그중 일부만을 청구한 경우에도 그 취지로 보아 채권 전부에 관하여 판결을 구하는 것으로 해석된다면 그 청구액을 소송물인 채권의 전부로 보아야 하고, 이러한 경우에는 그 채권의 동일성의 범위 내에서 그 전부에 관하여 시효중단의 효력이 발생한다고 해석함이 상당하다(대판 1992.4.10. 91다43695).

② 소멸시효 중단사유로서의 승인은 시효이익을 받을 당사자인 채무자가 시효의 완성으로 권리를 상실하게 될 상대방에 대하여 그 권리가 존재함을 인식하고 있다는 뜻을 표시하면 되는 것이므로 반드시 명시적인 방식에 의해서만 성립하는 것은 아니고 묵시적인 방식에 의하여도 가능하겠으나, 그와 같이 묵시적인 방식에 의한 승인이 있다고 하기 위해서는 시효의 완성으로 이익을 받을 채무자의 어떠한 행위 내지 의사표시가 시효의 완성으로 권리를 상실하게 되는 상대방에 대하여 그 권리가 존재함을 인식하고 있다는 뜻을 표시한 것으로 평가될 수 있는 정도에 이르러야 할 것이다(대판 2007.7.26. 2006다43651).

③ 민법 제174조 소정의 시효중단사유로서의 최고에 있어서 채무이행을 최고 받은 채무자가 그 이행의무의 존부 등에 대하여 조사를 해 볼 필요가 있다는 이유로 채권자에 대하여 그 이행의 유예를 구한 경우에는 채권자가 그 회답을 받을 때까지는 최고의 효력이 계속된다고 보아야 하고, 따라서 같은 조에 규정된 6월의 기간은 채권자가 채무자로부터 회답을 받은 때로부터 기산되는 것이라고 해석하여야 할 것이다(대판 2006.6.16. 2005다25632).

④ 원인채권의 지급을 확보하기 위하여 어음이 수수된 당사자 사이에 채권자가 어음채권에 관한 집행력 있는 채무명의 정본에 기하여 한 배당요구는 그 원인채권의 소멸시효를 중단시키는 효력이 있다(대판 2002.2.26. 2000다25484). 원인채권의 행사는 어음채권의 소멸시효를 중단시키지 못하고, 반대로 어음채권의 행사는 원인채권의 소멸시효를 중단시킨다.

11 소멸시효 완성의 효과에 대한 설명 중 옳지 않은 것은?

① 소멸시효가 완성하면 권리는 소멸한다는 것이 다수설의 입장이다.

② 주된 권리의 소멸시효가 완성한 때에는 종된 권리에 그 영향을 미친다.

③ 소멸시효의 이익은 미리 포기하지 못한다.

④ 소멸시효로 채무를 면하는 채무자는 시효완성시까지의 이자를 지급함이 공평의 원칙상 적합하다.

✔ **해설** 소멸시효는 기산일에 소급하여 효력이 생긴다. 따라서 시효기간 중에는 이자를 지급할 필요가 없다.

12 소멸시효의 중단에 관한 설명 중 가장 옳지 않은 것은? (다툼이 있는 경우 판례에 의함)

① 물상보증인이 피담보채무의 부존재 또는 소멸을 이유로 제기한 저당권설정등기 말소청구소송에서 채권자 겸 저당권자가 청구기각의 판결을 구하고 피담보채권의 존재를 주장하였더라도 그러한 응소행위는 피담보채권에 관한 소멸시효 중단사유에 해당하지 않는다.

② 시효를 주장하는 자가 원고가 되어 소를 제기한 데 대해 채권자가 피고로서 응소한 행위로 인한 시효중단의 효력은 원고가 피고를 상대로 소를 제기한 때로 소급하여 발생한다.

③ 재판상 청구를 한 소송이 이송된 경우에 소제기에 따른 소멸시효중단의 효력 발생 시기는 소송이 이송된 때가 아니고, 이송한 법원에 처음 소가 제기된 때이다.

④ 가압류에 의한 시효중단의 효력은 가압류의 집행보전의 효력이 존속하는 동안은 계속된다.

✔ **해설** ① 대판 2004.1.16. 2003다30890.
② 민법 제168조 제1호, 제170조 제1항에서 시효중단사유의 하나로 규정하고 있는 재판상의 청구라 함은, 통상적으로는 권리자가 원고로서 시효를 주장하는 자를 피고로 하여 소송물인 권리를 소의 형식으로 주장하는 경우를 가리키지만, 이와 반대로 시효를 주장하는 자가 원고가 되어 소를 제기한 데 대하여 피고로서 응소하여 그 소송에서 적극적으로 권리를 주장하고 그것이 받아들여진 경우도 이에 포함되고, 위와 같은 응소행위로 인한 시효중단의 효력은 피고가 현실적으로 권리를 행사하여 응소한 때에 발생한다(대판 2010.8.26. 2008다42416,42423).
③ 대판 2007.11.30. 2007다54610.
④ 대판 2000.4.25. 2000다11102.

01 총칙

02 물권의 변동

03 점유권

04 소유권

05 용익물권

06 담보물권

물권법

CHAPTER
01
총칙

1 다음의 부동산에 관한 물권의 취득원인 중 등기를 요하는 것은?

① 경매   ② 점유취득시효
③ 상속   ④ 국세징수법상의 공매

> ✔ 해설 부동산 점유취득시효는 등기를 하여야 소유권을 취득한다(제245조 제1항).

2 다음 중 물권의 성립과 효력에 관한 설명으로 옳지 않은 것은?

① 물권은 오직 법률에 의하지 아니하고는 임의로 창설하지 못한다.
② 판결에 의한 부동산에 관한 물권의 취득은 등기를 요하지 않는다.
③ 동산에 관한 물권의 양도는 그 동산을 인도하여야 효력이 생긴다.
④ 상속에 의한 부동산에 관한 물권의 취득 이후 등기를 하지 아니하면 이를 처분하지 못한다.

> ✔ 해설 ① 물권은 법률 또는 관습법에 의하는 외에는 임의로 창설하지 못한다(제185조).
> ②④ 제187조
> ③ 제188조 제1항

3 부동산 등기의 효력에 관한 설명 중 옳지 않은 것은?

① 등기는 등기부상에 기재된 바와 같은 실체적 권리관계가 존재한다는 추정을 받는다.
② 동일 부동산에 관하여 등기된 두 개 이상의 권리 사이의 순위는 등기의 전후에 의한다.
③ 가등기가 경료 되어 있는 부동산의 소유자도 자유로이 그 부동산의 소유권을 타인에게 이전할 수 있다.
④ 실체적 권리가 없는 자의 등기를 믿고 그로부터 권리의 이전등기를 경료한 자는 진정한 권리자의 말소등기청구에 대하여 대항할 수 있다.

> ✔ 해설 등기에는 공신력이 인정되지 않으므로 진정한 권리자의 말소등기청구에 대하여 대항할 수 없다.

4 다음 중 채권과 구별되는 물권의 특징으로 가장 거리가 먼 것은?

① 절대권

② 지배권

③ 배타성

④ 양도성

✔해설 ① 물권은 일반인에 대한 효력을 갖는 대세권이다.
② 물권은 권리주체가 직접 물건을 지배하여 이익을 향유할 수 있는 권리이다.
③ 같은 물건에 대해 같은 권리가 다른 이에게 인정되지 않는 배타적 권리이다.
④ 물권이든 채권이든 원칙적으로 양도성을 가진다는 점에는 동일하다. 다만 물권은 물권법정주의를 취하고 있기 때문에 법률의 규정 이외에 당사자 간의 약정으로 양도를 금지할 수 없으나, 채권은 당사자의 약정으로 양도에 제한을 가할 수도 있다는 점에서는 차이가 있을 수 있다.

5 다음 중 물권의 주체 및 객체에 관한 설명으로 옳지 않은 것은?

① 유체물 및 전기 기타 관리할 수 있는 자연력은 물권의 객체가 된다.

② 물권의 주체는 자연인과 법인이다.

③ 물권의 객체는 원칙적으로 독립한 하나의 물건이어야 한다.

④ 물건이 아닌 것은 물권의 객체가 될 수 없다.

✔해설 ① 민법 제98조
② 다만 외국인은 일정한 제한을 받는다.
③ 일물일권주의에 대한 설명으로 타당하다.
④ 일정한 재산권을 목적으로 권리질권이 성립하기도 하고, 지상권과 전세권을 목적으로 저당권이 성립한다.

6 물권법정주의에 관한 설명 중 옳지 않은 것은?

① 물권은 법률 또는 관습법에 의하는 외에는 임의로 창설하지 못한다.

② 여기서 법률이란 명령이나 규칙은 포함되지 않는다.

③ 이는 공시제도의 관철과 거래의 신속 및 안전 등에 그 의의를 둔다.

④ 물권의 종류는 임의로 창설하지 못하지만 그 내용은 가능하다.

 ① 제185조

② 제185조에서 말하고 있는 법률이란 형식적 의미의 법률만을 의미하고, 명령이나 규칙을 포함하지 않는다. 또한 관습법은 법률의 보충적 효력으로서 인정된다.

③ 물권의 종류와 내용을 미리 정형화하여 그 목적을 관철하려고 한다.

④ 물권법정주의는 물권의 종류뿐만 아니라 내용도 임의로 창설하지 못한다는 의미이다.

7 판례에 의하여 인정되는 관습법상의 물권인 것은?

① 온천권

② 동산의 양도담보권

③ 가등기담보권

④ 선박채권자의 우선특권

 ① 대법원은 온천권에 관하여 그 권리성을 부정한다(대판 1970.5.26, 69다1239).

②③ 동산이 아닌 가등기담보권 및 양도담보권에 관하여 가등기담보 등에 관한 법률에 규정이 있지만 동산의 양도담보에 관하여는 관습법상 인정하고 있는 것이 판례의 입장이다(대판 1994.8.26, 93다44739 등 다수).

④ 상법 제468조

8 물권의 우선적 효력에 관한 다음 설명 중 옳지 않은 것은?

① 점유권에 있어서는 권리의 우열문제가 발생하지 않는다.

② 물권과 채권 간에는 원칙적으로 물권이 우선한다.

③ 동종의 물권 상호 간에는 시간적으로 먼저 성립한 채권이 우선한다.

④ 소유권과 제한물권 간에는 소유권이 우선한다.

 ① 점유권은 권리의 취득과 상실이 점유라는 사실상의 지배 상태와 운명을 같이 하므로 권리의 우열문제는 발생하지 않는다.

② 다만 예외로서 부동산 물권변동에 관한 청구권을 가등기한 경우, 등기된 부동산임차권, 근로기준법상의 임금우선특권 등은 물권에 우선하는 경우가 있다.

④ 제한물권은 소유권의 기초 위에 성립하는 것이므로 소유권자는 정당하게 성립한 제한물권자에게 대항할 수 없다.

9 물권적 청구권에 관한 다음 설명 중 옳지 않은 것은?

① 청구권의 주체는 침해당한 물건에 대해 현재 정당한 권리를 가지고 있는 자이다.

② 청구권의 상대방은 현재 물권의 내용의 실현을 침해하고 있는 자이다.

③ 물권적 청구권은 물권적 성질과 채권적 성질을 동시에 갖는다.

④ 소유자가 침해자에게 방해예방 행위 또는 예방하는 데 드는 비용을 청구할 수 있는 것이다.

✔ **해설** ② 따라서 물건이 다른 사람에게 인도되어 점유하고 있지 않다면 그에 대한 청구는 부당하다.
③ 물권적 청구권만을 독립적으로 양도할 수 없는 점, 채권적 청구권에 우선하고 소멸시효에 걸리지 않는 점 등은 물권적 성질이다.
④ 소유자는 방해제거 행위, 방해예방 행위, 손해의 배상에 대한 담보 지급을 청구할 수 있으나, 방해제거 행위 또는 방해예방 행위에 드는 비용은 청구할 수 없다(대판 2014.11.27, 2014다52612).

Answer 6.④ 7.② 8.④ 9.④

CHAPTER 02 물권의 변동

01 총설

1 물권변동에서의 공시제도에 관한 설명으로 옳지 않은 것은?

① 물권의 변동을 위해서는 부동산은 등기, 동산은 점유, 기타 명인방법 등이 공시방법이 필요하다.
② 공시의 원칙은 물권변동의 전반에 적용된다.
③ 우리 민법은 공시에 관하여 성립요건주의를 취하기 때문에 공시방법이 수반되어야 물권의 변동이 일어난다.
④ 대항요건주의에 따르면 공시방법은 제3자에의 대항요건일 뿐이라고 한다.

✔해설 ① 수목이나 미분리의 과실의 경우는 명인방법을 공시의 방법으로 한다.
② 법률행위에 의한 물권변동의 경우는 공시의 원칙이 적용됨에 반하여, 법률의 규정에 의한 물권변동의 경우에는 공시방법을 갖추지 않았더라도 물권변동의 효력은 발생한다.
④ 따라서, 물권적 합의만으로 물권변동은 효력이 발생하지만 제3자에 대항하기 위해서는 공시가 필요하다고 한다.

2 물권변동에서의 공시의 원칙과 공신의 원칙에 관한 설명으로 옳지 않은 것은?

① 공시의 원칙은 물권의 변동을 위해서는 공시방법이 있어야 한다는 원칙이다.
② 공신의 원칙은 공시의 원칙을 전제로 공시방법을 신뢰한 거래를 보호하는 것이다.
③ 부동산 물권변동의 공시방법이 동산 물권변동의 그것에 비해 안정된 점에 비추어 부동산 물권변동에 공신의 원칙이 채용되어 있는 것은 당연하다.
④ 표현대리, 영수증소지자에 대한 변제 등은 공신의 원칙과 유사한 경우라 할 수 있다.

✔해설 ② 공신의 원칙은 실제로 권리관계와 일치하는가를 따지지 아니하고 공시된 대로의 권리가 존재하는 것처럼 다루고자 함이다. 이는 물권의 변동에 있어 안전과 신속을 보장하기 위한 제도라고 볼 수 있다.
③ 동산의 경우는 빈번한 거래로 인하여 거래의 안전을 진정한 권리자보다 우선하여야 한다는 입장에서 공신의 원칙을 취하고 있다. 그러나 부동산의 경우는 등기제도의 불완전성과 진정한 권리자의 보호가 거래의 안전보다는 우선하여야 한다는 특수성 때문에 공신의 원칙을 채택하지 않고 있다.
④ 표현대리나 영수증소지자에 대한 변제는 진정한 대리인 또는 진정한 권리자인 것 같은 외관을 가진 이에 대한 상대방의 신뢰를 보호하기 위한 제도이다.

3 부동산에 관한 물권의 취득시기에 관한 설명으로 옳은 것은? (다툼이 있는 경우 판례에 의함)

① 경매에 의한 부동산의 물권변동은 목적부동산이 경락된 때이다.
② 부동산에 대한 소유권이전등기를 명하는 확정판결을 받았더라도 판결에 따른 소유권이전등기를 경료해야 그 부동산에 관한 소유권을 취득한다.
③ 점유취득시효가 완성한 경우 시효취득자가 부동산의 소유권을 취득하는 것은 법률의 규정에 의한 것이므로 시효기간의 만료로 소유권을 취득한다.
④ 상속의 경우 상속인에게 부동산의 소유권이 이전하는 시기는 상속이 개시된 후 상속인이 등기를 경료한 때이다.

> ✔**해설**
> ① 공경매에서 매수인이 소유권을 취득하는 시기는 매각대금을 완납한 때이다.
> ② 본조(제187조)에서 이른바 판결이라 함은 판결 자체에 의하여 부동산 물권취득의 형식적 효력이 발생하는 경우를 말하는 것이고 당사자 사이에 이루어진 어떠한 법률행위를 원인으로 하여 부동산소유권이전등기절차의 이행을 명하는 것과 같은 내용의 판결 또는 소유권이전의 약정을 내용으로 하는 화해조서는 이에 포함되지 않는다(대판 1965.8.17, 64다1721).
> ③ 시효완성에 의한 부동산 물권변동은 법률의 규정에 의한 것이기는 하나, 민법은 등기를 하여야 소유권을 취득하는 것으로 규정하고 있다(제245조 제1항).
> ④ 상속에 의하여 부동산 물권변동이 일어나는 시기는 피상속인이 사망하는 순간이다(제997조).

4 민법 제186조는 "부동산에 관한 법률행위로 인한 물권의 득실변경은 등기하여야 그 효력이 생긴다."고 규정하고 있다. 이에 관한 설명으로 옳지 않은 것은?

① 물권변동에 관하여 성립요건주의를 취한 것이다.
② 186조는 법률행위에 의한 경우이므로 법률의 규정에 의한 변동은 적용되지 아니한다.
③ 물권적 합의만으로는 물권변동의 효력이 발생하지 아니하고, 등기를 갖추어야 한다.
④ 목적부동산의 인도 내지 명도는 등기와 함께 효력발생요건이다.

> ✔**해설** 부동산의 인도 내지 명도는 효력발생요건은 아니다. 따라서 합의와 등기만으로 효력이 발생한다. 다만 점유권과 유치권은 그 성질상 점유를 필요로 하므로 두 권리를 제외한 부동산물권의 변동에 관하여 위 규정이 적용된다.

Answer   1.② 2.③ 3.② 4.④

5 부동산 등기에 관한 설명으로 옳지 않은 것은?

① 부동산 등기에는 토지등기부와 건물등기부가 있다.
② 등기의 신청이 있었다면 등기부에 기재되어 있지 않더라도 등기의 효력이 발생한다.
③ 1부동산 1등기의 원칙을 채택하고 있다.
④ 건물이 구분소유의 대상인 경우에는 건물 전부에 대하여 1등기용지를 사용한다.

> ✔ 해설 부동산 등기는 부동산의 표시와 일정한 권리관계를 공무원인 등기관이 등기부라는 공적장부에 기재하는 행위 또는 기재 자체를 의미한다. 이러한 등기는 신청이 있었다고 하여 등기가 있다고 할 수 없고, 등기부에 기재되어야만 한다.

6 등기의 종류에 따른 설명으로 옳지 않은 것은?

① 말소등기 – 등기된 권리나 객체가 원시적으로 존재하지 않거나 후발적으로 존재하지 않게 되었을 경우 이를 전부 말소하는 등기
② 종국등기 – 물권변동의 효력을 발생하게 하는 일반적인 등기
③ 변경등기 – 신청인이나 등기관의 착오로 등기와 실체관계가 불일치할 경우 이를 시정하는 등기
④ 보존등기 – 건물의 신축 등 미등기의 부동산에 대하여 새로운 등기용지를 편성하여 행하여지는 등기

> ✔ 해설 ① 반면 멸실등기는 등기된 부동산이 전부 멸실된 경우에 행하여지는 등기이다.
> ② 이에 대하여 예비등기는 등기 본래의 효력과는 직접 관계가 없고 앞으로 행하여질 등기에 대비하여 하는 등기로서 가등기와 예고등기가 이에 해당한다.
> ③ 이는 경정등기에 관한 설명이고, 변경등기는 등기가 된 후 등기된 사항에 변동이 생겨 등기와 실체관계와의 사이에 후발적 불일치가 있는 경우에 이를 시정하는 등기이다.

7 부동산등기에 관한 설명 중 가장 옳지 않은 것은? (다툼이 있는 경우 판례에 의함)

① 등기는 물권의 효력발생요건이고 효력존속요건이 아니므로, 물권에 관한 등기가 원인 없이 말소된 경우 그 물권의 효력에는 아무런 영향을 미치지 않는다.

② 상속, 공용징수, 판결, 경매 기타 법률의 규정에 의한 부동산에 관한 물권의 취득은 등기를 요하지 아니하나, 등기를 하지 아니하면 이를 처분하지 못한다.

③ 채무자의 변경을 내용으로 하는 근저당권변경의 부기등기는 기존의 주등기인 근저당권설정등기와 별개의 등기이므로, 그 피담보채무가 변제로 인하여 소멸된 경우 위 주등기의 말소뿐만 아니라 그에 기한 부기등기도 별도로 말소를 구하여야 한다.

④ 부동산에 소유권이전등기가 마쳐져 있는 경우 그 등기명의자는 제3자뿐만 아니라 그 전 소유자에 대하여도 적법한 등기원인에 의하여 소유권을 취득한 것으로 추정된다.

✔️**해설** ① 대판 1988.12.27. 87다카2431
② 제187조
③ 채무자의 변경을 내용으로 하는 근저당권변경의 부기등기는 기존의 주등기인 근저당권설정등기에 종속되어 주등기와 일체를 이루는 것이고 주등기와 별개의 새로운 등기는 아니라 할 것이므로, 그 피담보채무가 변제로 인하여 소멸된 경우 위 주등기의 말소만을 구하면 되고 그에 기한 부기등기는 별도로 말소를 구하지 않더라도 주등기가 말소되는 경우에는 직권으로 말소되어야 할 성질의 것이므로, 위 부기등기의 말소청구는 권리보호의 이익이 없는 부적법한 청구라고 할 것이다(대판 2000.10.10. 2000다19526).
④ 부동산에 관하여 소유권이전등기가 마쳐져 있는 경우, 그 등기명의자는 제3자에 대해서 뿐 아니라 그 전 소유자에 대해서도 적법한 등기원인에 의하여 소유권을 취득한 것으로 추정되므로, 이를 다투는 측에서 그 무효사유를 주장·입증하여야 한다(대판 1994.9.13. 94다10160. 대판 2007.2.8. 2005다18542).

8 가등기와 예고등기에 관한 설명 중 옳지 않은 것은?

① 가등기에 기해 본등기를 하면 본등기의 순위는 가등기의 순위에 의한다.

② 예고등기가 있더라도 본등기의 명의인은 물권의 처분행위를 할 수 있다.

③ 가등기가 있더라도 본등기가 없다면 가등기 설정자는 처분행위를 할 수 있다.

④ 본등기를 경료하지 않은 가등기 권리자는 가등기가 위법하게 말소되더라도 이에 대한 회복청구를 할 수 없다.

✔️**해설** ④ 가등기는 본등기가 갖추어지기 전에는 아무런 효력을 나타내지 않지만, 그렇다고 하여 위법하게 말소된 가등기에 대하여 가등기 권리자의 회복청구가 부인되는 것은 아니다.
㉠ 가등기 : 장래 본등기의 요건이 갖추어지면 행하여질 본등기를 위하여 미리 그 본등기의 순위를 보전하기 위하여 행하는 등기
㉡ 예고등기 : 등기원인의 무효나 취소로 인한 등기말소나 회복의 소가 제기된 경우에 수소법원의 직권으로 등기소에 촉탁하여 행해지는 등기

Answer 5.② 6.③ 7.③ 8.④

9 등기의 추정력에 관한 설명 중 옳지 않은 것은?

① 소유권이전등기의 현재 명의인은 전 소유자에 대하여 적법하게 취득한 것으로 추정된다.

② 등기명의인뿐만 아니라 제3자도 등기의 추정력을 원용할 수 있다.

③ 등기가 경료 되었다면 특별한 사정이 없는 한 그 원인과 절차가 적법한 것으로 추정된다.

④ 등기의 추정력은 명의인의 불이익을 위하여서는 미치지 아니한다.

> ✔ **해설** ① 등기의 추정력은 어떤 등기가 존재하면 등기된 바와 같은 실체적 권리관계가 존재하는 것으로 추정되는 효력을 말한다. 부동산에 관하여 소유권이전등기가 마쳐져 있는 경우, 등기명의자는 제3자에 대하여서뿐만 아니라 그 전의 소유자에 대하여도 적법한 등기원인에 의하여 소유권을 취득한 것으로 추정되므로, 이를 다투는 측에서 무효사유를 주장·입증하여야 한다(대판 2013.01.10. 2010다75044).
> ③ 대판 1995.4.28. 94다23524
> ④ 등기의 추정력은 등기명의인의 보호만을 목적으로 하는 것은 아니다. 따라서 등기명의인의 이익을 위하여 추정력이 미칠 뿐만 아니라 등기명의인의 불이익을 위하여서도 추정력이 미친다.

10 등기의 추정력과 점유의 추정력에 관한 설명으로 옳지 않은 것은?

① 점유자가 점유물에 행사하는 권리는 적법하게 보유한 것으로 추정한다.

② 등기명의인은 적법한 권리자로 추정된다.

③ 부동산의 등기명의인과 점유자가 다를 경우에는 등기의 추정력에 의한다.

④ 미등기된 부동산에 대하여는 점유의 추정력에 관한 규정을 적용한다.

> ✔ **해설** ① 제200조
> ③ 등기된 부동산에 관하여는 부동산 물권에는 적용하지 아니하고 등기에만 추정력을 부여한다(대판 1982.4.13. 81다780).
> ④ 부동산에 관하여는 점유를 하고 있는 자에게 권리가 있다고 추정되지 않는다.

11 부동산 물권변동에 있어서 효력발생요건으로서의 등기에 관한 설명이다. 옳지 않은 것은?

① 등기는 부동산 물권변동에서 효력발생요건이고 존속요건이므로 등기가 원인 없이 말소되었더라도 등기의 효력은 사라진다.

② 물권행위와 등기가 목적물에 대하여 불합치가 있는 경우에는 물권변동은 발생하지 않는다.

③ 동일한 목적물에 물권적 합의와는 전혀 다른 권리가 등기되어 있는 경우에는 그 등기는 무효이다.

④ 등기된 권리가 당사자의 합의된 권리보다 양적인 면에서 큰 경우에는 당사자의 합의된 양의 범위에서 효력이 발생한다.

> **✔해설** ① 부동산 물권변동에서 등기는 효력발생요건이지 효력존속요건은 아니다. 따라서 등기가 원인 없이 말소된 경우에라도 부동산 물권변동의 효력에 영향을 미치지 아니한다(대판 1982.9.14. 81다카923).
> ②③ 질적 불합치의 경우로서 물권변동은 일어나지 않는다.
> ④ 양적 불합치의 경우로서 등기된 권리내용의 양이 물권행위의 그것보다 큰 경우에는 물권행위의 한도에서 효력이 있고, 반대의 경우에는 원칙적으로 전부가 무효이지만, 등기된 일부만으로도 물권행위를 하였을 것이라면 그에 한해 유효한 것으로 본다(일부무효의 법리).

12 물권행위와 등기와의 사이에 시간적으로 불일치함으로써 발생하게 되는 상황의 변화에 대한 설명으로 옳지 않은 것은?

① 물권행위와 등기는 동시에 이루어져야 하는 것은 아니다.

② 물권행위 당시에는 권리자였으나 등기시에는 무권리자라면 그 등기는 무효가 된다.

③ 물권행위 후 등기 전에 당사자가 행위능력을 상실한 경우 물권행위에 부합하는 유효한 등기가 이루어지면 물권변동은 발생한다.

④ 등기가 먼저 행하여지고 물권행위가 행하여진 경우 등기가 유효하다면 등기시에 물권변동이 일어난다.

> **✔해설** 등기가 먼저 이루어졌다 하여도 등기시에 소급하여 물권변동이 일어나는 것이 아니라 후에 행하여진 물권행위 당시에 물권변동은 일어난다.

13 민법 제187조의 법률의 규정에 의한 물권변동에 관한 설명으로 옳지 않은 것은?

① 위 조항에서의 판결이란 형성적 판결만을 의미한다.
② 법률의 규정에 의해 취득된 부동산이 법률의 규정에 의해 물권변동이 일어나기 위해서는 등기를 요한다.
③ 점유취득시효의 경우는 등기를 하여야 소유권 취득이 가능하다.
④ 경매의 경우 매수인이 소유권을 취득하는 시기는 매수대금을 완납한 때이다.

> ✔해설 ① 민법 제187조의 판결은 판결 자체에 의하여 부동산 물권 취득의 효력이 발생하는 경우를 말하는 것이고, 당사자 사이의 법률행위를 원인으로 하여 부동산 소유권이전등기절차의 이행을 명하는 것과 같은 판결은 이에 포함되지 않는다(대판 1998.07.28. 96다50025).
> ② 법률의 규정에 의해 취득된 부동산이라도 처분하기 위해서는 등기를 요하는데(제187조 단서), 여기서의 처분은 법률행위에 의한 처분을 의미하므로 다시 법률의 규정에 의한 물권변동의 경우에는 등기를 요하지 않는다고 보아야 한다.
> ③ 민법에 특별히 규정을 두어 등기를 소유권 취득의 요건으로 하고 있다(제245조 제1항).

14 부동산 등기부의 각 기재사항에 관한 설명으로 옳지 않은 것은?

① 등기번호란은 각 부동산의 지번을 기재한다.
② 표제부는 목적물의 소재지 · 지번 · 면적 등 목적물의 동일성에 관한 사항을 기재한다.
③ 갑구란에는 소유권과 담보물권에 관한 사항을 기재한다.
④ 을구란에는 용역물권에 관한 사항을 기재한다.

> ✔해설 갑구란은 소유권에 관한 사항 및 소유권 처분의 제한 등도 기재한다. 반면 을구란은 소유권 이외의 권리에 관한 사항을 기재한다.

15 동산물권의 변동은 공시방법으로 인도를 요건으로 한다. 이에 관한 설명으로 옳은 것은?

① 간이인도란 동산물권을 양도하면서 당사자의 계약으로 양도 후에도 양도인이 계속 점유하기로 한 경우이다.

② 점유개정은 양수인이 동산을 점유하고 있는 경우에는 당사자의 소유권이전의 의사표시만으로 한다.

③ 현실의 인도는 물건에 대한 관념적 지배를 양도인으로부터 양수인에게 이전하는 것을 말한다.

④ 목적물 반환청구권의 양도란 양도인이 제3자가 점유하고 있는 물건에 대한 반환청구권을 양수인에게 양도하는 것을 인도로 보는 것이다.

> **해설** ①② 간이인도란 양수인이 이미 동산을 점유하고 있는 경우에 당사자의 소유권이전의 의사표시만으로 점유의 이전을 인정하는 것이며, 점유개정은 동산물권을 양도하면서 당사자의 계약으로 양도 후에도 양도인이 계속 점유하기로 한 경우를 말한다.
> ③ 현실의 인도는 사실상의 지배를 양도인으로부터 양수인에게 이전하는 것을 말하며 이것이 원칙적인 모습이다.

16 다음 중 선의취득의 대상이 될 수 있는 것은?

① 선박, 자동차, 항공기

② 금전 내지 화폐

③ 아편, 위조통화

④ 미분리의 과실

> **해설** ① 등기나 등록으로 공시되는 동산은 선의취득의 대상이 되지 않는다.
> ② 가치의 표상으로 사용하는 경우에는 선의취득의 대상이 되지 않지만 단순한 물건으로 사용되는 경우에는 선의취득이 가능하다.
> ③ 소유 자체가 금지되는 불법물의 경우에는 선의취득의 대상이 될 수 없다.
> ④ 미분리의 과실은 명인방법이라는 별도의 공시방법이 있으므로 점유를 전제로 한 선의취득의 대상이 될 수 없다.

Answer 13.② 14.③ 15.④ 16.②

17 민법 제249조의 선의취득의 요건에 관한 다음 설명 중 옳지 않은 것은?

① 선의취득의 대상은 동산과 일정한 권리이다.

② 무권리자로부터의 취득이다.

③ 이는 거래의 안전을 보호 하기위한 제도이다.

④ 선의취득자는 임의로 선의취득의 효과를 거부할 수 없다.

> ✔ **해설** 선의취득의 대상은 동산이며, 지상권·저당권과 같은 부동산에 대한 권리는 선의취득의 대상이 될 수 없다.
>
> ※ 민법 제249조의 선의취득은 상대방의 점유를 신뢰하여 점유자가 권리자인 줄 알고 동산을 양수한 때에는 비록 상대방이 무권리자이더라도 그 동산의 소유권을 취득할 수 있게 한 제도이다. 이는 거래의 안전을 위한 제도이므로 선의취득자도 임의로 이 효과를 거부하고 전 소유자에게 가져갈 것을 요구할 수 없다.

18 선의취득의 효과에 관한 설명으로 옳지 않은 것은?

① 선의취득은 소유권과 질권에 한하여 인정된다.

② 선의취득은 모든 제한이 소멸하는 원시취득이다.

③ 진정한 권리자는 양도인에 대하여 부당이득반환청구를 할 수 있다.

④ 선의취득자가 무권리자인 양도인에게 다시 양도하더라도 양도인은 소유권을 취득하지 못한다.

> ✔ **해설** ① 선의취득 되는 동산물권은 소유권과 질권에 한하여 인정된다. 그 외에 점유권은 사실적 지배관계라는 점에서, 유치권은 법정담보물권이라는 점에서 거래행위를 전제로 하는 선의취득의 대상이 될 수 없다.
>
> ③ 또한 양도인에게 귀책사유가 있다면 손해배상을 청구할 수 있다.
>
> ④ 선의취득은 확정적으로 권리의 귀속이 정해지므로 이를 기초로 이루어지는 다른 거래행위는 유효하다. 따라서 무권리자인 양도인이라 하더라도 선의취득자가 양도하였다면 그 거래 역시 유효하다.

19 선의취득에 대한 도품·유실물의 특례를 설명한 것으로 옳지 않은 것은?

① 선의취득의 대상물이 도품이나 유실물인 경우에는 2년 내에 그 물건의 반환을 청구할 수 있다.

② 반환청구의 상대방은 현재 물건을 점유하고 있는 자이다.

③ 반환을 받기 전 2년간의 소유권은 여전히 소유자에게 있다고 보는 것이 통설이다.

④ 선의취득자가 경매나 공개시장 또는 동종의 물건을 판매하는 상인으로부터 선의로 매수한 때에는 소유자는 대가를 지급하여야 한다.

> ✔ **해설** ② 반환을 청구하는 자는 소유자나 임차인 등과 같은 직접점유자도 가능하고, 상대방은 현재 점유자로서 도인 또는 습득자로부터 취득한 자뿐만 아니라 그 후의 특정승계인도 포함된다.
>
> ③ 반환을 청구받기 전 2년간의 소유권은 선의취득자에게 있다는 것이 통설이다. 따라서 소유권자가 반환을 청구하는 것은 소유권에 기한 반환청구권이 아니라 법률의 규정에 인정되는 특별한 청구권으로 본다.
>
> ④ 대가변상은 단순한 항변권을 선의취득자에게 인정하는 것이 아니라 청구권으로 보는 것이 통설·판례이다. 따라서 선의취득자는 목적물을 반환한 후에도 대가변상을 청구할 수 있고 이에 응하지 않으면 다시 목적물의 반환을 청구할 수 있다.

04 물권의 소멸

20 다음 중 물권의 공통된 소멸사유에 해당하지 않는 것은?

① 목적물의 멸실
② 혼동
③ 소멸시효
④ 점유의 상실

✔**해설** 물권의 공통된 소멸사유에는 목적물의 멸실, 혼동, 소멸시효, 물권의 포기, 공용징수 등이 있다. 점유의 상실은 물권 공통의 소멸
사유는 아니고 점유를 필수적 전제로 하는 권리의 소멸사유이다.

CHAPTER 03 점유권

1 다음 중 점유권에 관한 설명으로 옳지 않은 것은?

① 점유권의 양도는 점유물의 인도로 그 효력이 생긴다.

② 선의의 점유자는 점유물의 과실을 취득한다.

③ 점유자는 소유의 의사로 선의, 평온 및 공연하게 점유한 것으로 추정한다.

④ 선의의 점유자라도 본권에 관한 소에서 패소한 경우 그 패소판결의 확정시부터 악의의 점유자로 본다.

> **✔해설** 패소판결의 확정시가 아니라 그 소가 제기된 때로부터 악의의 점유자가 된다〈제197조〉.

2 다음 중 점유자와 회복자와의 관계에 관한 설명으로 옳지 않은 것은?

① 점유물이 점유자의 책임 있는 사유로 멸실 또는 훼손된 때에는 선의의 점유자는 이익이 현존하는 한도에서 배상하여야 한다.

② 점유자가 점유물을 반환할 때에는 비록 자신이 과실을 취득한 경우에도 회복자에 대하여 점유물을 보존하기 위하여 지출한 금액 기타 필요비는 그 전액의 상환을 청구할 수 있다.

③ 점유자가 점유물을 개량하기 위하여 지출한 금액 기타 유익비에 관하여는 그 가액의 증가가 현존한 경우에 한하여 회복자의 선택에 좇아 그 지출금액이나 증가액의 상환을 청구할 수 있다.

④ 악의의 점유자는 수취한 과실을 반환하여야 하며 소비하였거나 과실로 인하여 훼손 또는 수취하지 못한 경우에는 그 과실의 대가를 보상하여야 한다.

> **✔해설** 점유자가 점유물을 반환할 때에는 회복자에 대하여 점유물을 보존하기 위하여 지출한 금액 기타 필요비의 상환을 청구할 수 있다. 그러나 점유자가 과실을 취득한 경우에는 통상의 필요비는 청구하지 못한다〈제203조 제1항〉.

3 자주점유와 타주점유에 관한 다음 설명 중 옳지 않은 것은? (통설·판례에 의함)

① 소유의 의사는 객관적 성질을 기준으로 판단한다.
② 소유의사의 기준시점은 점유개시시에 존재하면 족하다.
③ 점유취득시효의 경우 물건의 점유자가 소유의 의사를 입증하여야 한다.
④ 소유권이전등기를 청구하였다가 패소되더라도 타주점유가 되는 것은 아니다.

✔해설 ③ 점유자의 점유가 자주점유인지 타주점유인지의 여부는 점유자의 내심의 의사에 의하여 결정되는 것이 아니라 점유 취득의 원인이 된 권원의 성질이나 점유와 관계가 있는 모든 사정에 의하여 외형적·객관적으로 결정되어야 하는 것이다. 민법 제197조 제1항에 의하면 물건의 점유자는 소유의 의사로 점유한 것으로 추정되므로 점유자가 취득시효를 주장하는 경우에 있어서 스스로 소유의 의사를 입증할 책임은 없고, 오히려 그 점유자의 점유가 소유의 의사가 없는 점유임을 주장하여 점유자의 취득시효의 성립을 부정하는 자에게 그 입증책임이 있다 할 것이다(대판 1991.11.26. 91다25437).

4 간접점유에 관한 설명으로 옳지 않은 것은?

① 간접점유자는 직접점유자에 대해 점유보호청구권을 행사할 수 있다.
② 직접점유자는 간접점유자에 대해 점유보호청구권 및 자력구제권을 행사할 수 있다.
③ 직접점유자의 점유는 타주점유이어야 한다.
④ 간접점유자는 점유매개자에게 채권적 반환청구권을 가질 것을 요한다.

✔해설 일정한 법률관계(점유매개관계)에 기하여 사실상의 지배가 없는 간접점유자에게도 점유자로서의 보호를 인정하는 것이 간접점유이다. 점유매개관계는 지상권, 전세권, 질권, 사용대차, 임대차, 임치 등을 규정하고 있다(제194조).
①② 간접점유자는 직접점유자에게 점유보호청구권이나 자력구제권을 행사할 수 없고, 점유매개관계에 기한 청구권이나 본권에 기한 청구권을 행사할 수 있을 뿐이다. 다만 제3자에게는 점유보호청구권이 인정된다. 이에 반해 직접점유자는 양자가 모두 인정된다.
③④ 소유의 의사로 점유하는 것이 아니어야 하며, 그 외에 간접점유자의 권리가 좀 더 포괄적이어야 한다.

Answer 1.④ 2.② 3.③ 4.①

5 점유의 태양에 관한 설명 중 옳지 않은 것은?

① 본권이 있다고 오신하고 하는 점유를 선의점유라 하고, 없음을 알고 또는 의심을 가지고 하는 점유를 악의점유라 한다.

② 선의점유의 경우에 이를 믿는 데 과실이 없다면 무과실점유라 한다.

③ 점유의 선의 · 무과실 · 평온 · 공연은 추정된다.

④ 두 시점 간에 점유한 사실이 있는 때에는 점유의 계속이 추정된다.

> **해설** ③ 민법 제197조는 명문의 규정으로 선의 · 평온 · 공연한 점유의 추정을 하고 있으나 무과실에 관한 규정은 두고 있지 않다. 따라서 무과실은 추정되지 아니하며 이는 주장하는 자에게 입증책임이 있다.
> ④ 제198조

6 다음 중 점유보조자에 대한 설명으로 옳지 않은 것은? (통설에 의함)

① 점유보조자가 점유자의 지시에 따라야 할 점유보조관계가 있을 것을 요한다.

② 부부관계에서의 점유는 공동점유이므로 점유보조관계가 있을 수 없다.

③ 점유보조자는 점유권에 의한 보호를 받지 못하므로 점유보호청구권과 자력구제권은 인정되지 아니한다.

④ 점유취득시의 선의 및 악의는 점유보조자가 아닌 점유자를 기준으로 판단한다.

> **해설** ① 가정부 · 점원 등과 같이 가사상 · 영업상 기타 타인의 지시를 받아 행위 하는 관계가 있을 것을 요한다.
> ③ 점유보조자도 자력구제권은 인정하는 것이 통설이다.
> ④ 따라서 점유보조자가 선의이더라도 점유자는 이를 원용할 수 없고 점유자가 악의인 경우 이에 따른다.

7 점유권의 취득과 소멸에 관한 설명으로 옳지 않은 것은?

① 사실상의 지배가 성립하면 점유권은 취득되는데 이 경우 점유설정의사가 필요하다는 것이 통설이다.

② 점유의 승계가 있는 경우에 점유자는 자기의 점유와 전 점유자의 점유를 아울러 주장하여야 하며, 전 점유자의 하자도 아울러 승계한다.

③ 타인의 침탈에 의하여 점유를 상실한 경우에는 점유자가 1년 이내에 점유를 회복하면 처음부터 상실하지 않았던 것으로 된다.

④ 혼동이나 소멸시효는 점유권의 소멸사유가 되지 않는다.

> **해설** ② 점유의 승계가 있는 경우 점유자는 자기의 점유만을 주장하거나 전 점유자의 점유까지 아울러 주장할 수 있다(제199조 제1항). 다만 상속의 경우에는 이러한 점유의 분리 병합이 인정되지 않는다는 것이 판례이다.

8 점유자와 회복자와의 관계에 대한 내용으로 옳지 않은 것은?

① 선의의 점유자는 점유물의 멸실·훼손에 대하여 이익이 현존하는 한도에서 배상책임을 진다.

② 악의의 점유자는 점유물의 멸실·훼손에 대하여 손해 전부를 배상하여야 한다.

③ 과실취득에 있어 선의의 점유자라도 폭력·은비에 의한 경우는 악의의 점유자로 취급한다.

④ 물건을 사용하여 얻은 이익도 과실에 준하여 반환하여야 한다.

> ✔해설 ① 선의의 점유자라도 타주점유자는 손해의 전부를 배상하여야 한다(제202조).
> ③ 제201조 제3항
> ④ 통설과 판례의 태도이다.

9 점유자의 비용상환청구권에 관한 설명 중 옳지 않은 것은?

① 선의인가 여부에 관계없이 점유자는 필요비의 상환을 청구할 수 있다.

② 점유자가 과실을 취득한 경우에는 통상의 필요비는 청구하지 못한다.

③ 선의의 점유자는 그의 선택에 좇아 지출금액이나 증가액의 상환을 청구할 수 있다.

④ 점유자는 비용상환청구권에 대하여 유치권을 행사할 수 있다.

> ✔해설 ①② 통상의 필요비는 물건을 통상 사용하는데 적합한 상태로 보존하고 관리하는데 지출되는 비용을 말한다. 판례는 목적물을 이용한 경우에도 통상의 필요비를 청구하지 못한다고 한다(대판 1964. 7.14. 63다1119).
> ③ 회복자의 선택에 좇아 유익비를 청구할 수 있다.
> ④ 이 경우 회복자는 법원으로부터 유예기간을 허여(許與)받아서 유치권의 성립을 저지할 수 있다(제203조 제3항).

10 점유보호청구권에 관한 설명으로 옳지 않은 것은?

① 점유보호청구권은 일종의 물권적 청구권이라는 것이 통설이다.

② 직접점유자와 간접점유자가 주체가 될 수 있다.

③ 상대방의 고의·과실을 요구하지 않는다.

④ 1년의 제척기간 내에는 언제든지 행사할 수 있다.

> ✔해설 ③ 다만 손해배상을 청구할 경우에는 고의·과실을 요한다.
> ④ 1년의 제척기간 내에는 언제든지 행사할 수 있겠으나, 공사로 인한 방해제거청구권은 공사착수 후 1년을 경과하거나 그 공사가 완성된 때에는 청구하지 못한다(제205조 제3항).

Answer 5.③ 6.③ 7.② 8.① 9.③ 10.④

11 점유보호의 제도에 관한 설명으로 옳지 않은 것은?

① 점유의 소와 본권의 소는 서로 영향을 미치지 아니한다.

② 점유가 침탈되어 사실상의 지배가 옮겨간다 하더라도 점유침해행위가 종료되지 않은 경우에는 자력구제권을 행사할 수 있다.

③ 직접점유자, 점유보조자, 간접점유자 등은 자력구제권이 인정되며, 미성년자의 법정대리인도 예외적으로 행사할 수 있다.

④ 점유보호청구권 행사의 제척기간은 그 기간 내에 반드시 소를 제기하여야 하는 출소기간이라는 것이 판례이다.

✔해설 ① 따라서 점유의 소를 본권에 관한 이유로 재판하지 못한다(제208조).
③ 점유보조자에게도 인정되는 자력구제권은 예외적으로 인정되는 긴급한 권리로서 직접점유하고 있지 아니한 간접점유자에게는 인정되지 않는다.
④ 제척기간의 대상이 되는 권리는 형성권이 아니라 통상의 청구권인 점과 점유의 침탈 또는 방해의 상태가 일정한 기간을 지나게 되면 그대로 사회의 평온한 상태가 되고 이를 복구하는 것이 오히려 평화질서의 교란으로 볼 수 있게 되므로 일정한 기간을 지난 후에는 원상회복을 허용하지 않는 것이 점유제도의 이상에 맞고 여기에 점유의 회수 또는 방해제거 등 청구권에 단기의 제척기간을 두는 이유가 있는 점 등에 비추어 볼 때, 위의 제척기간은 재판 외에서 권리 행사하는 것으로 족한 기간이 아니라 반드시 그 기간 내에 소를 제기하여야 하는 이른바 출소기간으로 해석함이 상당하다(대판 2002.4.26, 2001다8097).

CHAPTER
04

소유권

01 소유권 일반

1 소유권에 관한 일반적 설명으로 가장 옳지 않은 것은?

① 제한물권과 비교하여 완전물권이라고 할 수 있다.

② 소유권의 객체는 물건에 한한다.

③ 소유권은 현실적 지배권과 물건을 지배할 수 있는 관념적인 권리로 구성된다.

④ 소유권은 공공복리에 의해 제한된다.

> **✔ 해설** ① 소유권은 사용 · 수익 · 처분의 권능을 모두 가진다.
> ② 따라서 채권에는 소유권이 성립하지 않는다.
> ③ 소유권은 물건을 현실적으로 지배하는 권리와는 분리된 지배할 수 있는 관념적인 권리이다. 이점에서 점유권과 비교된다.
> ④ 근대자본주의의 폐해로 인한 수정의 의미를 갖는다.

2 주위토지통행권에 관한 다음 설명 중 옳지 않은 것은? (다툼이 있을 경우 판례에 의함)

① 일단 주위토지통행권이 발생한 이상 나중에 그 토지에 접하는 공로가 개설되었다고 하여도 그 통행권이 소멸되는 것은 아니다.

② 주위토지통행권의 범위는 현재의 토지의 용법에 따른 이용의 범위에서 인정되는 것이지 장차의 이용 상황까지 미리 대비하여 통행로를 정할 것은 아니다.

③ 이미 기존의 통로가 있더라도 그것이 당해 토지의 이용에 부적합하여 실제로 통로로서의 충분한 기능을 하지 못하고 있는 경우에는 주위토지통행권이 인정된다.

④ 주위토지통행권의 범위는 통행권을 가진 자에게 필요할 뿐만 아니라 이로 인한 주위토지 소유자의 손해가 가장 적은 장소와 방법의 범위 내에서 인정되어야 한다.

> ✔**해설** ① 특단의 사정이 없는 한 이러한 경우에는 종전의 주위토지통행권은 소멸한다(대판 1996.4.12, 95다3619).
> ② 대판 1995.2.3, 94다50656
> ③ 대판 1998.3.10, 97다47118
> ④ 대판 1992.12.22, 92다30528

3 다음 중 소유권의 한계에 관한 설명으로 옳지 않은 것은?

① 토지 소유자는 이웃 토지로부터 자연히 흘러오는 물을 막지 못한다.

② 토지 소유자는 그 소유지의 물을 소통하기 위하여 이웃 토지 소유자가 시설한 공작물을 사용할 수 있다.

③ 인접하여 토지를 소유하는 자는 통상의 경계표나 담을 설치할 수 있는데, 그 비용은 측량비용을 포함한 모든 비용을 쌍방이 절반하여 부담한다.

④ 수인이 한 채의 건물을 구분하여 각각 그 일부를 소유한 경우, 건물과 그 부속물 중 공용하는 부분은 그의 공유로 추정한다.

> ✔**해설** ① 제221조 제1항
> ② 제227조 제1항
> ③ 인접하여 토지를 소유한 자는 공동비용으로 통상의 경계표나 담을 설치하는 경우. ㉠ 비용은 쌍방이 절반하여 부담하나(제237조 제2항 본문), ㉡ 측량비용은 토지의 면적에 비례하여 부담한다(제237조 제2항 단서). ㉢ 다만, 비용부담에 관하여 다른 관습이 있는 경우에는 그에 의한다(제237조 제3항).
> ④ 제215조 제1항

4 주위토지통행권에 대한 다음의 설명 중 가장 옳지 않은 것은? (다툼이 있는 경우 판례에 의함)

① 주위토지통행권의 범위는 현재의 토지의 용법에 따른 이용의 범위에서 인정할 수 있을 뿐, 장래의 이용 상황까지 미리 대비하여 정할 것은 아니다.

② 주위토지통행권이 인정될 경우 통행지 소유자가 주위토지통행권에 기한 통행에 방해가 되는 담장 등 축조물을 설치한 경우에는 통행지 소유자가 그 철거의무를 부담한다.

③ 토지의 등기부상 소유명의자에 대한 명의신탁자에게도 주위토지통행권이 인정된다.

④ 동일인 소유의 토지의 일부가 양도되어 공로에 통하지 못하는 토지가 생긴 경우에 포위된 토지를 위한 주위토지통행권은 일부 양도 전의 양도인 소유의 종전 토지에 대하여만 생기는데, 1필의 토지의 일부가 양도된 경우뿐만 아니라 일단으로 되어 있던 동일인 소유의 수필의 토지 중 일부가 양도된 경우에도 이와 같은 무상의 주위토지통행권이 발생한다.

> ✔해설 ① 주위토지통행권의 범위는 통행권을 가진 자에게 필요할 뿐 아니라 이로 인한 주위토지 소유자의 손해가 가장 적은 장소와 방법의 범위 내에서 인정되어야 하며, 그 범위는 결국 사회통념과 기타 제반 사정을 참작한 뒤 구체적 사례에 응하여 판단하여야 하는 것인바, 통상적으로는 사람이 주택에 출입하여 다소의 물건을 공로로 운반하는 등의 일상생활을 영위하는 데 필요한 범위의 노폭까지 인정되고, 또 현재의 토지의 용법에 따른 이용의 범위에서 인정되는 것이지 더 나아가 장차의 이용 상황까지 미리 대비하여 통행로를 정할 것은 아니다(대판 1996.11.29. 96다33433).
> ② 대판 2006.10.26. 2005다30993
> ③ 민법 제219조에 정한 주위토지통행권은 인접한 토지의 상호이용의 조절에 기한 권리로서 토지의 소유자 또는 지상권자, 전세권자 등 토지사용권을 가진 자에게 인정되는 권리이다. 따라서 명의신탁자에게는 주위토지통행권이 인정되지 아니한다. 토지의 명의신탁자는 토지에 관하여 개발행위허가를 받았다거나 전소유자가 주위토지의 전소유자로부터 통행로에 해당하는 부분에 대한 사용승낙을 받은 적이 있다는 등의 사정으로는 주위토지의 현소유자에게 대항할 수 없다(대판 2008.5.8. 2007다22767).
> ④ 대판 1995.2.10. 94다45869

5 건물의 구분소유에 관한 내용으로 옳지 않은 것은?

① 민법의 규정은 집합건물의 소유 및 관리에 관한 법률의 시행으로 존재의의를 상실하게 되었다.

② 전유부분은 구조상이나 기능상 독립적으로 이용될 수 있어야 한다.

③ 공유자의 공용부분에 대한 지분은 원칙적으로 동등하다.

④ 일정한 경우에는 공용부분에 대한 일부만의 공유도 인정된다.

> ✔해설 ① 민법 제215조는 집합건물 등에 관해 규율하기에는 너무 간단하여 사실상 특별법인 집합건물의 소유 및 관리에 관한 법률에 의해 규율되고 있다.
> ③④ 공용부분은 원칙적으로 전원이 공유하는 것이 원칙이지만 일부 사람만의 공유인 것이 명백한 경우에는 그 일부의 공유도 인정된다. 이 경우 그 지분은 전유면적의 비율에 의한다.

Answer   2.① 3.③ 4.③ 5.③

6 상린관계에 관한 다음 설명 중 옳지 않은 것은?

① 인지의 사용에 의하여 이웃사람이 손해를 받은 때에는 보상을 청구할 수 있다.

② 사정의 변경이 있는 경우, 타 토지의 소유자는 수도 등의 시설을 한 소유주의 비용으로 그 시설의 변경을 청구할 수 있다.

③ 분할로 인하여 공로에 통하지 못하는 토지가 있는 때에는 그 토지의 소유자는 다른 분할자의 토지를 통행할 수 있다.

④ 주위의 토지를 통행하거나 통로를 개설하는 경우에는 그로 인한 손해가 가장 적은 장소와 방법을 택하여야 한다.

> **✔ 해설** ① 제216조 제2항
> ② 수도 등의 시설 후 사정변경이 있는 경우, 타 토지의 소유자는 그 시설의 변경을 청구할 수 있고, 이 경우 그 비용은 토지 소유자가 부담한다(제218조 제2항).
> ③ 제220조 제1항
> ④ 제219조 제1항

7 경계에 관한 상린관계를 설명한 것으로 옳지 않은 것은?

① 인접하여 토지를 소유한 자는 공동비용으로 통상의 경계표나 담을 설치할 수 있다.

② 인지소유자는 자기의 비용으로 담의 재료를 통상보다 양호한 것으로 할 수 있으며 그 높이를 통상 보다 높게 할 수 있고 또는 방화벽 기타 특수시설을 할 수 있다.

③ 인접지의 수목가지가 경계를 넘는 때에는 임의로 제거할 수 있다.

④ 인접지의 수목뿌리가 경계를 넘는 때에는 임의로 제거할 수 있고, 이때 그 뿌리는 제거한 자의 소유라는 것이 통설이다.

> **✔ 해설** ① 제237조 제1항. 이때의 비용은 쌍방이 절반하여 부담한다.
> ② 제238조
> ③ 인접지의 가지가 경계를 넘는 때에는 그 소유자에 대하여 가지의 제거를 청구하고, 이에 대하여 응하지 아니한 때에는 가지를 제거할 수 있다(제240조 제1항, 제2항).
> ④ 제240조 제3항

8 민법상 선의취득에 관한 설명 중 옳지 않은 것은?

① 양수인은 평온·공연·선의·무과실이어야 한다.

② 선의취득자와 전주의 거래행위는 유효하게 성립한 것이어야 한다.

③ 선의취득은 현실의 인도뿐만 아니라 점유개정으로서도 가능하다고 보는 것이 판례의 태도이다.

④ 거래의 안전을 위해 양수인이 선의인 경우에는 그 동산의 소유권을 원시적으로 취득한다고 본다.

> ✔ 해설 ①④ 선의취득은 동산거래에 있어서 점유에 공신력을 인정한 것이며, 동산거래의 신속성과 동적 안전을 꾀하기 위하여 인정되는
> 제도이다. 이러한 선의취득자의 취득은 평온·공연·선의·무과실이어야 한다(제249조).
> ② 선의취득자와 전주와의 거래행위는 유효하여야 한다. 따라서 무능력·사기·강박·대리권 흠결 등으로 실효된 때에는 선의취
> 득의 적용은 없다. 다만 실효된 거래행위를 한 자로부터 다시 양수받은 자에게는 선의취득이 인정된다.
> ③ 동산의 선의취득에 필요한 점유의 취득은 현실적인 인도가 있어야 하고 소위 점유개정에 의한 점유취득만으로서는 그 요건을
> 충족할 수 없다(대판 1964.5.5, 63다775).

9 민법상 선의취득에 관한 설명 중 옳지 않은 것은? (다툼이 있는 경우 판례에 의함)

① 동산에 관한 소유권뿐만 아니라 동산질권도 선의취득 할 수 있으나 저당권은 선의취득 할 수 없다.

② 상속, 회사 합병의 경우에는 선의취득의 적용이 없다.

③ 민법 제249조 소정의 요건이 구비되어 동산을 선의취득 하더라도 그 선의취득자는 그와 같은 선의취득 효
과를 거부하고 종전 소유자에게 동산을 반환받아 갈 것을 요구할 수 있다.

④ 민법 제249조가 규정하는 선의·무과실의 기준시점은 물권적 합의가 동산의 인도보다 먼저 행하여지면
인도된 때를, 인도가 물권적 합의보다 먼저 행하여지면 물권적 합의가 이루어진 때를 기준으로 하여야
한다.

> ✔ 해설 ① 제249조, 제343조.
> ② 동산의 선의취득은 양수·양도에 의한 승계(특정승계)에 의하여만 가능하다(제249조).
> ③ 민법 제249조 소정의 요건이 구비되어 동산을 선의취득한 자는 권리를 취득하는 반면 종전 소유자는 소유권을 상실하게 되
> 는 법률효과가 법률의 규정에 의하여 발생되므로, 선의취득자가 임의로 이와 같은 선의취득 효과를 거부하고 종전 소유자에
> 게 동산을 반환받아 갈 것을 요구할 수 없다(대판 1998.6.12, 98다6800).
> ④ 대판 1991.3.22, 91다70

10 부동산의 점유취득시효에 관한 다음 설명 중 옳지 않은 것은? (다툼이 있는 경우 판례에 의함)

① 일필의 토지의 일부는 시효취득의 목적물이 될 수 없다.
② 자기의 소유물이라 할지라도 시효취득의 목적물이 될 수 있다.
③ 점유자는 소유의 의사로 선의, 평온 및 공연하게 점유한 것으로 추정한다.
④ 취득시효를 주장하는 자는 점유기간 중에 소유자의 변동이 없는 토지에 관하여는 취득시효의 기산점을 임의로 선택할 수 있다.

> ✔**해설** ① 토지의 일부라도 시효취득의 대상이 될 수 있다. 다만 이 경우 그 부분이 다른 부분과 구분되어 시효취득자의 점유에 속한다는 것을 인식하기에 충분한 객관적인 징표가 계속 존재해야 할 것이며(대판 1993.12.14, 93다5581), 시효취득 후 이를 원인으로 등기를 하기 위해서는 분필의 절차를 밟아야 한다.
> ② 대판 2001.7.13, 2001다17572
> ③ 제197조 제1항
> ④ 대판 1998.5.12, 97다34037

11 乙이 자기 소유의 토지 위에 건물을 건축하는 과정에서 인접한 甲 소유의 토지의 경계를 일부 침범하여 건물을 건축하였다. 이 경우 甲은 자신의 토지 위에 건축된 乙 소유의 건축부분의 철거를 乙에 대하여 청구할 수 있는 바, 이 청구권은 다음 중 어디에 속하는 것인가?

① 손해배상청구권   ② 소유물 방해예방청구권
③ 소유물 반환청구권   ④ 소유물 방해제거청구권

> ✔**해설** 건물철거청구권은 소유권에 기한 방해배제청구권의 한 내용이다.

12 다음 중 부동산소유권의 점유시효취득에 관한 설명으로 옳은 것은?

① 소유권 취득의 효력은 장래에 향하여 생긴다.
② 20년간의 시효기간이 완성되기만 하면 곧바로 그 소유권을 취득한다.
③ 점유자는 소유의 의사로 선의, 평온 및 공연하게 점유한 것으로 추정한다.
④ 소유의 의사로 평온·공연하게 선의이며 과실 없이 점유하여야 한다.

> ✔**해설** ① 취득시효로 인한 소유권 취득의 효력은 점유를 개시한 때에 소급한다(제247조 제1항).
> ② 20년간 소유의 의사로 평온, 공연하게 부동산을 점유하는 자는 등기함으로써 그 소유권을 취득한다(제245조 제1항).
> ③ 제197조 제1항
> ④ 점유취득시효에는 선의 또는 무과실의 규정이 없다.

13 점유취득시효에 관한 설명 중 가장 옳지 않은 것은? (다툼이 있는 경우 판례에 의함)

① 토지에 대한 취득시효 완성으로 인한 소유권이전등기청구권은 그 토지에 대한 점유가 계속되는 한 시효로 소멸하지 아니하고, 그 후 점유를 상실하였다고 하더라도 이를 시효이익의 포기로 볼 수 있는 경우가 아닌 한 이미 취득한 소유권이전등기청구권이 바로 소멸되는 것은 아니다.

② 공유부동산의 경우 공유자 중의 1인이 공유지분권에 기초하여 부동산 전부를 점유하고 있다면 이는 권원의 성질상 자주점유에 해당한다.

③ 시효이익의 포기는 특별한 사정이 없는 한 시효취득자가 취득시효 완성 당시의 진정한 소유자에 대하여 하여야 그 효력이 발생하는 것이고 원인무효인 등기의 등기부상 소유명의자에게 그와 같은 의사를 표시하였다고 하여 그 효력이 발생하는 것은 아니다.

④ 점유가 순차 승계된 경우 취득시효의 완성을 주장하는 자는 자기의 점유만을 주장하거나 또는 자기의 점유와 전 점유자의 점유를 아울러 주장할 수 있는 선택권이 있으며, 전 점유자의 점유를 아울러 주장하는 경우에도 어느 단계의 점유자의 점유까지를 아울러 주장할 것인가 역시 이를 주장하는 사람에게 선택권이 있다.

✔ 해설 ① 대판 1990.11.13, 90다카25352
② 대법원은 공유토지의 경우 공유자 1인이 그 전부를 점유하고 있다고 하여도 달리 특별한 사정이 없는 한 다른 공유자의 지분비율의 범위 내에서는 타주점유라고 볼 수밖에 없다고 판시하고 있다(대판 1994.9.9, 94다13190).
③ 시효이익의 포기와 같은 상대방 있는 단독행위는 그 의사표시로 인하여 권리에 직접적인 영향을 받는 상대방에게 도달하는 때에 효력이 발생한다 할 것인바, 취득시효완성으로 인한 권리변동의 당사자는 시효취득자와 취득시효완성 당시의 진정한 소유자이고, 실체관계와 부합하지 않는 원인무효 등기의 등기부상 소유명의자는 권리변동의 당사자가 될 수 없는 것이므로, 결국 시효이익의 포기는 달리 특별한 사정이 없는 한 시효취득자가 취득시효완성 당시의 진정한 소유자에 대하여 하여야 그 효력이 발생하는 것이지 원인무효 등기의 등기부상 소유명의자에게 그와 같은 의사를 표시하였다고 하여 그 효력이 발생하는 것은 아니라 할 것이다(대판 1994.12.23, 94다40734).
④ 취득시효의 기초가 되는 점유가 법정기간 이상으로 계속되는 경우, 취득시효는 그 기초가 되는 점유가 개시된 때를 기산점으로 하여야 하고 취득시효를 주장하는 사람이 임의로 기산일을 선택할 수는 없으나 점유가 순차 승계된 경우에 있어서는 취득시효의 완성을 주장하는 자는 자기의 점유만을 주장하거나 또는 자기의 점유와 전 점유자의 점유를 아울러 주장할 수 있는 선택권이 있는 것이고, 전 점유자의 점유를 아울러 주장하는 경우에도 어느 단계의 점유자의 점유까지를 아울러 주장할 것인가도 이를 주장하는 사람에게 선택권이 있다(대판 1991.10.22, 91다26577).

Answer   10.① 11.④ 12.③ 13.②

14 선의취득에 관한 설명 중 옳지 않은 것은?

① 거래에 의하여 점유를 승계하는 것은 선의취득의 요건이다.

② 선의취득에 의하여 취득되는 권리는 소유권과 질권에 한한다.

③ 동산을 상속에 의하여 취득한 경우에는 선의취득의 적용이 있다.

④ 학설 및 판례에 의하면 양수인이 점유개정을 하였을 때에는 선위취득이 되지 않는다.

> ✔해설 ① 동산의 선의취득은 양수·양도에 의한 승계(특정승계)에 의하여만 가능하다(제249조).
> ② 동산에 관한 소유권뿐만 아니라 동산질권도 선의취득 할 수 있으나 저당권은 선의취득 할 수 없다(제249조, 제343조).
> ③ 양수인이 동산을 양수해야 하므로 양수에 해당하지 않는 상속이나 포괄승계에는 선의취득이 적용되지 않는다.
> ④ 대판 1964.5.5. 63다775

15 소유권의 취득시효에 관한 설명으로 옳지 않은 것은?

① 취득시효는 사회질서의 안정과 입증곤란의 구제 및 권리행사의 태만에 대한 제재에 그 존재이유가 있다.

② 소유권 이외의 재산권에도 취득시효는 인정된다.

③ 우리 민법은 프랑스 민법의 예에 따라 취득시효에 관하여 총칙편에서 규정하고, 이를 준용하고 있다.

④ 법률의 규정에 의한 소유권의 취득요인이다.

> ✔해설 프랑스 민법과 일본 민법은 소멸시효와 취득시효를 총칙편에서 규정하고 있는 데 반하여, 우리 민법과 독일 민법은 소멸시효는 총칙편에서, 취득시효는 물권편에서 각각 규정하고 있다.

16 점유에 의한 부동산소유권의 취득시효에 관한 설명 중 옳지 않은 것은?

① 20년간의 계속된 점유가 있어야 하며, 이 경우 점유의 승계가 인정되며 점유의 계속도 추정된다.

② 평온·공연·자주점유일 것을 요한다.

③ 시효기간 중 등기명의자가 동일하다면, 시효기간 만료 후 이해관계인이 있더라도 시효취득자는 기산점을 임의로 선택할 수 있다.

④ 예외적으로 등기하여야 하는 경우이다.

> ✔해설 시효기간 중 등기명의인이 동일하고 취득자의 변경이 없는 경우에는 취득시효를 주장하는 사람이 기산점은 임의로 정할 수 있으나, 시효기간의 만료 후에 이해관계 있는 제3자가 있는 경우에는 시효이익을 주장하는 자가 기산점을 임의로 선택할 수 없다.

17 등기부취득시효의 특수한 요건에 관한 설명으로 옳지 않은 것은? (통설 · 판례에 의함)

① 점유기간 및 소유권등기가 등기부에 등재된 기간이 10년 이상이어야 한다.
② 등기의 승계 · 합산을 인정한다.
③ 취득자의 선의 · 무과실은 점유개시 당시에 있으면 족하다.
④ 등기는 적법 · 유효한 등기이어야 한다.

> ✔ 해설   ② 등기의 승계 · 합산을 인정하므로 시효취득자 앞으로 10년간 등기되어 있을 필요는 없으며 앞 등기의 명의까지 합산하여 10년이 되어도 무관하다.
>   ④ 이중보존등기의 경우가 아니라면 등기가 적법 · 유효할 필요는 없고, 원인무효의 등기라도 인정된다(대판 1996.10.17, 96다12511).

18 부동산취득시효의 효과에 관한 설명 중 옳지 않은 것은?

① 취득시효로 인한 권리의 취득은 원시취득이라고 보는 것이 통설 · 판례이다.
② 시효기간의 경과로 취득시효가 완성될 경우 그때부터 시효취득자는 그 효과를 받는다.
③ 통설과 판례는 시효의 완성 후에는 시효취득의 이익을 포기할 수 있다고 한다.
④ 점유취득시효는 등기청구권을 행사하여 등기함으로써 소유권을 취득한다.

> ✔ 해설   ② 소급효를 가지므로 시효취득자는 점유를 개시한 때부터 과실을 수취하는 등의 행위가 적법한 소유자로서의 행위로 인정받게 된다.
>   ③ 이는 소멸시효에 관한 규정을 유추적용 한 결과이다.
>   ④ 반면 등기부취득시효의 경우는 이미 등기가 되어 있으므로 즉시 소유권을 취득한다.

19 동산의 취득시효에 관한 설명으로 옳지 않은 것은?

① 10년간 소유의 의사로 평온, 공연하게 동산을 점유한 자는 그 소유권을 취득한다.
② 점유의 개시가 선의이며 무과실인 경우는 5년을 경과함으로써 소유권을 취득한다.
③ 점유를 개시한 때에 소급하여 원시적으로 소유권을 취득한다.
④ 민법은 소멸시효의 중단과 정지에 관한 규정을 취득시효에 준용하고 있다.

> ✔ 해설   ①② 제246조
>   ③ 제247조 제1항
>   ④ 민법은 제247조 제2항에서 소멸시효의 중단에 관한 규정을 취득시효에 준용하고 있으나, 정지에 관하여는 아무런 규정을 두고 있지 않다. 그러나 통설은 이를 배척할 이유가 없다 하여 소멸시효의 정지에 관한 규정도 준용하고 있다.

Answer   14.③   15.③   16.③   17.④   18.②   19.④

20 부합에 관한 설명 중 옳지 않은 것은?

① 부합물은 동산에 한한다는 것이 판례이다.
② 부합의 원인은 인공적이든 자연적이든 불문한다.
③ 부동산에의 부합에서 원칙적으로 부동산의 소유자가 부합물의 소유권을 취득한다.
④ 동산 간의 부합에서 주된 동산의 소유자가 합성물의 소유권을 취득한다.

> ✔해설 통설은 부합물을 동산에 한정하지만, 판례(대판 1962.1.31, 4294민상445)는 부동산을 포함한다고 한다.

21 다음 중 첨부에 관한 설명으로 옳지 않은 것은?

① 혼화에 관하여는 부합의 규정을 준용한다.
② 가공은 새로운 물건이 생겨나야 한다.
③ 동산 간의 부합·혼화에서 주된 동산을 가릴 수 없는 경우에는 가액이 큰 쪽에게 소유권이 귀속한다.
④ 가공물의 소유권은 원재료의 소유자에게 속하나, 가액의 증가가 원재료의 가액에 비하여 현저히 큰 경우는 가공자의 소유로 한다.

> ✔해설 ② 따라서 대수선을 하더라도 가공이 아니다.
> ③ 주종을 가릴 수 있는 경우는 주된 물건의 소유자에게, 가릴 수 없는 경우는 부합 당시 가액의 비율로 공유한다.
> ④ 이는 임의규정이므로 당사자의 다른 약정이 있으면 그에 의한다.

04 공동소유

22 다음 중 공동소유에 관한 설명으로 가장 옳지 않은 것은?

① 공유자의 지분은 균등한 것으로 추정한다.
② 총유물의 관리 및 처분은 사원총회의 결의에 의한다.
③ 공유자와 합유자는 공유물 또는 합유물의 분할을 청구할 수 있다.
④ 공유자가 상속인 없이 사망한 때에는 그 지분은 다른 공유자에게 각 지분의 비율로 귀속한다.

> **✔해설** ① 제262조 제2항
> ② 제276조 제1항
> ③ 공유물에 대한 공유물분할청구권(제268조 제1항)은 인정되나, 합유물에 대한 분할청구권은 인정되지 않는다(제273조 제2항).
> ④ 제267조

23 공유에 대한 설명 중 옳지 않은 것은?

① 공유자는 원칙적으로 공유물의 분할을 청구할 수 있다.
② 공유자는 다른 공유자의 동의가 없더라도 공유물을 처분할 수 있다.
③ 공유자의 지분은 균등한 것으로 추정한다.
④ 공유자가 공유물의 관리비용을 부담하여야 할 의무의 이행을 1년 이상 지체한 때에는 다른 공유자는 그 지분을 매수할 수 있다.

> **✔해설** 공유자는 다른 공유자의 동의 없이 공유물을 처분하거나 변경하지 못한다(제264조).

24 다음 중 공유자가 단독으로 할 수 없는 것은?

① 지분의 양도   ② 공유물의 분할청구
③ 공유물의 변경   ④ 지분의 포기

> **✔해설** ①④ 공유자는 그 지분을 처분할 수 있고 공유물 전부를 지분의 비율로 사용, 수익할 수 있다(제263조).
> ② 공유자는 공유물의 분할을 청구할 수 있다. 그러나 5년 내의 기간으로 분할하지 아니할 것을 약정할 수 있다(제268조).
> ③ 공유자는 다른 공유자의 동의 없이 공유물을 처분하거나 변경하지 못한다(제264조).

Answer   20.①   21.③   22.③   23.②   24.③

25 공유관계에 관한 다음 설명 중 가장 옳지 않은 것은? (다툼이 있는 경우 판례에 의함)

① 공유자가 그 지분을 포기하거나 상속인 없이 사망한 때에는 그 지분은 다른 공유자에게 각 지분의 비율로 귀속한다.

② 부동산의 공유자는 원칙적으로 자신의 지분을 자유롭게 처분할 수 있고 그 처분에 관하여 다른 공유자의 허락을 얻을 필요는 없다.

③ 공유자 중 한 사람은 공유물에 관하여 원인무효의 소유권이전등기가 경료 된 경우 그 소유명의자를 상대로 각 공유자에게 해당 지분별로 진정명의회복을 원인으로 한 소유권이전등기를 이행할 것을 단독으로 청구할 수 있다.

④ 과반수 지분의 공유자라 하더라도 다른 공유자와 사이에 협의를 하지 아니한 채 자신이 그 공유물의 특정 부분을 배타적으로 사용·수익하기로 정할 수는 없다.

> **✔해설** ① 제267조
> ② 제263조
> ③ 부동산의 공유자 중 한 사람은 공유물에 대한 보존행위로서 그 공유물에 관한 원인무효의 등기 전부의 말소를 구할 수 있고, 진정명의회복을 원인으로 한 소유권이전등기청구권과 무효등기의 말소청구권은 어느 것이나 진정한 소유자의 등기명의를 회복하기 위한 것으로서 실질적으로 그 목적이 동일하고 두 청구권 모두 소유권에 기한 방해배제청구권으로서 그 법적 근거와 성질이 동일하므로, 공유자 중 한 사람은 공유물에 경료된 원인무효의 등기에 관하여 각 공유자에게 해당 지분별로 진정명의회복을 원인으로 한 소유권이전등기를 이행할 것을 단독으로 청구할 수 있다(대판 2005.9.29. 2003다40651).
> ④ 부동산에 관하여 과반수 공유지분을 가진 자는 공유자 사이에 공유물의 관리방법에 관하여 협의가 미리 없었다 하더라도 공유물의 관리에 관한 사항을 단독으로 결정할 수 있으므로 공유토지에 관하여 과반수지분권을 가진 자가 그 공유토지의 특정된 한 부분을 배타적으로 사용수익할 것을 정하는 것은 공유물의 관리방법으로서 적법하다(대판 1991.9.24. 88다카33855).

26 다음 중 합유에 관한 설명 중 옳은 것은?

① 합유자의 권리, 즉 지분은 합유물 전체에 미친다.

② 권리능력 없는 사단의 재산소유형태는 합유이다.

③ 합유물의 보존행위에는 합유자 전원의 동의가 있어야 한다.

④ 합유자는 합유물의 분할청구를 자유로이 할 수 있다.

> **✔해설** ① 제271조 제1항
> ② 권리능력 없는 사단의 재산 소유 형태는 총유이다(제275조).
> ③ 합유물에 대한 보존행위는 각자가 할 수 있다(제272조 단서).
> ④ 합유는 공유와 달리 분할청구를 할 수 없다(제273조 제2항).

27 공유에 관한 설명으로 옳지 않은 것은?

① 공유는 1개의 소유권이 분량적으로 분할되어 수인에게 속하는 상태라는 것이 통설이다.
② 공유물에 대한 보존행위는 공유자 각자 할 수 있다.
③ 공유자는 지분에 대하여만 공유물을 사용·수익할 수 있다.
④ 공유자의 지분은 평등한 것으로 추정된다.

> **✔ 해설**　① 양적 분할설이다.
> ② 공유물의 관리에 관한 사항은 공유자의 지분과 과반수로 결정하지만, 보존행위는 각자가 할 수 있다(제265조).
> ③ 공유자는 공유물 전부에 대하여 지분의 비율에 따라 사용·수익할 수 있다(제263조).
> ④ 당사자의 약정이나 법률의 규정이 없어 불분명한 경우에는 균등한 것으로 추정된다(제262조 제2항).

28 다음 중 공유의 지분에 관한 설명으로 옳지 않은 것은?

① 공유지분의 처분은 원칙적으로 다른 공유자의 동의가 필요하다.
② 통설은 지분양도금지의 특약은 공유자 간에만 채권적 효력을 갖는다고 한다.
③ 다른 공유자 또는 제3자가 공유물에 대하여 침해를 하는 경우 공유자는 단독으로 공유물 전부에 대한 반환을 청구할 수 있다.
④ 공유자가 지분을 포기하거나 상속인 없이 사망한 때에는 그 지분은 다른 공유자에게 각 지분의 비율로 귀속한다.

> **✔ 해설**　① 공유지분은 하나의 소유권과 같은 성질을 가지기 때문에 공유자는 자신의 지분을 자유로이 처분할 수 있으며, 이에는 다른 공유자의 동의가 필요하지 않다.
> ② 등기할 수 없기 때문에 대외적 효력을 가지지 않는다.
> ③ 통설과 판례의 견해이다.
> ④ 공유지분의 탄력성에 대한 설명이다.

Answer　25.④　26.①　27.③　28.①

29 공유자 간의 공유관계에 관한 설명으로 옳지 않은 것은?

① 공유물의 처분·변경은 공유자 전원의 동의가 있어야 한다.
② 공유물의 보존행위와 관리행위는 각자가 단독으로 할 수 있다.
③ 공유자 간의 지분은 설정행위 및 법률의 규정에 의하여 명확하지 아니한 경우 균등한 것으로 추정한다.
④ 공유자가 관리비용 기타 의무이행을 1년 이상 지체하는 때에는 각 공유자가 지분매수청구권을 행사할 수 있다.

> ✔해설 ② 공유물의 보존행위는 각자가 단독으로 할 수 있으나, 관리행위는 공유자의 지분의 과반수로 결정한다(제265조). 여기서 보존행위는 목적물의 멸실·훼손을 방지하고 유지하는 행위를 말한다.
> ④ 제266조 제2항. 지분매수청구권에 관하여 통설은 형성권이라고 한다. 따라서 상대방의 동의를 요하지 않는다.

30 공유물의 분할에 관한 다음 설명 중 옳지 않은 것은?

① 공유자는 5년 내의 기간으로 공유물을 분할하지 아니할 것을 약정할 수 있다.
② 통설과 판례는 분할청구권을 형성권으로 본다.
③ 공유물의 분할은 현물분할을 원칙으로 한다.
④ 분할에 의하여 그 가액이 현저히 감소될 경우에는 가격배상에 의한 분할이 인정된다.

> ✔해설 ① 공유물의 분할은 원칙적으로 자유이나, 5년 내의 기간으로 분할하지 아니할 것을 약정할 수 있다(제268조 제1항).
> ③④ 분할은 현물분할이 원칙이지만, 성질상 현물분할을 할 수 없거나 분할로 인하여 현저히 그 가액이 감소될 우려가 있는 경우에는 공유물을 경매하며 분할한다(제269조 제2항).

31 다음 설명 중 옳지 않은 것은? (판례에 의함)

① 소유권 이외의 재산권에도 공동소유가 인정된다.
② 법인 아닌 사단의 공동소유의 형태는 총유이다.
③ 조합의 특별사무에 대한 업무집행은 원칙적으로 업무집행 조합원의 과반수로써 결정한다.
④ 총유물의 보존행위는 각자 단독으로 가능하다.

> ✔해설 총유물의 관리·처분은 명문의 규정으로 사원총회의 결의에 의하도록 하고 있으나(제276조 제1항), 보존행위에 관하여는 규정이 없다. 이에 관해 판례는 "총유물의 보존에 있어서는 공유물의 보존에 관한 민법 제265조의 규정이 적용될 수 없고, 특별한 사정이 없는 한 민법 제276조 제1항 소정의 사원총회의 결의를 거쳐야 하고 이는 그 총유재산에 대한 보존행위로서 대표자의 이름으로 소송행위를 하는 경우라 할지라도 정관에 달리 규정하고 있다는 등의 특별한 사정이 없는 한 그대로 적용된다(대판 1994.10.25, 94다28437)."고 하여 보존행위도 사원총회의 결의에 의하도록 하고 있다.

32 구분소유적 공유관계에 관한 설명 중 틀린 것은? (판례에 의함)

① 구분소유적 공유관계의 법적 성질은 상호명의신탁관계이다.

② 구분소유적 공유관계에 있어서 각 공유자는 자신의 특정 구분부분을 단독으로 처분하고 이에 해당하는 공유지분등기를 자유로이 이전할 수 있다.

③ 구분소유적 공유관계는 공유물분할의 방법으로 해소할 수 있다.

④ 구분소유적 공유관계가 해소되는 경우, 쌍방의 지분소유권이전등기의무는 동시이행의 관계에 있다.

> ✔ 해설 ① 1동의 건물 중 위치 및 면적이 특정되고 구조상·이용상 독립성이 있는 일부분씩을 2인 이상이 구분소유하기로 하는 약정을 하고 등기만은 편의상 각 구분소유의 면적에 해당하는 비율로 공유지분등기를 하여 놓은 경우, 구분소유자들 사이에 공유지분등기의 상호명의신탁관계 내지 건물에 대한 구분소유적 공유관계가 성립하지만, 1동 건물 중 각 일부분의 위치 및 면적이 특정되지 않거나 구조상·이용상 독립성이 인정되지 아니한 경우에는 공유자들 사이에 이를 구분소유하기로 하는 취지의 약정이 있다 하더라도 일반적인 공유관계가 성립할 뿐, 공유지분등기의 상호명의신탁관계 내지 건물에 대한 구분소유적 공유관계가 성립한다고 할 수 없다(대판2014.2.27. 2011다42430).
> ② 토지의 각 특정 부분을 구분하여 소유하면서 상호명의신탁으로 공유등기를 거친 경우 그 토지가 분할되면 분할된 각 토지에 종전토지의 공유등기가 전사되어 상호명의신탁관계가 그대로 존속되고, 구분소유적 공유관계에 있어서 각 공유자 상호간에는 각자의 특정 구분부분을 자유롭게 처분함에 서로 동의하고 있다고 볼 수 있으므로, 공유자 각자는 자신의 특정 구분부분을 단독으로 처분하고 이에 해당하는 공유지분등기를 자유로이 이전할 수 있다(대판 2009.10.15. 2007다83632).
> ③ 구분소유적 공유관계에서 건물의 특정 부분을 구분소유하는 자는 그 부분에 대하여 신탁적으로 지분등기를 가지고 있는 자를 상대로 하여 그 특정 부분에 대한 명의신탁 해지를 원인으로 한 지분이전등기절차의 이행을 구할 수 있을 뿐 그 건물 전체에 대한 공유물분할을 구할 수는 없다(대판 2010.5.27. 2006다84171).
> ④ 구분소유적 공유관계가 해소되는 경우 공유지분권자 상호간의 지분이전등기의무는 그 이행상 견련관계에 있다고 봄이 공평의 관념 및 신의칙에 부합하고, 또한 각 공유지분권자는 특별한 사정이 없는 한 제한이나 부담이 없는 완전한 지분소유권이전등기의무를 지므로, 그 구분소유권 공유관계를 표상하는 공유지분에 근저당권설정등기 또는 압류, 가압류등기가 경료되어 있는 경우에는 그 공유지분권자로서는 그러한 각 등기도 말소하여 완전한 지분소유권이전등기를 해 주어야 한다. 따라서 구분소유적 공유관계가 해소되는 경우 쌍방의 지분소유권이전등기의무와 아울러 그러한 근저당권설정등기 등의 말소의무 또한 동시이행의 관계에 있다. 그리고 구분소유적 공유관계에서 어느 일방이 그 명의신탁을 해지하고 지분소유권이전등기를 구함에 대하여 상대방이 자기에 대한 지분소유권이전등기 절차의 이행이 동시에 이행되어야 한다고 항변하는 경우, 그 동시이행의 항변에는 특별한 사정이 없는 한 명의신탁 해지의 의사표시가 포함되어 있다고 보아야 한다(대판 2008.6.26. 2004다32992).

33 공유관계에 관한 설명으로 옳지 않은 것은?

① 공유관계에 기한 방해배제청구는 언제나 공동으로 하여야 한다.

② 지분에 기한 방해배제청구는 언제나 공동으로 하여야 한다.

③ 공유자 사이에 이미 분할에 관한 협의가 성립된 경우에 이에 관한 다툼이 있다면 재판상의 분할청구를 할 수는 있다는 것이 판례이다.

④ 공유자는 다른 공유자가 분할로 인하여 취득한 물건에 대하여 그 지분의 비율로 매도인과 동일한 담보책임을 진다.

> ✔ 해설 ③ 협의에 의한 공유관계 분할이 성립한 경우에는 이에 관하여 협조하지 않거나 다툼이 있다고 하여 이를 다시 소로써 분할을 청구하거나 공유물 분할의 소를 유지함은 허용되지 않는다(대판 1995.1.12. 94다30348).
> ④ 공유물의 분할에 의하여 지분의 교환 또는 매매가 있게 되므로 이에 의한 공평한 책임분담이다.

Answer 29.② 30.④ 31.④ 32.③ 33.③

34 판례에 따를 때 다음 중 총유물의 관리·처분행위에 해당하는 것은?

① 종중이 그 소유 토지의 매매를 중개한 중개업자에게 중개수수료를 지급하기로 하는 약정을 체결하는 행위
② 주택건설촉진법에 의하여 설립된 재건축조합이 재건축사업의 시행을 위하여 설계용역계약을 체결하는 행위
③ 비법인사단이 총회의 결의에 따라 총유물에 관한 매매계약을 체결한 경우, 비법인사단의 대표자가 그 매매계약에 따라 발생한 채무에 대하여 소멸시효 중단의 효력이 있는 승인을 하는 행위
④ 종중 소유의 토지에 대한 수용보상금을 분배하는 행위

> ✔ 해설 ① 종중은 민법상의 비법인사단에 해당하고, 민법 제275조, 제276조 제1항이 총유물의 관리 및 처분에 관하여는 정관이나 규약에 정한 바가 있으면 그에 의하고 정관이나 규약에서 정한 바가 없으면 사원총회의 결의에 의하도록 규정하고 있으므로, 이러한 절차를 거치지 아니한 총유물의 관리·처분행위는 무효라 할 것이나, 위 법조에서 말하는 총유물의 관리 및 처분이라 함은 총유물 그 자체에 관한 이용·개량행위나 법률적·사실적 처분행위를 의미하는 것이므로, 피고 종중이 그 소유의 이 사건 토지의 매매를 중개한 중개업자에게 중개수수료를 지급하기로 하는 약정을 체결하는 것은 총유물 그 자체의 관리·처분이 따르지 아니하는 단순한 채무부담행위에 불과하여 이를 총유물의 관리·처분행위라고 할 수 없다(대판 2003.7.22. 2002다64780, 대판 2007.4.19. 2004다60072,60089 전합).
>
> ② 주택건설촉진법에 의하여 설립된 재건축조합은 민법상의 비법인사단에 해당하고, 총유물의 관리 및 처분에 관하여는 정관이나 규약에 정한 바가 있으면 이에 따라야 하고, 그에 관한 정관이나 규약이 없으면 사원 총회의 결의에 의하여 하는 것이므로 정관이나 규약에 정함이 없는 이상 사원총회의 결의를 거치지 않은 총유물의 관리 및 처분행위는 무효라고 할 것이나, 총유물의 관리 및 처분행위라 함은 총유물 그 자체에 관한 법률적·사실적 처분행위와 이용, 개량행위를 말하는 것으로서 재건축조합이 재건축사업의 시행을 위하여 설계용역계약을 체결하는 것은 단순한 채무부담행위에 불과하여 총유물 그 자체에 대한 관리 및 처분행위라고 볼 수 없다(대판 2003.7.22. 2002다64780).
>
> ③ 비법인사단의 사원총회가 그 총유물에 관한 매매계약의 체결을 승인하는 결의를 하였다면, 통상 그러한 결의에는 그 매매계약의 체결에 따라 발생하는 채무의 부담과 이행을 승인하는 결의까지 포함되었다고 봄이 상당하므로, 그 매매계약에 의하여 부담하고 있는 채무의 존재를 인식하고 있다는 뜻을 표시하는 데 불과한 소멸시효 중단사유로서의 승인은 총유물 그 자체의 관리·처분이 따르는 행위가 아니어서 총유물의 관리·처분행위라고 볼 수 없다.(대판 2009.11.26. 2009다64383)
>
> ④ 비법인사단인 종중의 토지에 대한 수용보상금은 종원의 총유에 속하고, 위 수용보상금의 분배는 총유물의 처분에 해당하므로 정관 기타 규약에 달리 정함이 없는 한 종중총회의 분배결의가 없으면 종원이 종중에 대하여 직접 분배청구를 할 수 없으나, 종중 토지에 대한 수용보상금을 종원에게 분배하기로 결의하였다면, 그 분배대상자라고 주장하는 종원은 종중에 대하여 직접 분배금의 청구를 할 수 있다(대판 1994.4.26. 93다32446).

35 종중 등에 관한 설명 중 옳지 않은 것은? (판례에 의함)

① 공동선조와 성과 본을 같이 하는 후손은 성별의 구별 없이 성년이 되면 당연히 그 구성원이 되므로 종중 족보에 종중원으로 등재된 성년 여성들에게 소집통지를 하지 않고 개최된 종중 임시총회에서의 결의는 무효이다.

② 종중원들이 종중 재산의 관리 또는 처분 등을 위하여 종중의 규약에 따른 적법한 소집권자 또는 일반 관례에 따른 종중총회의 소집권자인 종중의 연고항존자에게 필요한 종중의 임시총회의 소집을 요구하였으나 그 소집권자가 정당한 이유 없이 이에 응하지 아니하는 경우에는 차석 또는 발기인이 소집권자를 대신하여 그 총회를 소집할 수 있다.

③ 부동산 실권리자명의 등기에 관한 법률 제8조 제1호에 의하면, 종중이 보유한 부동산에 관한 물권을 종중 외의 자의 명의로 등기한 경우 조세포탈, 강제집행의 면탈 또는 법령상 제한의 회피를 목적으로 하지 아니하는 이상 명의신탁약정을 무효로 하는 부동산 실권리자명의 등기에 관한 법률 제4조의 적용이 배제되는바, 위 제8조 제1호의 종중에는 공동선조의 후손 중 특정 지역 거주자나 지파 소속 종중원만으로 조직체를 구성하여 활동하는 종중 유사의 비법인 사단도 포함된다.

④ 종중 소유의 재산은 종중원의 총유에 속하므로 그 관리 및 처분에 관하여 먼저 종중 규약에 정하는 바가 있으면 이에 따라야 하고, 그에 관한 종중 규약이 없으면 종중총회의 결의에 의하여야 하므로 비록 종중 대표자에 의한 종중 재산의 처분이라고 하더라도 그러한 절차를 거치지 아니한 채 한 행위는 무효이다.

✓해설 ① 종중 총회를 개최함에 있어서는, 특별한 사정이 없는 한 족보 등에 의하여 소집통지 대상이 되는 종중원의 범위를 확정한 후 국내에 거주하고 소재가 분명하여 통지가 가능한 모든 종중원에게 개별적으로 소집통지를 함으로써 각자가 회의와 토의 및 의결에 참가할 수 있는 기회를 주어야 하므로, 일부 종중원에 대한 소집통지 없이 개최된 종중 총회에서의 결의는 그 효력이 없다. 대법원 2005.7.21. 선고 2002다1178 전원합의체 판결 이후에는 공동 선조의 자손인 성년 여자도 종중원이므로, 종중 총회 당시 남자 종중원들에게만 소집통지를 하고 여자 종중원들에게 소집통지를 하지 않은 경우 그 종중 총회에서의 결의는 효력이 없다(대판 2010.2.11. 2009다83650).

② 종중원들이 종중 재산의 관리 또는 처분 등을 위하여 종중의 규약에 따른 적법한 소집권자 또는 일반 관례에 따른 종중총회의 소집권자인 종중의 연고항존자에게 필요한 종중의 임시총회의 소집을 요구하였음에도 그 소집권자가 정당한 이유 없이 이에 응하지 아니하는 경우에는 차석 또는 발기인(위 총회의 소집을 요구한 발의자들)이 소집권자를 대신하여 그 총회를 소집할 수 있는 것이고, 반드시 민법 제70조를 준용하여 감사가 총회를 소집하거나 종원이 법원의 허가를 얻어 총회를 소집하여야 하는 것은 아니다(대판 2011.2.10. 2010다82639).

③ 부동산 실권리자명의 등기에 관한 법률(이하 '부동산실명법'이라 한다) 제8조 제1호에 의하면 종중이 보유한 부동산에 관한 물권을 종중 이외의 자의 명의로 등기하는 명의신탁의 경우 조세포탈, 강제집행의 면탈 또는 법령상 제한의 회피를 목적으로 하지 아니하는 경우에는 같은 법 제4조 내지 제7조 및 제12조 제1항·제2항의 규정의 적용이 배제되도록 되어 있는바, 부동산실명법의 제정목적, 위 조항에 의한 특례의 인정취지, 다른 비법인 사단과의 형평성 등을 고려할 때 위 조항에서 말하는 종중은 고유의 의미의 종중만을 가리키고, 종중 유사의 비법인 사단은 포함하지 않는 것으로 봄이 상당하다(대판 2007.10.25. 2006다14165).

④ 대판 2000.10.27. 2000다22881

CHAPTER

05

용익물권

01 지상권

1 다음 중 경매청구권이 인정되지 아니하는 물권은?

① 유치권 ② 동산질권
③ 전세권 ④ 지상권

 해설 지상권은 용익물권이므로 담보권 실행으로서의 경매청구가 인정되지 않는다.

2 목적물에 대하여 경매를 청구할 수 있는 자가 아닌 것은?

① 질권자 ② 전세권자
③ 지상권자 ④ 유치권자

해설 ① 질권자는 채권의 변제를 받기 위하여 질물을 경매할 수 있다.
② 전세권 설정자가 전세금의 반환을 지체한 때에는 전세권자는 민사집행법의 정한 바에 의하여 전세권의 목적물의 경매를 청구할 수 있다.
④ 유치권자는 채권의 변제를 받기 위하여 유치물을 경매할 수 있다.

3 지상권에 관한 설명 중 옳지 않은 것은?

① 지상권자는 그 권리를 양도할 수 있다.
② 지상권자는 지상권의 존속기간 중 그 토지를 임대할 수는 없다.
③ 지상권자가 2년 이상의 지료를 지급하지 아니한 때에는 지상권 설정자는 지상권의 소멸을 청구할 수 있다.
④ 지상권의 존속기간이 경과한 후 건물이 현존한 때에는 지상권자는 계약의 갱신을 청구할 수 있다.

> ✔해설 임차인은 임대인의 동의 없이 그 권리를 양도하거나 임차물을 전대하지 못한다. 그러나 지상권자는 타인에게 그 권리를 양도하거나 그 권리의 존속기간 내에서 그 토지를 임대할 수 있다〈제282조〉.

4 지상권에 관한 다음 설명 중 옳지 않은 것은?

① 지상권자는 지상물 수거의무를 진다.
② 지상권자는 지상권을 자유로이 양도할 수 있다.
③ 지료의 지급은 지상권 성립의 요건이다.
④ 지상권자는 그 권리의 존속기간 안에서 그 토지를 임대할 수 있다.

> ✔해설 토지사용의 대가인 지료의 지급은 지상권의 성립요소가 아니라는 점이 임대차〈제618조〉와 다르다.

5 지상권과 토지임차권의 차이점을 비교한 것으로 옳지 않은 것은?

① 지상권 설정자는 권리자에게 적극적 의무를 부담하지만 임차권 설정자는 소극적 의무를 부담한다.
② 지상권은 등기가 성립의 요건임에 반해 임차권은 등기청구권을 가질 수는 있으나 임차권 성립의 요건은 아니다.
③ 토지임차권은 토지사용목적의 제한을 받지 않는다는 점에서 일정한 제한을 받는 지상권과 구별된다.
④ 지상권은 최단기간의 제한이 있지만 임차권은 최장기간의 제한이 있다.

> ✔해설 ① 지상권 설정자는 소극적인 용인의 의무를 가지나, 임차권 설정자는 토지를 사용에 적합한 상태로 유지할 적극적 의무를 부담한다.
> ③ 지상권은 건물 기타 공작물이나 수목의 소유를 목적으로 한다.
> ④ 지상권은 그 목적물에 따라 30년·15년·5년의 최단존속기간이 있지만, 임차권은 20년의 최장기간의 제한이 있다.

Answer 1.④ 2.③ 3.② 4.③ 5.①

6 지상권의 존속기간에 관한 설명 중 옳지 않은 것은?

① 석조, 석회조, 연와조 또는 이와 유사한 견고한 건물이나 수목의 소유를 목적으로 하는 때에는 30년보다 짧은 기간을 약정하지 못한다.

② 건물 이외의 공작물의 소유를 목적으로 하는 경우 존속기간을 정하지 않았으면 5년을 존속기간으로 한다.

③ 지상권 설정시 지상물의 종류를 정하지 않은 경우에는 10년을 최단존속기간으로 한다.

④ 지상권의 존속기간을 영구로 약정하는 것도 가능하다.

✔ 해설 지상권의 최단기간에 관한 민법 제280조의 규정은 그보다 짧은 기간을 지상권의 존속기간으로 해서는 안 된다는 것이고, 제281조의 규정은 존속기간을 정하지 아니한 경우에 제280조의 최단기간을 지상권의 존속기간으로 본다는 것이다.
③ 지상권 설정시 지상물의 종류를 정하지 아니한 경우에는 제280조 제1항 제2호에 의하여 일반적인 건물로 보고 15년의 최단기간을 적용한다고 규정하고 있다.
④ 대판 2001.5.29, 99다66410

7 지상권의 효력에 대한 설명으로 옳지 않은 것은?

① 지상권자는 설정행위에서 정한 목적의 범위 내에서 토지를 사용할 권리가 있다.

② 지료증감청구에 대해 상대방이 다투는 경우 이에 대한 법원의 결정은 그때부터 효력이 있다.

③ 지상물을 양도하는 경우 지상권도 함께 처분한 것으로 본다.

④ 상린관계에 관한 규정이 준용된다.

✔ 해설 ② 지료증감청구권은 형성권이나 법원의 결정은 확인의 의미를 가지므로 당사자가 청구한 때에 소급하여 효력이 생긴다.
③ 그러나 지상권도 등기하여야 효력이 생김은 물권변동의 일반원리와 같다.

8 지상권의 소멸 및 갱신 등에 관한 설명으로 옳지 않은 것은?

① 지상권이 소멸한 경우에 지상물이 현존하는 때에는 계약의 갱신을 청구할 수 있다.

② 지상권 설정자가 계약의 갱신을 원하지 않는 경우는 지상물의 매수를 청구할 수 있다.

③ 지상권의 갱신청구권 및 지상물의 매수청구권은 형성권이다.

④ 지상권자가 2년간의 지료연체로 지상권소멸청구를 당한 경우에는 매수청구권을 행사할 수 없다.

✔ 해설 ① 제283조 제1항
② 제283조 제2항
③ 지상권자가 갱신청구권을 행사하더라도 당연히 갱신되는 것은 아니며 설정자가 이에 응해야 하는 의무가 있는 것도 아니므로, 갱신청구권은 형성권도 청구권도 아니다. 이에 반해 지상물의 매수청구권은 형성권으로서 지상권자의 청구에 의해 효력이 발생한다.
④ 대판 1993.6.29, 93다10781

9 지상권 및 구분지상권에 관한 다음 설명 중 옳지 않은 것은?

① 지하 또는 지상의 공간은 상하의 범위를 정하여 건물 기타 공작물 또는 수목을 소유하기 위해 구분지상권을 설정할 수 있다.
② 구분지상권은 목적이 되는 부분을 제외하고는 타인이 토지를 이용할 수 있다.
③ 구분지상권은 반드시 토지의 상하의 범위를 정하여 등기하여야 한다.
④ 구분지상권은 일반 지상권과 양적인 차이만 있을 뿐이므로 일반 지상권에 관한 규정이 준용된다.

 해설 지상권과 구분지상권은 성질상의 차이는 없다. 따라서 지상권의 규정이 구분지상권에 준용되지만, 개념적으로는 규정상 상하의 범위를 정하는 것과 수목의 소유를 목적으로 설정할 수 없는 점에서 차이가 있다.

10 법정지상권에 관한 다음 설명 중 가장 옳지 않은 것은? (다툼이 있는 경우 판례에 의함)

① 지상건물이 없는 토지에 관하여 저당권이 설정될 당시 근저당권자가 토지소유자에 의한 건물의 건축에 동의하였다고 하더라도 민법 제366조의 법정지상권은 성립될 수 없다.
② 동일인의 소유에 속하는 토지 및 그 지상 건물에 관하여 공동저당권이 설정된 후 그 지상 건물이 철거되고 새로 건물이 신축된 경우, 특별한 사정이 없는 한, 저당물의 경매로 인하여 토지와 그 신축건물이 다른 소유자에 속하게 되더라도 그 신축건물을 위한 민법 제366조의 법정지상권은 성립하지 않는다.
③ 미등기건물을 대지와 함께 소유하고 있던 매도인이 미등기건물과 대지를 함께 매수인에게 매도하였으나, 대지에 관하여만 매수인 앞으로 소유권이전등기가 경료되고, 미등기건물에 관하여는 매수인 앞으로 등기가 경료되지 아니한 경우, 매도인에게 건물을 위한 관습상의 법정지상권은 성립하지 않는다.
④ 법정지상권은 건물의 소유에 부속되는 종속적인 권리로서 건물의 소유권이전등기로 갈음하여 공시되는 것이므로, 법정지상권을 취득한 건물소유자가 법정지상권의 처분에 따른 이전등기 없이 건물의 소유권이전등기만을 건물매수인에게 이전한 경우에도 건물매수인은 법정지상권을 취득한다.

 해설 ① 대판 2003.9.5. 2003다26051
② 대판 2003.12.18. 98다43601 전합
③ 대판 2002.6.20. 2002다9660 전합
④ 법정지상권을 취득한 건물소유자가 법정지상권의 설정등기를 경료함이 없이 건물을 양도하는 경우에는 특별한 사정이 없는 한 건물과 함께 지상권도 양도하기로 하는 채권적 계약이 있었다고 할 것이므로 법정지상권자는 지상권설정등기를 한 후에 건물양수인에게 이의 양도등기절차를 이행하여 줄 의무가 있는 것이고 따라서 건물양수인은 건물양도인을 순차대위하여 토지소유자에 대하여 건물소유자였던 최초의 법정지상권자에의 법정지상권설정등기절차이행을 청구할 수 있다(대판 1988.9.27. 87다카279).

11 분묘기지권에 대한 판례의 태도로 볼 수 없는 것은?

① 토지 소유자의 승낙이 없더라도 20년간 평온·공연하게 점유하여 시효취득할 수 있다.

② 분묘기지권은 분묘의 보호 및 제사에 필요한 주위의 토지부분에도 미친다.

③ 평장·암장의 형태는 분묘라 할 수 없고, 외부에서 인식할 수 있는 경우에는 등기는 필요 없다.

④ 존속기간에 관해서는 지상권의 규정이 유추적용된다.

> ✔ 해설 ① 대판 1969.1.28, 68다1927
> ② 대판 1959.10.8, 4291민상770
> ③ 대판 1996.6.14, 96다14036
> ④ 분묘기지권의 존속기간에 관하여는 민법의 지상권에 관한 규정에 따를 것이 아니라 당사자 사이에 약정이 있는 등 특별한 사정이 있으면 그에 따를 것이며, 그러한 사정이 없는 경우에는 권리자가 분묘의 수호와 봉사를 계속하며 그 분묘가 존속하고 있는 동안은 분묘기지권은 존속한다고 해석함이 타당하므로 민법 제281조에 따라 5년간이라고 보아야 할 것은 아니다(대판 1994.8.26, 94다28970).

12 관습법상의 지상권에 관한 다음 설명 중 판례와 일치하지 않는 것은?

① 대지 소유자는 관습법상의 법정지상권이 있는 건물의 양수인에 대하여 그 소유권에 기해 건물철거 및 대지인도를 청구할 수 없다.

② 법정지상권자가 그 대지를 점유·사용함으로써 얻은 이득은 부당이득으로 대지 소유자에게 반환할 의무가 있다.

③ 관습법상의 법정지상권이 성립한 후에 지상건물을 증축한 경우라면 이에 관해서까지 법정지상권을 주장할 수는 없다.

④ 환지에 의해 동일인 소유의 대지와 건물이 다른 이의 소유가 되었더라도 환지된 토지의 소유자가 관습법상의 법정지상권의 부담을 안게 된다고 할 수 없다.

> ✔ 해설 ① 대판 1985.4.9, 84다카1131
> ② 대판 1997.12.26, 96다34665
> ③ 관습법상의 법정지상권이 성립된 토지에 대하여는 법정지상권자가 건물의 유지 및 사용에 필요한 범위를 벗어나지 않는 한 그 토지를 자유로이 사용할 수 있는 것이므로, 지상건물이 법정지상권이 성립한 이후에 증축되었다 하더라도 그 건물이 관습법상의 법정지상권이 성립하여 법정지상권자에게 점유·사용할 권한이 있는 토지 위에 있는 이상 이를 철거할 의무는 없다(대판 1995.7.28, 95다9075).
> ④ 대판 2001.5.8, 2001다4101

13 다음 설명 중 가장 옳지 않은 것은? (다툼이 있는 경우 판례에 의함)

① 근저당권 등 담보권 설정의 당사자들이 그 목적이 된 토지 위에 차후 용익권이 설정되거나 건물 또는 공작물이 축조·설치되는 등으로써 그 목적물의 담보가치가 저감하는 것을 막는 것을 주요한 목적으로 하여 채권자 앞으로 아울러 지상권을 설정하였다면, 그 피담보채권이 변제 등으로 만족을 얻어 소멸한 경우는 물론이고 시효소멸한 경우에도 그 지상권은 피담보채권에 부종하여 소멸한다.

② 토지에 관하여 저당권이 설정될 당시 토지 소유자에 의하여 그 지상에 건물을 건축 중이었던 경우 그 것이 사회관념상 독립된 건물로 볼 수 있는 정도에 이르지 않았다 하더라도 건물의 규모·종류가 외형상 예상할 수 있는 정도까지 건축이 진전되어 있었고, 그 후 경매절차에서 매수인이 매각대금을 다 낸 때까지 최소한의 기둥과 지붕 그리고 주벽이 이루어지는 등 독립된 부동산으로서 건물의 요건을 갖추면 법정지상권이 성립하며, 그 건물이 미등기라 하더라도 법정지상권의 성립에는 아무런 지장이 없다.

③ 강제경매의 목적이 된 토지 또는 그 지상 건물의 소유권이 강제경매로 인하여 그 절차상 매수인에게 이전된 경우, 건물 소유를 위한 관습상 법정지상권의 성립 요건인 '토지와 그 지상 건물이 동일인 소유에 속하였는지'를 판단하는 기준 시기는 매각 당시를 기준으로 하여야 한다.

④ 지상권자는 지상권을 유보한 채 지상물 소유권만을 양도할 수도 있고 지상물 소유권을 유보한 채 지상 권만을 양도할 수도 있는 것이어서 지상권자와 그 지상물의 소유권자가 반드시 일치하여야 하는 것은 아니며, 또한 지상권설정시에 그 지상권이 미치는 토지의 범위와 그 설정 당시 매매되는 지상물의 범위 를 다르게 하는 것도 가능하다.

✔ **해설** ① 대판 2011.4.14. 2011다6342
② 대판 1992.6.12. 92다7221
③ 강제경매의 목적이 된 토지 또는 그 지상 건물의 소유권이 강제경매로 인하여 그 절차상의 매수인에게 이전된 경우에 건물의 소유를 위한 관습상 법정지상권이 성립하는가 하는 문제에 있어서는 매각대금의 완납시가 아니라 그 압류의 효력이 발생하는 때를 기준으로 하여 토지와 그 지상 건물이 동일인에 속하였는지가 판단되어야 한다(대판 2012.10.18 2010다52140 전합).
④ 대판 2006.6.15. 2006다6126·6133

14 토지와 건물을 별개의 부동산으로 취급하고 있는 우리 법제상, 판례는 광범위하게 관습법상의 법정지상권을 인정하고 있다. 이의 성립요건으로 옳지 않은 것은?

① 토지와 건물의 소유자가 다르더라도 대지 소유자의 승낙을 얻어 건물을 매수한 자는 법정지상권을 취득할 수 있다.

② 동일인의 소유에 속하는 한 미등기 건물이나 무허가 건물이더라도 법정지상권을 취득한다.

③ 당사자 사이에 건물철거 등의 특약이 없어야 한다.

④ 등기는 요구하지 않으나 처분하려면 반드시 등기를 하여야 한다.

> **✔해설**
> ① 판례는 대지 소유자의 승낙을 얻어 건물을 매수한 자는 법정지상권을 취득할 수 없다고 한다(대판 1971.12.28, 71다2124).
> ② 대판 1988.4.12, 87다카2404
> ③ 또한 당사자 사이에 대지에 관한 임대차계약을 체결하였다면 법정지상권은 포기한 것으로 본다.
> ④ 제187조

02 지역권

15 지역권과 상린관계를 비교한 것으로 옳지 않은 것은?

① 민법은 지역권은 용익물권으로, 상린관계는 소유권의 내용으로 규정하고 있다.

② 지역권은 당사자 간의 설정계약과 등기에 의해 발생하지만 상린관계는 법률의 규정에 의해 당연히 발생한다.

③ 양자 모두 인접하는 토지에 관하여 인정된다는 점은 같다.

④ 지역권은 소멸시효의 대상이 되지만, 상린관계는 소멸시효의 대상이 되지 않는다.

> **✔해설**
> 지역권은 두 개의 어느 토지를 위하여 다른 토지를 이용하는 권리로서 토지의 인접 여부는 문제가 되지 않는 데 비해 상린관계는 인접하는 부동산의 이용관계를 조절하는 기능을 하는 것이다.

16 지역권의 성질이 아닌 것은?

① 부종성
② 불가분성
③ 비배타성
④ 비공용성

> ✔해설 ① 지역권은 요역지에 종속하는 권리로서 요역지와 분리하여 양도하거나 다른 권리의 목적으로 하지 못한다.
> ② 공유자의 1인이 지역권을 취득한 때에는 다른 공유자도 이를 취득한다.
> ③④ 지역권은 토지의 배타적인 이용권이 아니라 상호 간의 이용을 내용으로 할 수 있는 공동이용권이다.

17 지역권의 효력에 대한 설명 중 옳지 않은 것은?

① 용수승역지의 수량이 요역지 및 승역지의 수요에 부족한 때에는 먼저 승역지에 공급하여야 한다.
② 지역권은 토지에 거주하는 사람의 이익을 위한 것이 아니라 토지를 위한 것이다.
③ 승역지의 소유자는 지역권에 필요한 부분의 소유권을 지역권자에게 위기하여 그의 의무를 면할 수 있다.
④ 승역지의 소유자는 지역권의 행사를 방해하지 않는 범위 내에서 승역지에 설치한 공작물을 사용할 수 있다.

> ✔해설 ① 용수승역지의 수량이 부족한 경우에는 먼저 가용에 공급하고, 그 후에 다른 용도에 공급하여야 한다. 그러나 설정행위로 다른 약정이 있는 경우 그 약정에 의한다〈제297조 제1항〉.
> ② 따라서 사람의 이익을 위하여 지역권을 설정할 수는 없다.
> ③ 혼동으로 인하여 지역권은 소멸한다.
> ④ 이 경우 승역지의 소유자는 수익정도의 비율로 공작물의 설치 · 보존의 비용을 분담하여야 한다.

03 전세권

18 전세권에 관한 다음 설명 중 옳지 않은 것은?

① 전세권자는 전세권을 타인에게 양도 또는 담보로 제공할 수 있고 그 존속기간내에서 그 목적물을 타인에게 전전세 또는 임대할 수 있다.

② 타인의 토지에 있는 건물에 전세권을 설정한 때에는 전세권의 효력은 그 건물의 소유를 목적으로 한 지상권 또는 임차권에 미친다.

③ 전세권자가 지출한 유익비에 관하여는 그 가액의 증가가 현존한 경우에 한하여 전세권자의 선택에 좇아 그 지출액이나 증가액의 상환을 청구할 수 있다.

④ 대지와 건물이 동일한 소유자에게 속한 경우, 건물에 대하여 전세권을 설정한 때에는 그 대지 소유권의 특별승계인은 전세권 설정자에 대하여 지상권을 설정한 것으로 본다.

 해설 ① 제306조

② 제304조 제1항

③ 유익비반환청구는 전세권자의 선택이 아니라 소유자의 선택에 따라 그 지출액이나 증가액의 상환을 청구할 수 있다(제310조 제1항).

④ 제305조 제1항 본문

19 전세권의 의의 및 성질에 관한 다음 설명 중 옳지 않은 것은?

① 농경지는 전세권의 목적으로 하지 못한다.

② 전세권의 양도·임대·전전세 등을 금지하는 설정행위는 인정되지 않는다.

③ 목적부동산을 점유하여 그 부동산의 용도에 좇아 사용·수익하는 권리이다.

④ 전세권은 전세금채권과 관련하여 담보물권성을 갖는다.

해설 ① 제303조 제2항

② 전세권도 물권이므로 당연히 양도성을 가지나 당사자의 약정으로 이를 금지할 수는 있다(제306조).

20 민법상 전세권과 임대차를 비교한 설명 중 옳지 않은 것은?

① 전세권은 등기 없이도 제3자에 대항이 가능하지만 임차권은 등기가 필요하다.

② 양자 모두 묵시의 법정갱신이 인정된다.

③ 양자 모두 유익비만 청구할 수 있다.

④ 양자 모두 동의를 얻어 부속시킨 물건의 매수청구를 할 수 있다.

임대차는 임대인이 임차인에 대하여 적극적인 의무를 부담하기 때문에 전세권 설정자가 적극적 의무를 지는 전세권과 차이가 있으며, 이 점에서 임대인은 필요비도 청구할 수 있다(제626조 제1항).

21 다음 설명 중 옳은 것은? (다툼이 있는 경우 판례에 의함)

① 동일한 물건에 대한 소유권과 다른 물권이 동일한 사람에게 귀속한 때에는, 그 다른 물권은 제3자의 권리의 목적이 되었더라도 소멸하게 된다.

② 판결에 의한 부동산에 관한 물권의 취득은 등기를 요하지 아니하므로, 매매를 원인으로 한 소유권이전 등기절차 이행의 소에서의 원고 승소 확정판결을 받으면, 소유권이전등기를 경료하기 전에도 부동산의 소유권을 취득한다.

③ 건물의 일부에 대하여도 물권이 성립될 수 있다.

④ 주위토지통행권이 인정될 경우, 통행권자는 통행지 소유자의 손해를 보상할 의무가 없다.

① 동일한 물건에 대한 소유권과 다른 물권이 동일한 사람에게 귀속한 때에는 다른 물권은 소멸한다. 그러나 그 물권이 제삼자의 권리의 목적이 된 때에는 소멸하지 아니한다(제191조 제1항).
② 본조에서 이른바 판결이라 함은 판결자체에 의하여 부동산물권취득의 형식적 효력이 발생하는 경우를 말하는 것이고 당사자 사이에 이루어진 어떠한 법률행위를 원인으로 하여 부동산소유권이전등기절차의 이행을 명하는 것과 같은 내용의 판결 또는 소유권이전의 약정을 내용으로 하는 화해조서는 이에 포함되지 않는다(대판 1965.8.17. 64다1721).
③ 건물의 일부는 구분소유권(제215조)이나 전세의 객체가 될 수 있다.
④ 주위토지통행권자는 통행지 소유자의 손해를 보상하여야 한다(제219조 제2항).

22 전세권에 관한 다음 설명 중 옳지 않은 것은?

① 모든 전세권의 최장기간은 10년, 최단기간은 1년이다.

② 존속기간의 등기가 없는 때에는 존속기간의 약정이 없는 것으로 취급한다.

③ 존속기간을 정하지 아니한 경우에는 당사자는 언제든지 소멸을 통고할 수 있고, 6월이 경과하면 전세권은 소멸한다.

④ 전세권은 지상권과 마찬가지로 갱신청구권이 인정된다.

① 모든 전세권의 최장기간은 10년이며 10년을 넘는 때에는 10년으로 단축하고(제312조 제1항), 건물의 전세권에 한하여 당사자의 약정기간이 1년 미만인 경우 1년으로 한다(제312조 제2항). 이는 건물 전세권자의 보호를 위한 특별규정이다.
③ 제313조
④ 지상권의 경우와 달리 갱신청구권은 인정되지 않는다.

Answer   18.③ 19.② 20.③ 21.③ 22.④

23 전세권에 관한 설명 중 가장 옳지 않은 것은? (다툼이 있는 경우 판례에 의함)

① 전세권이 존속하는 동안은 전세권을 존속시키기로 하면서 전세금반환채권만을 전세권과 분리하여 확정적으로 양도하는 것은 허용되지 않고, 다만 전세권 존속 중에는 장래에 그 전세권이 소멸하는 경우에 전세금 반환채권이 발생하는 것을 조건으로 그 장래의 조건부 채권을 양도할 수 있다.

② 임대인과 임차인이 임대차계약을 체결하면서 임대차보증금을 전세금으로 하는 전세권설정등기를 경료한 경우 임대차보증금은 전세금의 성질을 겸하게 되므로, 당사자 사이에 다른 약정이 없는 한 임대차보증금 반환의무는 민법 제317조에 따라 전세권설정등기의 말소의무와도 동시이행관계에 있다.

③ 최선순위 전세권자로서의 지위와 주택임대차보호법상 대항력을 갖춘 임차인으로서의 지위를 함께 가지고 있는 사람이 전세권자로서 배당요구를 하여 전세권이 매각으로 소멸된 경우, 변제받지 못한 나머지 보증금에 기하여 대항력을 행사할 수 있다.

④ 주택임대차보호법상 임차인으로서의 지위와 전세권자로서의 지위를 함께 가지고 있는 자가 그 중 임차인으로서의 지위에 기하여 경매법원에 배당요구를 하였다면 배당요구를 하지 아니한 전세권에 관하여도 배당요구가 있는 것으로 볼 수 있다.

✔ 해설 ① 전세권은 전세금을 지급하고 타인의 부동산을 그 용도에 따라 사용·수익하는 권리로서 전세금의 지급이 없으면 전세권은 성립하지 아니하는 등으로 전세금은 전세권과 분리될 수 없는 요소일 뿐 아니라, 전세권에 있어서는 그 설정행위에서 금지하지 아니하는 한 전세권자는 전세권 자체를 처분하여 전세금으로 지출한 자본을 회수할 수 있도록 되어 있으므로 전세권이 존속하는 동안은 전세권을 존속시키기로 하면서 전세금반환채권만을 전세권과 분리하여 확정적으로 양도하는 것은 허용되지 않는 것이며, 다만 전세권 존속 중에는 장래에 그 전세권이 소멸하는 경우에 전세금 반환채권이 발생하는 것을 조건으로 그 장래의 조건부 채권을 양도할 수 있을 뿐이라 할 것이다(대판 2002.8.23. 2001다69122).

② 대판 2011.3.24. 2010다95062

③ 대법원 2010.7.26. 자, 2010마900 결정.

④ 민사집행법 제91조 제3항은 "전세권은 저당권·압류채권·가압류채권에 대항할 수 없는 경우에는 매각으로 소멸된다."라고 규정하고, 같은 조 제4항은 "제3항의 경우 외의 전세권은 매수인이 인수한다. 다만, 전세권자가 배당요구를 하면 매각으로 소멸된다."라고 규정하고 있고, 이는 저당권 등에 대항할 수 없는 전세권과 달리 최선순위의 전세권은 오로지 전세권자의 배당요구에 의하여만 소멸되고, 전세권자가 배당요구를 하지 않는 한 매수인에게 인수되며, 반대로 배당요구를 하면 존속기간에 상관없이 소멸한다는 취지라고 할 것인 점, 주택임차인이 그 지위를 강화하고자 별도로 전세권설정등기를 마치더라도 주택임대차보호법상 임차인으로서 우선변제를 받을 수 있는 권리와 전세권자로서 우선변제를 받을 수 있는 권리는 근거규정 및 성립요건을 달리하는 별개의 권리라고 할 것인 점 등에 비추어 보면, 주택임대차보호법상 임차인으로서의 지위와 전세권자로서의 지위를 함께 가지고 있는 자가 그 중 임차인으로서의 지위에 기하여 경매법원에 배당요구를 하였다면 배당요구를 하지 아니한 전세권에 관하여는 배당요구가 있는 것으로 볼 수 없다(대판 2010.6.24. 2009다40790).

24 전세권자의 권리에 관한 다음 설명 중 옳지 않은 것은?

① 타인의 토지에 있는 건물에 전세권을 설정한 때에는 전세권의 효력은 그 건물의 소유를 목적으로 한 지상권 또는 임차권에 미친다.

② 전세권자는 목적물의 현상을 유지하고 그 통상의 관리에 속한 수선을 하여야 한다.

③ 전세금증감청구권은 형성권이라는 것이 통설이다.

④ 전세권의 처분을 제한하는 설정행위는 유효하지만 제3자에게 대항할 수 없다.

> **✔해설** ① 법정지상권이 인정되는 경우도 있다.
> ② 따라서 전세권 설정자에게 필요비의 상환청구를 할 수 없다.
> ③ 청구권으로 보는 견해도 있다.
> ④ 전세권의 처분을 제한하는 경우 이를 등기함으로써 제3자에게 대항할 수 있다.

25 목적물의 멸실에 의한 전세권의 소멸의 효과에 관한 설명 중 옳지 않은 것은?

① 전부멸실의 경우는 전세권자의 귀책사유를 불문하고 전세권은 당연히 소멸한다.

② 전세권자의 귀책사유에 의한 일부멸실의 경우에 전세권 설정자는 잔존부분으로 목적달성을 할 수 없을 때 전세권 소멸을 청구할 수 있다.

③ 전세권자의 귀책사유에 의해 전부멸실한 경우 전세권 설정자는 손해배상을 청구할 수 있고, 전세금으로 이를 충당하고 잉여가 있으면 반환하여야 하며 부족분은 다시 청구할 수 있다.

④ 불가항력에 의한 멸실인 경우에 전세권자는 손해배상의 책임이 없고, 언제든지 소멸을 통고하고 전세금의 반환을 청구할 수 있다.

> **✔해설** 불가항력에 의한 전부멸실인 경우에는 손해배상책임이 없고, 일부멸실인 경우에는 잔존부분만으로는 목적을 달성할 수 없을 경우에 전세권자는 전세권 전부의 소멸을 통고하고 전세금의 반환을 청구할 수 있다(제314조).

26 전세권 소멸의 효과에 관한 설명으로 옳지 않은 것은?

① 전세권자의 목적부동산의 인도·말소등기에 필요한 서류의 교부와 전세권 설정자의 전세금반환은 동시이행의 관계에 있다.

② 전세권자는 전세금의 반환이 지체되는 경우 경매권이 있으며, 우선변제권도 있다.

③ 부속물매수청구권은 전세권자와 전세권 설정자의 상호 동의가 있었을 경우에만 인정된다.

④ 전세권자는 원상회복의무와 부속물수거의무를 부담하지만 전세권 설정자의 부속물매수청구가 있을 경우에는 정당한 이유 없이 거절하지 못한다.

> **✔ 해설** 부속물매수청구권은 전세권자는 전세권 설정자의 동의가 있거나 그로부터 매수한 경우에 행사할 수 있고, 전세권 설정자는 언제든지 부속물의 청구를 할 수 있는데 전세권자는 정당한 이유 없이 이를 거절하지 못한다.

27 전세권 소멸시 전세권자의 경매권과 관련한 내용으로 옳지 않은 것은?

① 전세권이 선순위인 경우 저당권자가 경매를 신청해도 전세권은 소멸하지 않는다.

② 저당권이 선순위인 경우 전세권자가 경매를 신청해도 저당권은 소멸하지 않는다.

③ 한 개의 부동산 위의 일부에 대해 전세권이 있는 경우 전세권자는 그 일부에 대해서는 경매를 신청할 수 없다.

④ 전세권자가 전세금을 반환받기 위해 전세권에 대한 우선변제권을 실행하지 않고 일반재산에 대해 일반채권자로서 참여할 수는 없다.

> **✔ 해설** ①② 전세권이 선순위인 경우는 저당권자의 경매신청으로 전세권이 소멸하지 않지만, 저당권이 선순위인 경우는 어느 쪽의 경매신청으로도 양자 모두 소멸하고 배당의 순위는 설정등기의 순위에 의한다.
> ③ 우선변제권은 인정될 수 있겠지만 경매신청권은 없다는 것이 판례이다(대판 1992.3.10, 91마256).
> ④ 우선변제권의 행사결과 일부만 배당받은 경우에는 일반재산으로부터 배당을 받을 수 있다.

CHAPTER 06 담보물권

01 유치권

1 유치권에 대한 다음 설명 중 옳지 않은 것은?

① 채무자는 상당한 담보를 제공하고 유치권의 소멸을 청구할 수 있다.
② 유치권자가 유치권을 행사하고 있으면 피담보채권의 소멸시효는 중단된다.
③ 유치권자는 채권전부의 변제를 받을 때까지 유치물전부에 대하여 그 권리를 행사할 수 있다.
④ 유치권자는 유치물의 과실을 수취하여 다른 채권보다 먼저 그 채권의 변제에 충당할 수 있다.

> **✔ 해설**
> ① 제327조
> ② 유치권의 행사는 채권의 소멸시효의 진행에 영향을 미치지 아니한다〈제326조〉.
> ③ 제321조
> ④ 제323조 제1항

2 유치권에 대한 설명 중 옳지 않은 것은?

① 유치권은 부동산에 대하여도 성립할 수 있다.
② 목적물의 점유가 불법행위로 인한 경우에는 유치권이 성립하지 않는다.
③ 일단 유치권이 성립된 이상 점유를 상실하였다고 하여 유치권이 소멸하는 것은 아니다.
④ 유치권자는 매수인에 대하여 그 피담보채권의 변제가 있을 때까지 유치목적물인 부동산의 인도를 거절할 수 있을 뿐이고 그 피담보채권의 변제를 청구할 수는 없다.

> **✔ 해설** 유치권은 점유의 상실로 인하여 소멸한다〈제328조〉.

Answer 26.③ 27.② / 1.② 2.③

3 민법상 규정하고 있는 물적 담보제도의 공통된 성질이 아닌 것은?

① 불가분성
② 수반성
③ 물상대위성
④ 부종성

> ✔해설 물상대위성은 우선변제적 효력이 있는 담보물권에만 인정되는 것으로 유치권에는 인정되지 않는다.
> ※ 담보물권의 공통된 성질
> ㉠ 불가분성 : 피담보채권의 전부에 대한 변제가 있을 때까지 목적물 전부에 대해 그 효력이 미치는 성질
> ㉡ 부종성 : 피담보채권의 존재를 전제로 하는 성질
> ㉢ 수반성 : 피담보채권의 변경 및 이전에 따라 같이 하는 성질
> ㉣ 물상대위성 : 담보물권의 목적물에 멸실 등의 사유가 생겨 그에 갈음하는 금전 기타의 물건으로 대체된 경우 이에 대하여도 담보물권은 존속한다는 성질

4 유치권과 동시이행의 항변권을 비교한 것으로 옳지 않은 것은?

① 공평의 이념에 근거를 두고 있다는 점에서 공통된다.
② 유치권은 발생원인을 불문하나 동시이행의 항변권은 원칙적으로 쌍무계약상의 채권에서 발생한다.
③ 양자 모두 법률에 의해 당연히 발생하나 동시이행의 항변권은 당사자의 특약에 의한 배제도 가능하다는 점에서 배제특약이 인정되지 않는 유치권과 구별된다.
④ 유치권은 담보물권의 특성인 불가분성을 가지지만 동시이행의 항변권은 일부의 제공이 있다면 나머지 부분에 대해서만 권리행사가 가능하다.

> ✔해설 ③ 양자 모두 법률상 발생하고 당사자 간의 배제특약이 가능하다.

5 유치권에 관한 설명 중 옳지 않은 것은? (다툼이 있는 경우 판례에 의함)

① 유치권이 성립된 부동산의 매수인은 유치권의 피담보채권의 소멸시효기간이 확정판결 등에 의하여 10년으로 연장된 경우 그 채권의 소멸시효기간이 연장된 효과를 부정하고 종전의 단기소멸시효기간을 원용할 수는 없다.

② 근저당권설정 후 경매로 인한 압류의 효력 발생 전에 취득한 유치권으로 경매절차의 매수인에게 대항할 수 없다.

③ 유치권은 동산과 부동산 모두에 대하여 인정된다.

④ 유치권은 그 점유가 불법행위에 의하여 시작된 것이어서는 안된다.

✔ 해설　① 대판 2009. 9. 24, 2009다39530
　② 부동산 경매절차에서의 매수인은 민사집행법 제91조 제5항에 따라 유치권자에게 그 유치권으로 담보하는 채권을 변제할 책임이 있는 것이 원칙이고, 채무자 소유의 건물 등 부동산에 경매개시결정의 기입등기가 되어 압류의 효력이 발생한 이후에 채무자가 위 부동산에 관한 공사대금 채권자에게 그 점유를 이전함으로써 그로 하여금 유치권을 취득하게 한 경우, 그와 같은 점유의 이전은 목적물의 교환가치를 감소시킬 우려가 있는 처분행위에 해당하여 민사집행법 제92조 제1항, 제83조 제4항에 따른 압류의 처분금지효에 저촉되므로 점유자로서는 위 유치권을 내세워 그 부동산에 관한 경매절차의 매수인에게 대항할 수 없으나, 이러한 법리는 경매로 인한 압류의 효력이 발생하기 전에 유치권을 취득한 경우에는 적용되지 아니하고, 유치권 취득시기가 근저당권 설정 이후라거나 유치권 취득 전에 설정된 근저당권에 기하여 경매절차가 개시되었다고 하여 달리 볼 이유가 없다(대판 2005.8.19. 2005다22688, 대판 2009.1.15. 2008다70763 판결 등 참조).
　③④ 제320조 제1항, 제2항.

6 다음 중 유치권의 성립요건으로 옳지 않은 것은?

① 유치권의 목적물은 타인 소유의 물건 또는 유가증권이다.

② 채권이 목적물의 점유 중에 발생할 것을 요구하지는 않는다.

③ 채권은 직접 목적물 자체로부터 발생하여야 한다.

④ 채권의 변제기가 도래하였어야 한다.

✔ 해설　① 물건은 동산이나 부동산을 포함한다.
　② 통설과 판례의 견해이다.
　③ 통설은 채권이 목적물의 반환청구권과 동일한 법률관계 또는 동일한 사실관계로부터 발생한 경우에도 견련관계를 인정하여 유치권이 성립할 수 있다고 한다.
　④ 그렇지 않으면 변제기 전에 채무의 이행을 강요하는 것이 되어 공평의 원칙의 근거가 무색하게 된다.

Answer　3.③　4.③　5.②　6.③

7   유치권의 효력에 관한 다음 설명 중 옳지 않은 것은?

① 유치권자는 채권의 변제를 받을 때까지 채무자뿐만 아니라 목적물의 양수인 또는 경락인에 대해서도 유치권을 주장할 수 있다.

② 유치권자는 채권의 변제를 받기 위해 경매권이 있으며, 정당한 이유가 있는 때에는 감정인의 평가에 의하여 유치물로 직접 충당할 것을 법원에 청구할 수 있다.

③ 유치권자는 자기 재산에 관한 행위와 동일한 주의로 유치물을 점유하여야 한다.

④ 유치권자는 채무자의 승낙 없이 유치물을 사용·수익·대여·담보제공을 하지 못한다.

> **✅ 해설**　② 채무자가 파산한 경우에는 유치권자는 별제권을 갖는다(채무자 회생 및 파산에 관한 법률 제411조).
> ③ 유치권자는 객관적인 주의의무인 선량한 관리자의 주의로 유치물을 점유하여야 한다(제324조 제1항).
> ④ 채무자는 유치권자가 이 의무에 위반할 경우 유치권의 소멸을 청구할 수 있다(제324조 제3항).

8   민법상 유치권에 관한 다음 설명 중 옳지 않은 것은? (다툼이 있는 경우 통설·판례에 의함)

① 민법 제321조가 규정하는 유치권의 불가분성은 그 목적물이 분할 가능하거나 수 개의 물건인 경우에도 적용된다.

② 임대인과 임차인 사이에 건물명도시 권리금을 반환하기로 하는 약정이 있었다 하더라도 그와 같은 권리금반환청구권을 가지고 건물에 대한 유치권을 행사할 수 없다.

③ 건물소유자에 관하여 유치권을 가지고 있는 건물점유자라고 하더라도 그 건물의 존재와 점유가 토지소유자에 대하여 불법행위가 되고 있다면 건물소유자에 대한 유치권으로 토지소유자에게 대항할 수 없다.

④ 유치권의 발생 후 유치물의 소유자가 변동하면 유치권은 소멸한다.

> **✅ 해설**　① 민법 제320조 제1항에서 '그 물건에 관하여 생긴 채권'은 유치권 제도 본래의 취지인 공평의 원칙에 특별히 반하지 않는 한 채권이 목적물 자체로부터 발생한 경우는 물론이고 채권이 목적물의 반환청구권과 동일한 법률관계나 사실관계로부터 발생한 경우도 포함하고, 한편 민법 제321조는 "유치권자는 채권 전부의 변제를 받을 때까지 유치물 전부에 대하여 그 권리를 행사할 수 있다"고 규정하고 있으므로, 유치물은 그 각 부분으로써 피담보채권의 전부를 담보하며, 이와 같은 유치권의 불가분성은 그 목적물이 분할 가능하거나 수 개의 물건인 경우에도 적용된다(대판 2007.9.7. 2005다16942).
> ② 대판 1994.10.14. 93다62119.
> ③ 대판 1989.2.14. 87다카3073.
> ④ 유치권자의 점유하에 있는 유치물의 소유자가 변동하더라도 유치권자의 점유는 유치물에 대한 보존행위로서 하는 것이므로 적법하고 그 소유자변동 후 유치권자가 유치물에 관하여 새로이 유익비를 지급하여 그 가격의 증가가 현존하는 경우에는 이 유익비에 대하여도 유치권을 행사할 수 있다(대판 1972.1.31. 71다2414).

9 유치권에 대한 다음 설명 중 가장 옳지 않은 것은? (다툼이 있는 경우 판례에 의함)

① 채무자 소유의 건물에 관하여 증·개축 등 공사를 도급받은 수급인이 경매개시결정의 기입등기가 마쳐지기 전에 채무자로부터 건물의 점유를 이전받았다 하더라도 경매개시결정의 기입등기가 마쳐져 압류의 효력이 발생한 후에 공사를 완공하여 공사대금채권을 취득함으로써 그때 비로소 유치권이 성립한 경우에는, 수급인은 유치권을 내세워 경매절차의 매수인에게 대항할 수 없다.

② 갑이 건물 신축공사 수급인인 을 주식회사와 체결한 약정에 따라 공사현장에 시멘트와 모래 등의 건축자재를 공급한 사안에서, 갑의 건축자재대금채권은 매매계약에 따른 매매대금채권에 불과할 뿐 건물 자체에 관하여 생긴 채권이라고 할 수는 없으므로 건물에 관한 유치권의 피담보채권이 될 수 없다.

③ 공사대금채권에 기하여 유치권을 행사하는 자가 스스로 유치물인 주택에 거주하며 사용하는 것은 특별한 사정이 없는 한 유치물인 주택의 보존에 도움이 되는 행위로서 유치물의 보존에 필요한 사용에 해당한다고 할 것이다. 따라서 유치권자가 유치물의 보존에 필요한 사용을 한 경우라면 특별한 사정이 없는 한 차임에 상당한 이득을 소유자에게 반환할 의무가 없다.

④ 임대인과 임차인 사이에 건물명도시 권리금을 반환하기로 하는 약정이 있었다 하더라도 그와 같은 권리금반환청구권은 건물에 관하여 생긴 채권이라 할 수 없으므로 그와 같은 채권을 가지고 건물에 대한 유치권을 행사할 수 없다.

✔해설 ① 유치권은 목적물에 관하여 생긴 채권이 변제기에 있는 경우에 비로소 성립하고(민법 제320조), 한편 채무자 소유의 부동산에 경매개시결정의 기입등기가 마쳐저 압류의 효력이 발생한 후에 유치권을 취득한 경우에는 그로써 부동산에 관한 경매절차의 매수인에게 대항할 수 없는데, 채무자 소유의 건물에 관하여 증·개축 등 공사를 도급받은 수급인이 경매개시결정의 기입등기가 마쳐지기 전에 채무자에게서 건물의 점유를 이전받았다 하더라도 경매개시결정의 기입등기가 마쳐져 압류의 효력이 발생한 후에 공사를 완공하여 공사대금채권을 취득함으로써 그때 비로소 유치권이 성립한 경우에는, 수급인은 유치권을 내세워 경매절차의 매수인에게 대항할 수 없다(대판 2011.10.13. 2011다55214).

② 민법 제320조 제1항은 "타인의 물건 또는 유가증권을 점유한 자는 그 물건이나 유가증권에 관하여 생긴 채권이 변제기에 있는 경우에는 변제를 받을 때까지 그 물건 또는 유가증권을 유치할 권리가 있다."고 규정하고 있으므로, 유치권의 피담보채권은 '그 물건에 관하여 생긴 채권'이어야 한다. 갑이 건물 신축공사 수급인인 을 주식회사와 체결한 약정에 따라 공사현장에 시멘트와 모래 등의 건축자재를 공급한 사안에서, 갑의 건축자재대금채권은 매매계약에 따른 매매대금채권에 불과할 뿐 건물 자체에 관하여 생긴 채권이라고 할 수는 없음에도 건물에 관한 유치권의 피담보채권이 된다고 본 원심판결에 유치권의 성립요건인 채권과 물건 간의 견련관계에 관한 법리오해의 위법이 있다(대판 2012.1.26. 2011다96208).

③ 민법 제324조에 의하면, 유치권자는 선량한 관리자의 주의로 유치물을 점유하여야 하고, 소유자의 승낙 없이 유치물을 보존에 필요한 범위를 넘어 사용하거나 대여 또는 담보제공을 할 수 없으며, 소유자는 유치권자가 위 의무를 위반한 때에는 유치권의 소멸을 청구할 수 있다고 할 것인바, 공사대금채권에 기하여 유치권을 행사하는 자가 스스로 유치물인 주택에 거주하며 사용하는 것은 특별한 사정이 없는 한 유치물인 주택의 보존에 도움이 되는 행위로서 유치물의 보존에 필요한 사용에 해당한다고 할 것이다. 그리고 유치권자가 유치물의 보존에 필요한 사용을 한 경우에도 특별한 사정이 없는 한 차임에 상당한 이득을 소유자에게 반환할 의무가 있다(대판 2009.9.24. 2009다40684).

④ 대판 1994.10.14. 93다62119

Answer 7.③ 8.④ 9.③

02 질권

10 동산질권에 대한 설명 중 옳지 않은 것은?

① 수개의 채권을 담보하기 위하여 동일한 동산에 수개의 질권을 설정할 수 있다.
② 질권의 설정은 당사자 사이의 합의만 있으면 그 효력이 생긴다.
③ 질권자는 설정자로 하여금 질물의 점유를 하게 하지 못한다.
④ 질권은 양도할 수 없는 물건을 목적으로 하지 못한다.

> **✔해설** 질권의 설정은 질권자에게 목적물을 인도함으로써 그 효력이 생긴다. 따라서 질권설정계약과 목적물의 인도로 질권이 성립한다.

11 질권과 다른 담보물권을 비교한 것으로 옳지 않은 것은?

① 유치권은 법정담보물권이나, 질권은 원칙적으로 약정담보물권이다.
② 질권과 저당권은 피담보채권의 범위가 한정되어 있다는 점에서 같다.
③ 우선변제적 효력은 질권과 저당권 모두에 있다.
④ 질권과 저당권은 목적물의 점유를 요소로 하느냐에 차이가 있다.

> **✔해설** ① 법정질권은 예외적인 모습이다.
> ② 질권은 하나의 목적물에 수개의 질권이 생길 여지가 없기 때문에 피담보채권의 범위를 한정할 필요가 없으나, 저당권은 수개의 저당권이 성립할 경우 후순위 저당권자를 보호할 필요가 있기 때문에 피담보채권의 범위가 한정된다.

12 질권에 대한 다음 설명 중 가장 옳지 않은 것은? (다툼이 있는 경우 판례에 의함)

① 채권질권의 효력은 질권의 목적이 된 채권의 지연손해금 등과 같은 부대채권에도 미치므로 채권질권자는 질권의 목적이 된 채권과 그에 대한 지연손해금채권을 피담보채권의 범위에 속하는 자기채권액에 대한 부분에 한하여 직접 추심하여 자기채권의 변제에 충당할 수 있다.

② 질권자가 피담보채권을 초과하여 질권의 목적이 된 금전채권을 추심하였다면 그 중 피담보채권을 추심하였다면 그 중 피담보채권을 초과하는 부분은 특별한 사정이 없는 한 법률상 원인이 없는 것으로서 질권설정자에 대한 관계에서 부당이득이 된다,

③ 임대차계약서 등 계약 당사자 쌍방의 권리의무관계 내용을 정한 서면은 민법 제347조에서 채권질권의 설정을 위하여 교부하도록 정한 '채권증서'에 해당하지 않는다.

④ 질권의 목적인 채권의 양도행위는 민법 제352조 소정의 질권자의 이익을 해하는 변경에 해당하므로 질권자의 동의를 요한다.

> ✔ **해설** ① 질권의 목적이 된 채권이 금전채권인 때에는 질권자는 자기채권의 한도에서 질권의 목적이 된 채권을 직접 청구할 수 있고, 채권질권의 효력은 질권의 목적이 된 채권의 지연손해금 등과 같은 부대채권에도 미치므로 채권질권자는 질권의 목적이 된 채권과 그에 대한 지연손해금채권을 피담보채권의 범위에 속하는 자기채권액에 대한 부분에 한하여 직접 추심하여 자기채권의 변제에 충당할 수 있다. 질권자가 질권을 실행하여 제3채무자에게 입질채권을 직접 청구한 경우, 제3채무자는 질권설정금액을 한도로 하여 피담보채권 및 그에 대한 약정연체이율에 의한 지연손해금을 지급하여야 하며, 질권 실행 이후부터는 민·상법에 따른 일반적인 지체책임만을 부담한다(대판 2005.2.25. 2003다40668).
>
> ② 질권자가 피담보채권을 초과하여 질권의 목적이 된 금전채권을 추심하였다면 그 중 피담보채권을 초과하는 부분은 특별한 사정이 없는 한 법률상 원인이 없는 것으로서 질권설정자에 대한 관계에서 부당이득이 되고, 이러한 법리는 채무담보 목적으로 채권이 양도된 경우에 있어서도 마찬가지라고 할 것이다(대판 2011.4.14. 2010다5694).
>
> ③ 민법 제347조는 채권을 질권의 목적으로 하는 경우에 채권증서가 있는 때에는 질권의 설정은 그 증서를 질권자에게 교부함으로써 효력이 생긴다고 규정하고 있다. 여기에서 말하는 '채권증서'는 채권의 존재를 증명하기 위하여 채권자에게 제공된 문서로서 특정한 이름이나 형식을 따라야 하는 것은 아니지만, 장차 변제 등으로 채권이 소멸하는 경우에는 민법 제475조에 따라 채무자가 채권자에게 그 반환을 청구할 수 있는 것이어야 한다. 이에 비추어 임대차계약서와 같이 계약 당사자 쌍방의 권리의무관계의 내용을 정한 서면은 그 계약에 의한 권리의 존속을 표상하기 위한 것이라고 할 수는 없으므로 위 채권증서에 해당하지 않는다(대판 2013.8.22. 2013다32574).
>
> ④ 질권의 목적인 채권의 양도행위는 민법 제352조 소정의 질권자의 이익을 해하는 변경에 해당되지 않으므로 질권자의 동의를 요하지 아니한다(대판 2005.12.22. 2003다55059).

13 동산질권에 관한 설명 중 옳지 않은 것은?

① 법률의 규정에 의해 성립하는 경우를 제외하고는 질권설정계약과 목적물의 인도에 의해 성립한다.

② 목적물의 인도는 현실의 인도, 간이인도, 점유개정에 의한 인도, 목적물반환청구권의 양도 등의 방법이 가능하다.

③ 민법이 규정하는 법정질권은 토지임대인과 건물 기타 공작물의 임대인의 임대차에 관한 채권의 경우가 있다.

④ 질권 설정자에게 목적물에 관한 처분권이 없는 경우에 채권자가 선의취득의 요건을 갖춘다면 선의취득을 할 수 있다.

> ✔ 해설 ② 민법 제332조는 점유개정에 의한 인도는 금지하고 있다.
> ③ 민법 제648조, 제650조는 임차지에 부속 또는 그 사용의 편익에 공용한 임차인 소유의 동산 및 과실, 건물 기타의 공작물에 부속한 임차인 소유의 동산을 압류한 때에는 질권과 동일한 효력이 있다고 하고 있다.

14 다음 중 동산질권의 효력에 관한 설명으로 옳지 않은 것은?

① 목적물의 과실에도 질권의 효력이 미친다.

② 다른 약정이 없는 한 종물이 인도될 경우에 한하여 질권의 효력이 미친다.

③ 목적물이 매각된 경우에는 질권 설정자가 받을 매각대금이나 차임에 질권의 효력이 미친다.

④ 질권자는 피담보채권의 전부를 변제받을 때까지 질물을 유치할 수 있다.

> ✔ 해설 ① 유치권자의 과실수취권에 관한 규정은 동산질권에도 준용된다(제343조).
> ③ 목적물이 매각되거나 임대된 경우에는 목적물이 현존하는 경우에 해당되어 그 위에 담보물권이 존속하므로 질권 설정자가 받을 매각대금이나 차임은 물상대위의 대상이 되지 않는다.

15 다음 중 권리질권의 목적이 될 수 있는 것은?

① 공무원의 연금청구권   ② 무체재산권

③ 부동산임차권   ④ 부양청구권

> ✔ 해설 권리질권의 목적이 될 수 있는 것은 양도성을 가지는 재산권에 한한다. 따라서 부동산의 사용·수익을 목적으로 하는 권리, 성질상 또는 법률상 질권의 목적이 될 수 없는 것 등은 질권의 목적이 될 수 없다.
> ① 공무원의 연금청구권은 법률상 담보제공이 금지된다.
> ③ 부동산의 사용·수익을 목적으로 한 권리이므로 권리질권의 목적이 될 수 없다.
> ④ 부양청구권은 법률상 양도가 금지된다.

16 동산질권의 우선변제권에 관한 다음 설명 중 옳지 않은 것은?

① 피담보채권이 금전을 목적으로 하지 않는 경우에는 그것이 손해배상채권 등 금전채권으로 변한 후에 행사할 수 있다.

② 질권 상호 간에는 설정의 선후에 의하나, 우선특권을 갖는 선박채권자와 질권에 우선하는 조세채권자는 질권에 우선한다.

③ 질물보다 다른 재산에 대해 배당을 실시하는 경우에는 질권 전액을 가지고 배당에 참가할 수 있다.

④ 유질계약금지규정은 강행규정이므로 이에 위반한 계약 및 질권은 무효가 된다.

> **✔해설** ③ 이 경우에는 질권의 목적물에서 충족하지 못한 부분에 한해 일반재산에 참여할 수 있는 제한이 없다. 다만 다른 채권자는 질권자에게 배당금액의 공탁을 청구할 수 있다.
> ④ 유질계약은 채무변제기 전의 계약으로 질권자에게 변제에 갈음하여 질물의 소유권을 취득하게 하거나 법률에 정한 방법에 의하지 아니하고 질물을 처분할 것을 약정하는 것이다. 민법 제339조는 이러한 계약을 금지하고 위반한 경우는 그 계약을 무효로 하지만 질권 자체까지 무효로 하고 있지는 않다. 따라서 질권자는 본래의 실행방법에 의하면 된다.

17 동산질권자의 승낙전질에 관한 설명으로 옳지 않은 것은? (통설에 의함)

① 승낙전질은 원질권자의 질권의 범위나 기간에 제한을 받는다.

② 승낙전질에 관하여 통설은 질물재입질설을 취한다.

③ 전질권 설정자는 불가항력에 의한 손해 등에 책임이 가중되지 않는다.

④ 원질권자의 채무자에 대한 통지는 불필요하다.

> **✔해설** ①② 통설인 질물재입질설에 의하면 당사자 간의 합의로 별개의 질권이 성립하는 것이므로 승낙전질은 원질권의 범위나 기간의 제한을 받지 않는다.
> ③ 또한 전질권 설정자의 책임이 가중될 이유도 없다.

18 권리질권에 대한 다음의 설명 중 옳지 않은 것은? (다툼이 있는 경우 판례에 의함)

① 지명채권을 목적으로 한 질권의 설정은 설정자가 제3채무자에게 질권설정의 사실을 통지하거나 제3채무자가 이를 승낙함이 아니면 이로써 제3채무자 기타 제3자에게 대항하지 못한다.

② 질권의 목적인 채권의 양도행위는 질권자의 이익을 해하는 변경에 해당되므로 질권자의 동의를 필요로 한다.

③ 질권설정자와 제3채무자가 질권의 목적된 권리를 소멸하게 하는 행위를 한 경우 질권자 아닌 제3자는 그 무효의 주장을 할 수 없다.

④ 질권의 설정에 대하여 이의를 보류하지 아니하고 승낙을 하였더라도 질권자가 악의 또는 중과실의 경우에 해당하는 한 채무자의 승낙 당시까지 질권설정자에 대하여 생긴 사유로써도 질권자에게 대항할 수 있다.

✔해설 ① 제349조 제1항.
② 질권의 목적인 채권의 양도행위는 민법 제352조 소정의 질권자의 이익을 해하는 변경에 해당되지 않으므로 질권자의 동의를 요하지 아니한다(대판 2005.12.22, 2003다55059).
③ 민법 제352조가 질권설정자는 질권자의 동의 없이 질권의 목적된 권리를 소멸하게 하거나 질권자의 이익을 해하는 변경을 할 수 없다고 규정한 것은 질권자가 질권의 목적인 채권의 교환가치에 대하여 가지는 배타적 지배권능을 보호하기 위한 것이므로, 질권설정자와 제3채무자가 질권의 목적된 권리를 소멸하게 하는 행위를 하였다고 하더라도 이는 질권자에 대한 관계에 있어 무효일 뿐이어서 특별한 사정이 없는 한 질권자 아닌 제3자가 그 무효의 주장을 할 수는 없다(대판 1997.11.11, 97다35375).
④ 대판 2002.3.29, 2000다13887.

03 저당권

19 근저당에 대한 설명 중 가장 옳지 않은 것은?

① 근저당은 장래의 증감변동하는 불특정의 채권을 담보하는 점에서 보통의 저당권과 다르다.

② 근저당권의 특성상 근저당권이 확정되더라도 확정 이후에 기본계약으로부터 발생하는 채권을 피담보채권에 포함시킬 수 있다.

③ 근저당의 존속기간 또는 기본계약에서 정한 결산기에 관한 약정은 필요적 등기사항이 아니다.

④ 근저당설정계약에는 담보할 채권의 최고액과 피담보채권액의 범위를 결정하는 기준을 정하여야 한다.

✔해설 근저당권의 특성이 장래의 증감·변동하는 불특정의 채권을 담보하는 것이라 하더라도 확정된 후에 발생한 채권까지 피담보채권에 포함시키지는 않는다.

20 다음 중 저당권의 피담보채권의 범위에 속하지 않는 것은?

① 위약금
② 저당권의 실행비용
③ 채무불이행으로 인한 손해배상
④ 원본의 이행기일을 도과한 후의 3년분 이내의 지연배상금

 해설 저당권은 원본·이자·위약금·채무불이행으로 인한 손해배상 및 저당권의 실행비용을 담보한다. 그러나 지연배상에 대하여는 원본의 이행기일을 경과한 후의 1년분에 한하여 저당권을 행사할 수 있다(제360조).

21 저당권에 관한 설명 중 옳지 않은 것은?

① 저당권의 효력은 저당부동산에 부합된 물건과 종물에 미친다. 그러나 법률에 특별한 규정 또는 설정행위에 다른 약정이 있으면 그러하지 아니하다.
② 저당물의 소유권을 취득한 제3자도 그 저당물에 대한 경매에 있어 매수신청을 할 수 있다.
③ 저당권은 그 담보한 채권과 분리하여 타인에게 양도하거나 다른 채권의 담보로 하지 못한다.
④ 토지를 목적으로 저당권을 설정한 후 그 설정자가 그 토지에 건물을 축조한 때에는 저당권자는 토지와 함께 그 건물에 대하여도 경매를 청구할 수 있고, 그 건물의 경매대가에 대하여도 우선변제를 받을 권리가 있다.

해설 ① 제358조
② 제363조 제2항
③ 제361조
④ 토지를 목적으로 저당권을 설정한 후 그 설정자가 그 토지에 건물을 축조한 때에는 저당권자는 토지와 함께 그 건물에 대하여도 경매를 청구할 수 있다. 그러나 그 건물의 경매대가에 대하여는 우선변제를 받을 권리가 없다(제365조).

22 현행 저당권의 법적 성질에 관한 설명으로 옳지 않은 것은?

① 소유자저당을 인정하지 않는다.
② 우리 민법상 독립의 원칙은 전혀 인정되지 않는다.
③ 부종성과 수반성을 그 본질로 하고 있다.
④ 우선변제적 효력은 있지만 유치적 효력은 없다.

해설 ① 저당권은 타물권이다.
②③ 현행 민법상 독립의 원칙이 인정되지 않아 부종성과 수반성을 그 본질로 하지만, 근저당권에서 저당권의 독립성이 인정되어 다소 완화된 모습이다.
④ 즉, 목적물의 점유를 저당권 설정자로부터 박탈하지 않는다.

Answer 18.② 19.② 20.④ 21.④ 22.②

23 저당권에 관한 일반적인 설명으로 옳지 않은 것은?

① 근대적 저당제도는 저당증권을 통한 저당권의 유통성을 보장하고 있다.

② 금전지급 이외의 급부를 목적으로 하는 채권도 저당권의 피담보채권이 될 수 있다.

③ 현행 민법상 저당권은 선·후의 순위변동이 인정된다.

④ 토지임대인이 변제기를 경과한 최후 2년의 차임채권에 의하여 그 지상에 있는 임차인 소유의 건물을 압류한 때에는 저당권이 성립한다.

> ✔ **해설** ② 다만 저당권 실행시기에 금전채권으로 전환될 수 있을 것을 요한다.
> ③ 근대적 저당권은 순위확정의 원칙을 채택하여 한번 주어진 순위는 변동하지 않으나, 우리의 저당권은 순위승진의 원칙을 채택하여 선순위의 저당권이 소멸하면 후순위 저당권이 선순위로 된다. 그러나 순위가 하강하는 경우는 인정되지 않고 있다.
> ④ 법정저당권으로 당연히 성립하는 경우이다.

24 저당권에 관한 설명 중 가장 옳지 않은 것은? (다툼이 있는 경우 판례에 의함)

① 토지를 목적으로 저당권을 설정한 후 그 설정자가 그 토지에 건물을 축조한 때에는 저당권자는 토지와 함께 그 건물에 대하여도 경매를 청구할 수 있고, 이 경우에 토지와 건물의 경매대가 전부에 대하여 우선변제를 받을 권리가 있다.

② 저당권의 효력은 저당부동산에 대한 압류가 있은 후에 저당권설정자가 그 부동산으로부터 수취한 과실 또는 수취할 수 있는 과실에 미친다.

③ 미등기건물을 그 대지와 함께 매수하였으나 그 대지에 관하여만 소유권이전등기를 넘겨받고 건물에 대하여는 그 등기를 이전받지 못하고 있다가, 대지에 대하여 저당권을 설정하고 그 저당권의 실행으로 대지가 경매되어 다른 사람의 소유로 된 경우에 대지에 관한 법정지상권이 성립되지 않는다는 것이 판례의 태도이다.

④ 건물의 증축 부분이 기존건물에 부합하여 기존건물과 분리하여서는 별개의 독립물로서의 효용을 갖지 못하는 이상 기존건물에 대한 근저당권은 부합된 증축 부분에도 효력이 미친다.

> ✔ **해설** ① 토지를 목적으로 저당권을 설정한 후 그 설정자가 그 토지에 건물을 축조한 때에는 저당권자는 토지와 함께 그 건물에 대하여도 경매를 청구할 수 있다. 그러나 그 건물의 경매대가에 대하여는 우선변제를 받을 권리가 없다(제365조).
> ② 제359조
> ③ 민법 제366조의 법정지상권은 저당권 설정 당시에 동일인의 소유에 속하는 토지와 건물이 저당권의 실행에 의한 경매로 인하여 각기 다른 사람의 소유에 속하게 된 경우에 건물의 소유를 위하여 인정되는 것이므로, 미등기건물을 그 대지와 함께 매수한 사람이 그 대지에 관하여만 소유권이전등기를 넘겨받고 건물에 대하여는 그 등기를 이전 받지 못하고 있다가, 대지에 대하여 저당권을 설정하고 그 저당권의 실행으로 대지가 경매되어 다른 사람의 소유로 된 경우에는, 그 저당권의 설정 당시에 이미 대지와 건물이 각각 다른 사람의 소유에 속하고 있었으므로 법정지상권이 성립될 여지가 없다(대판 2002.6.20. 2002다9660 전합).
> ④ 대판 2002.10.25. 2000다63110

25 저당권의 효력이 미치는 피담보채권에 관한 설명으로 옳지 않은 것은?

① 이자는 저당권에 의해 무제한으로 담보된다.

② 원본의 이행기일을 경과한 후의 2년분에 한하여 지연배상이 인정된다.

③ 통설에 의하면 위약금의 약정이 있는 경우에는 등기하여야 한다.

④ 저당권 실행의 비용은 등기를 하지 않아도 저당권에 의하여 담보된다.

> ✔해설 ② 민법 제360조는 이행기일을 경과한 후의 1년분에 한하여 인정하고 있다. 이는 저당권자의 태만으로 채무불이행에 의한 손해배상이 한없이 늘어나 다른 채권자의 이익을 해할 우려가 있기 때문이다.
> ③④ 원본, 이자, 위약금은 등기하여야 저당권에 의하여 담보되지만 통상의 저당권 실행비용은 등기하지 않아도 된다.

26 저당권의 피담보채권 변제에 관한 설명으로 옳지 않은 것은?

① 저당권자는 저당권에 기하여 완전히 변제받지 못한 경우 일반채권자로서 변제받을 수 있다.

② 저당물을 법률의 정함과 달리 임의 환가하기로 약정하는 것은 원칙적으로 유효하다.

③ 저당물에 부과된 국세나 가산금이라도 그 법정기일 전에 설정된 저당권에 대하여는 우선할 수 없다.

④ 여러 개의 저당권이 있는 경우에는 설정등기의 순위에 의하여 우선순위가 정하여 진다.

> ✔해설 ② 유저당계약의 한 형태이다.
> ③ 저당물의 소유자가 체납한 국세는 그 법정기일 전에 설정한 저당권에 우선할 수 없지만, 저당물 자체에 부과된 국세나 가산금은 언제나 저당권에 우선한다.

27 저당권의 침해와 구제를 설명한 것으로 옳지 않은 것은?

① 저당목적물의 가치가 감소되었더라도 그것이 피담보채권액을 넘고 있다면 저당권자에게 손해가 발생한 것은 아니다.

② 손해배상청구권은 담보물보충청구권 또는 즉시변제청구권과 함께 행사될 수 있다.

③ 물권적 청구권은 손해가 발생하지 않더라도 행사될 수 있다.

④ 채무자의 귀책사유로 담보물이 손상·감소·멸실된 경우에는 저당권자는 즉시 변제청구를 할 수 있다.

> ✔해설 ①③ 피담보채권액을 넘더라도 손해배상청구 외에 다른 권리는 행사할 여지는 있다.
> ② 손해배상청구권은 즉시변제청구권과는 함께 행사될 수 있지만, 담보물보충청구권과는 선택적으로 행사될 수 있다.

04 비전형담보

28 가등기담보권과 경매에 관한 설명으로 옳지 않은 것은?

① 가등기담보권은 처분정산의 방법으로만 실행할 수 있다.

② 가등기담보권은 그 경매에 의한 부동산의 매각으로 소멸한다.

③ 가등기담보권자는 경매절차에서 다른 채권자보다 자기채권의 우선변제를 받을 수 있다.

④ 다른 채권자의 신청에 의하여 경매가 개시되었더라도 가등기담보권자는 배당절차에 참가할 수 있다.

✔ **해설** ① 가등기담보권을 실행하는 방법으로는 특단의 약정이 없는 한 처분정산이나 귀속정산 중 채권자가 선택하는 방법에 의할 수 있다(대판 1988.12.20, 87다카2685).

② 담보가등기를 마친 부동산에 대하여 강제경매 등이 행하여진 경우에는 담보가등기권리는 그 부동산의 매각에 의하여 소멸한다(가등기담보 등에 관한 법률 제15조).

③④ 담보가등기를 마친 부동산에 대하여 강제경매 등이 개시된 경우에 담보가등기권리자는 다른 채권자보다 자기채권을 우선변제 받을 권리가 있다. 이 경우 그 순위에 관하여는 그 담보가등기권리를 저당권으로 보고, 그 담보가등기를 마친 때에 그 저당권의 설정등기(設定登記)가 행하여진 것으로 본다(가등기담보 등에 관한 법률 제13조).

29 가등기담보에 관한 다음의 설명 중 옳지 않은 것은? (다툼이 있는 경우 판례에 의함. 이하 가등기담보 등에 관한 법률은 '가등기담보법'이라고 함)

① 가등기담보법이 정한 청산절차를 거치지 아니하고 담보가등기에 기한 본등기가 이루어진 경우에는 그 본등기는 무효라고 할 것이나, 다만 가등기권리자가 가등기담보법이 정한 절차에 따라 청산금의 평가액을 채무자 등에게 통지한 후 채무자에게 정당한 청산금을 지급하거나 지급할 청산금이 없는 경우에는 채무자가 그 통지를 받은 날로부터 2월의 청산기간이 경과하면 위 무효인 본등기는 실체적 법률관계에 부합하는 유효한 등기가 될 수 있다.

② 채권자가 가등기담보법에 정해진 청산절차를 밟지 아니한 채 그 담보목적부동산을 처분하여 선의의 제3자가 소유권을 취득하고 그에 따라 채무자가 더는 그 채권담보의 목적으로 마친 소유권이전등기의 말소를 청구할 수 없게 된 경우, 특별한 사정이 없는 한 채권자는 채무자에게 채무자가 더는 그 소유권이전등기의 말소를 청구할 수 없게 된 때의 담보목적부동산의 가액에서 그때까지의 채무액을 공제한 금액을 채무자가 입은 손해로서 배상하여야 한다.

③ 가등기담보 채권자가 가등기담보권을 실행하기 이전에 그의 계약상의 권리를 보전하기 위하여 가등기담보 채무자의 제3자에 대한 선순위 가등기담보채무를 대위변제하여 구상권이 발생하였다면 특별한 사정이 없는 한 이 구상권도 가등기담보계약에 의하여 담보된다.

④ 재산권 이전의 예약 당시 재산에 대하여 선순위 근저당권이 설정되어 있는 경우 가등기담보법이 적용되기 위해서는 선순위 근저당권의 피담보채무액을 공제하지 않은 재산의 예약 당시의 가액이 차용액 및 이에 붙인 이자의 합산액을 초과하여야 한다.

> ✔**해설** ① 가등기담보법이 정한 청산절차를 거치지 아니하고 담보가등기에 기한 본등기가 이루어진 경우 그 본등기는 무효라고 할 것이고, 다만 가등기권리자가 가등기담보법 제3조, 제4조에 정한 절차에 따라 청산금의 평가액을 채무자 등에게 통지한 후 채무자에게 정당한 청산금을 지급하거나 지급할 청산금이 없는 경우에는 채무자가 그 통지를 받은 날로부터 2월의 청산기간이 경과하면 위 무효인 본등기는 실체적 법률관계에 부합하는 유효한 등기가 될 수 있을 뿐이며(대법원 2002.6.11. 선고 99다41657 판결 등 참조), 그 입증책임은 이를 주장하는 자에게 있다고 할 것이다(대판 2010.8.19. 2009다90160, 90177).
> ② 채권자가 구 가등기담보 등에 관한 법률에 정해진 청산절차를 밟지 아니하여 담보목적부동산의 소유권을 취득하지 못하였음에도 그 담보목적부동산을 처분하여 선의의 제3자가 소유권을 취득하고 그로 인하여 구 가등기담보법 제11조 단서에 의하여 채무자가 더는 채무액을 채권자에게 지급하고 그 채권담보의 목적으로 마친 소유권이전등기의 말소를 청구할 수 없게 되었다면, 채권자는 위법한 담보목적부동산 처분으로 인하여 채무자가 입은 손해를 배상할 책임이 있다. 이때 채무자가 입은 손해는 다른 특별한 사정이 없는 한 채무자가 더는 그 소유권이전등기의 말소를 청구할 수 없게 된 때의 담보목적부동산의 가액에서 그때까지의 채무액을 공제한 금액이라고 봄이 상당하다(대판 2010.8.26. 2010다27458).
> ③ 대판 2002.6.11. 99다41657.
> ④ 가등기담보 등에 관한 법률은 재산권 이전의 예약에 의한 가등기담보에 있어서 재산의 예약 당시의 가액이 차용액 및 이에 붙인 이자의 합산액을 초과하는 경우에 적용되는바, 재산권 이전의 예약 당시 재산에 대하여 선순위 근저당권이 설정되어 있는 경우에는 재산의 가액에서 피담보채무액을 공제한 나머지 가액이 차용액 및 이에 붙인 이자의 합산액을 초과하는 경우에만 적용된다(대판 2006.8.24. 2005다61140).

01 채권의 본질과 목적

02 채권의 효력

03 수인의 채권자 및 채무자

04 채권양도와 채무인수

05 채권의 소멸

채권총론

채권의 본질과 목적

01 채권의 본질

1 다음 중 채권의 발생원인이 아닌 것은?

① 계약
② 부당이득
③ 면제
④ 사무관리

> ✔ **해설** 우리 민법은 채권의 발생원인으로 크게 계약, 사무관리, 부당이득, 불법행위로 나누고 있다. 면제는 채권의 소멸사유 중 하나이다.

2 다음 중 채권과 청구권에 관한 설명으로 옳지 않은 것은?

① 청구권의 행사에 따라 급부가 행하여지면 채권도 동시에 소멸한다.
② 이행기가 도래하지 않은 채권에서는 채권은 있어도 청구권은 발생하지 않는다.
③ 청구권은 채권의 한 요소이므로 물권이나 가족권에 기초하여 발생하지는 않는다.
④ 채권과 분리하여 청구권만을 양도할 수는 없다.

> ✔ **해설** 청구권은 채권의 한 요소를 이루는 권능으로 청구권이 곧 채권인 것은 아니다. 이러한 청구권은 채권 이외에도 물권과 가족권에 기초하여 발생하기도 한다(예 물권적 청구권 · 부양청구권 · 동거청구권 · 상속회복청구권 등).

3 물권과 채권의 본질적 차이를 나타내는 것으로서 옳지 않은 것은?

① 물권에 대한 침해는 불법행위가 성립하지만, 채권에 대한 침해는 채무불이행이 문제될 뿐이다.
② 물권에는 배타성이 있으나, 채권에는 배타성이 없다.
③ 채권은 불특정물에도 성립하지만, 물권은 특정물에 대해서만 성립한다.
④ 물권은 동일내용인 것이 동시에 성립되지 않지만, 채권은 동일내용인 것으로도 성립한다.

> ✔해설 채권에 대한 제3자의 침해가 고의·과실이 있으면 불법행위가 성립할 수 있다.

02 채권의 목적

4 선택채권에 관한 다음 설명 중 옳지 않은 것은?

① 선택권의 행사는 상대방의 동의가 없으면 철회할 수 없다.
② 선택할 제3자가 선택할 수 없는 경우에는 선택권은 채권자에게 있다.
③ 급부가 일부불능인 경우에는 선택채권은 잔존한 급부에 존재한다.
④ 채권자나 채무자가 선택하는 경우에는 그 선택은 채무자 및 채권자에 대한 의사표시로 한다.

> ✔해설 ① 제382조 제2항, 제383조 제2항
> ② 선택할 제3자가 선택할 수 없는 경우에는 선택권은 채무자에게 있다(제384조 제1항).
> ③ 제385조 제1항
> ④ 제382조 제1항

5 다음 중 금전채권에 대한 설명으로 가장 옳지 않은 것은?

① 금전채무의 불이행에 있어서 특약이 없으면 채무불이행으로 인한 손해배상액은 법정이율에 의한다.
② 금전채무의 불이행에 있어서는 채권자는 그 손해를 증명할 필요가 없다.
③ 금전채권에 관하여는 이행불능이란 상태는 있을 수 없고, 이행지체만이 생길 뿐이다.
④ 금전채무 불이행으로 인한 손해배상에 있어서도 채무자는 과실 없음을 주장하여 면책받을 수 있다.

> ✔해설 ① 제397조 제1항
> ②④ 손해배상에 관하여는 채권자는 손해의 증명을 요하지 아니하고 채무자는 과실 없음을 항변하지 못한다(제397조 제2항).

Answer 1.③ 2.③ 3.① 4.② 5.④

6 채권의 목적에 대한 설명 중 옳지 않은 것은?

① 채권의 목적은 강행법규에 반하지 말아야 하며, 사회적 타당성을 가져야 한다.
② 채권은 법률상의 구속력을 발생시키는 것이므로 그 내용이 확정되어야 하나 채권 성립 당시에 확정되어 있어야 하는 것은 아니다.
③ 채권의 목적의 실현가능성은 법률상의 개념이다.
④ 채무불이행으로 인한 손해배상은 금전배상이 원칙이므로 금전으로 가액을 산정할 수 없는 것은 채권의 목적이 될 수 없다.

> ✔️**해설** 금전으로 가액을 산정할 수 없는 것이라도 채권의 목적으로 할 수 있다(제373조).

7 다음 중 특정물급부와 불특정물급부의 구별실익을 모두 고른 것은?

> ㉠ 위험부담의 문제
> ㉡ 강제이행의 방법
> ㉢ 다수당사자의 채권관계
> ㉣ 목적물의 보관의무
> ㉤ 신의칙 · 사정변경의 원칙 적용 여부
> ㉥ 변제의 장소와 방법

① ㉠㉡
② ㉠㉡㉢
③ ㉠㉣㉥
④ ㉠㉢㉣㉤

> ✔️**해설** ㉠ 양당사자 무책으로 목적물이 멸실된 경우 특정물급부는 채권자가 급부위험을 부담하나, 불특정물급부의 경우에는 특정에 의해 급부위험이 채권자에게 이전되기 전까지는 여전히 채무자에게 급부위험이 있다.
> ㉣ 특정물급부의 경우 목적물은 선량한 관리자의 주의의무로 보존해야 한다(제374조).
> ㉥ 특정물급부의 이행은 채권의 성립 당시 그 물건이 있던 장소에서 이행기의 현상대로 인도하여야 하며(제462조, 제467조 제1항), 불특정물급부의 이행은 특별한 약정이 없는 한 채권자의 현주소에서 한다(제467조 제2항).

8 특정물채무자의 선관의무에 관한 설명으로 옳지 않은 것은?

① 선관주의의무를 위반하게 되면 추상적 과실이 인정되는 것이다.
② 당사자는 특약으로 주의의무의 정도를 달리 정할 수 있다.
③ 선관주의의무의 그 특정물을 인도해야 하는 이행기까지 존속한다.
④ 선관주의의무를 다한 때에는 채무불이행책임이 면하고, 멸실의 경우 채무자는 인도의무를 면한다.

 ① 선관주의란 채무자의 직업·지위 등에 비추어 거래상 일반적으로 요구되는 주의를 말하는 것으로 추상적 과실의 문제이다.
　　따라서 선관주의의무를 위반하면 채무불이행책임을 지게 된다.
② 제374조는 임의규정이므로 당사자의 특약으로 변경이 가능하다.
③ 실제 그 물건을 인도할 때까지 선관주의의무를 부담한다(제374조).
④ 채무자에게 고의·과실이 인정되지 않기 때문이다.

9 특정물의 인도를 목적으로 하는 채권에 관한 설명 중 옳지 않은 것은?

① 특정물을 인도할 때에는 채무자는 이행기의 현상대로 그 물건을 인도하여야 한다.
② 채무의 성질 또는 당사자의 의사표시로 변제 장소를 정하지 아니한 때에는 특정물의 인도는 채권 성립 당시에 그 물건이 있던 장소에서 하여야 한다.
③ 채무자는 채무의 이행기까지 선량한 관리자의 주의의무를 부담한다.
④ 특정물채권은 매매, 임대차 등에서 발생한다.

 ① 제462조
② 제467조 제1항
③ 채무의 이행기가 아니라, 실제로 목적물을 인도할 때까지 선관주의의무를 부담한다(제374조). 임대차 종료 후 임차인은 임차 목적물을 명도할 때까지는 선량한 관리자의 주의로 이를 보존할 의무가 있어, 이러한 주의의무를 위반하여 임대목적물이 멸실, 훼손된 경우에는 그에 대한 손해를 배상할 채무가 발생하며, 임대목적물이 멸실, 훼손된 경우 임차인이 그 책임을 면하려면 그 임차건물의 보존에 관하여 선량한 관리자의 주의의무를 다하였음을 입증하여야 할 것이다(대판 1991.10.25. 91다22605).

10 특정물채권에 관한 설명으로 옳지 않은 것은?

① 채무자는 특정물을 실제 인도할 때까지 선관주의의무를 부담한다.

② 이행기 이후에 선관주의의무를 부담하는 경우는 이행지체도 수령지체도 되지 않는 경우에 한한다.

③ 이행기 이후에 수령지체가 되는 경우 특정물채무자는 고의·과실인 경우에만 지체 중에 생긴 손해를 배상하면 된다.

④ 이행기 이후에 이행지체가 되는 경우 특정물채무자는 선관주의의무를 다한 경우에도 손해배상의 책임이 있다.

> **✔해설** ① 제374조
> ②③④ 이행지체의 경우 채무자는 자기에게 과실이 없는 경우에도 그 지체 중에 생긴 손해를 배상해야 하고〈제392조〉, 수령지체의 경우 채무자는 고의·중과실이 없으면 불이행으로 인한 책임이 없다〈제401조〉. 따라서 채무자가 이행기 이후에도 여전히 선관주의의무를 부담하는 경우〈제374조〉는 이행지체도 수령지체도 되지 않는 경우에 한한다〈통설〉.

11 종류채권에 관한 다음 설명 중 옳지 않은 것은?

① 종류물에 해당하는지 여부는 거래의 일반관념에 의하여 객관적으로 정하여지는 것이 아니라, 당사자의 의사를 표준으로 하여 정하여 진다.

② 종류채권의 목적물은 대체물인 것이 보통이지만, 부대체물인 건물·자동차 등도 그 개성이 아니라 공통성·수량에 중점을 두는 경우에는 종류채권의 목적물로 할 수 있다.

③ 채권의 목적을 종류로만 지정한 경우에 법률행위의 성질이나 당사자의 의사에 의하여 품질을 정할 수 없는 때에는 채무자는 상등품질의 물건으로 이행하여야 한다.

④ 종류채권은 매매 이외에 증여·교환·소비대차·소비임치 등을 원인으로 하여 발생한다.

> **✔해설** 채권의 목적을 종류로만 지정한 경우에 법률행위의 성질이나 당사자의 의사에 의하여 품질을 정할 수 없는 때에는 채무자는 중등품질의 물건으로 이행하여야 한다〈제375조 제1항〉.

12 이행장소를 정하지 않은 종류채권의 특정 시기는?

① 목적물을 분리할 때

② 목적물을 지정하여 통지한 때

③ 채권자의 주소에 가서 이행을 제공한 때

④ 채권자가 수령한 때

> **해설** 이행장소를 정하지 않은 종류채권의 특정 시기는 채권자의 현주소에 가서 이행의 제공을 한 때이다(제467조 제2항).

13 종류채권의 특정 후 채무자의 변경권에 관한 설명으로 옳은 것은?

① 민법 규정은 채무자의 변경권에 관하여 명문으로 인정하고 있다.

② 변경권의 행사는 특정 이전에도 가능하다.

③ 일단 특정된 이후에도 채무자는 변경권을 가진다는 것이 통설이다.

④ 변경권의 행사는 채권자의 명시적인 동의가 있어야 한다.

> **해설** ①②③ 종류채권의 특정은 채무를 이행하기 위한 수단에 지나지 않으므로 채무자는 특정 후에도 그 종류에 속하는 다른 물건으로 인도할 수 있는 변경권이 있다(통설).
> ④ 변경권의 행사는 채권자의 반대의사가 없고, 채권자에게 불이익을 주는 것이 아니라면 행사할 수 있다고 해석된다.

14 이자에 관한 다음 설명 중 옳지 않은 것은?

① 이자란 유동자본의 사용대가이므로 고정자본의 사용대가인 지료 및 차임은 이자가 아니다.

② 이자는 원본채권의 존재를 전제로 하므로 원본채권을 전제로 하지 않는 종신정기금ㆍ건설이자는 이자가 아니다.

③ 이자는 일정한 이율에 의하여 산정되므로 원본사용의 대가일지라도 이율에 의하지 않은 사례금은 이자가 아니다.

④ 이자는 법정과실의 일종이므로 지연이자ㆍ주식배당금도 이자에 속한다.

> **해설** 이자는 원본의 사용대가인 법정과실이므로 원본의 사용대가가 아닌 지연이자ㆍ주식배당금은 이자가 아니다.

15 다음 중 원본채권에 대한 이자채권의 부종성에 대한 설명으로 옳지 않은 것은?

① 기본적 이자채권은 원본채권에의 종속성이 강해 원본채권과 법률적 운명을 같이 한다.

② 지분적 이자채권은 원본채권에 대하여 부종성이 약하고, 강한 독립성을 가지고 있다.

③ 원본채권이 양도되는 경우 기본적 이자채권은 원본채권과 같이 양도되나, 지분적 이자채권은 당연히 양도되는 것은 아니다.

④ 지분적 이자채권이라 할지라도 원본채권에 대한 부종성을 완전히 부정할 수는 없으므로 원본채권이 소멸하면 지분적 이자채권도 같이 소멸한다.

✔ 해설 이미 이행기가 도래한 지분적 이자채권은 원본채권과 분리하여 양도, 변제할 수 있을 뿐만 아니라, 1년 이내의 기간으로 정한 이자채권은 따로 3년의 시효에 걸리는 등 강한 독립성을 가지고 있다..

16 다음 중 선택채권과 종류채권에 관한 설명 중 옳지 않은 것은?

① 일부불능의 경우 선택채권은 잔존급부에 특정되나, 종류채권은 급부불능만으로 특정되지는 않는다.

② 선택채권과 종류채권 모두 특정에 의해 특정물채권이 된다.

③ 선택채권의 특정에는 소급효가 있으나, 종류채권의 특정에는 소급효가 없다.

④ 선택채권은 특정 후에는 변경권이 없으나, 종류채권은 특정 후에도 채무자는 변경권을 가진다.

✔ 해설 ② 선택채권은 특정에 의해 단순채권으로 전환된다. 즉 급부의 종류에 따라 선택에 의해 특정물채권 · 종류채권 · 금전채권이 될 수 있다.
④ 선택채권은 특정에 소급효가 있으므로, 특정된 채권 이외의 다른 채권은 처음부터 없던 것으로 된다. 따라서 특정 이후에 변경권이 발생할 여지가 없다. 그러나 종류채권은 일정한 경우 변경권이 인정된다.

17 선택채권과 임의채권의 비교에 관한 다음 설명 중 옳지 않은 것은?

① 선택채권은 급부의 확정을 위해 특정을 요하나, 임의채권은 급부는 이미 확정되어 있기 때문에 특정의 문제가 발생하지 않는다.

② 선택채권에서 선택의 대상이 되는 수개의 채권은 서로 동격관계에 있으나, 임의채권의 대용급부는 본래 급부에 대해 보충적 성격을 가질 뿐이다.

③ 급부의 일부에 원시적 불능이 발생한 경우, 선택채권과 임의채권 모두 잔존급부에 대해 채권이 존속한다.

④ 선택채권의 예로는 무권대리인의 상대방에 대한 책임, 점유자의 유익비상환청구권 등이 있고, 임의채권의 예로는 외화채권의 대용급부권이 있다.

> **✔해설** 임의채권의 대용급부는 본래급부의 보충적 성격을 가질 뿐이므로, 본래급부가 불능인 경우에는 채권 자체가 성립하지 않는다. 다만 대용급부가 불능인 경우에는 본래급부만 존재하는 단순채권이 될 것이다.

18 임의채권에 관한 다음 설명 중 가장 옳지 않은 것은?

① 임의채권이란 채권의 목적은 하나의 급부에 특정되어 있으나, 채권자가 다른 급부로서 본래의 급부에 갈음할 수 있는 권리를 가지는 채권을 말한다.

② 본래급부에 갈음하는 다른 급부는 어디까지나 2차적 · 보충적인 것에 지나지 않는다.

③ 본래의 급부가 일부불능이 되거나 감축되면 대용급부도 같은 비율로 감축된다.

④ 임의채권은 법률행위에 의해서만 발생한다.

> **✔해설** 임의채권은 법률행위에 의해서 발생할 뿐만 아니라. 법률의 규정(제378조(동전), 제607조(대물반환의 예약), 제764조(명예훼손의 경우의 특칙) 등)에 의해서도 발생한다.

CHAPTER

02

채권의 효력

01 기본적 효력

1 채권의 효력에 관한 다음 설명 중 옳지 않은 것은?

① 채권의 기본적 효력에는 청구력, 급부보유력, 강제력이 있다.
② 청구력에는 재판 외 청구와 재판상 청구가 있으며, 재판상 청구를 소구력이라고도 한다.
③ 책임 없는 채무란 강제력이 없는 것을 말한다.
④ 자연채무란 채권의 효력 중 청구력이 없는 것을 말한다.

> ✔해설 자연채무란 채권의 효력 중 소구력과 강제력이 없는 채무를 말한다.

2 다음 중 자연채무에 관한 설명으로 옳지 않은 것은?

① 자연채무란 채무로서 성립하고 있지만 채무자가 임의로 이행을 하지 않는 때에 채권자가 그 이행을 소로써 강제할 수 없는 채무를 말한다.
② 자연채무는 주로 부제소특약이나 소송법상 제소가 금지된 경우에 발생한다.
③ 강제이행이 소권에 의해 보장되어 있지 않으므로, 채권자는 임의이행을 청구할 수도 없다.
④ 일단 채무자가 임의로 이행한 때에는 그 이행을 유효한 변제로 수령·보유할 수는 있다.

> ✔해설 ② 이밖에 소멸시효 완성 후의 채무, 불법원인급여 등도 자연채무라고 보는 견해가 있다.
> ③ 자연채무는 소권으로 강제이행이 보장되지는 않으나, 임의로 이행청구를 할 수는 있으며(청구력), 이행된 경우에는 유효한 변제로 수령·보유할 수 있다(급부보유력).

3 이행불능에 관한 다음 설명 중 가장 옳지 않은 것은?

① 이행불능에 해당하는지 여부는 사회의 거래통념에 따라 정한다.

② 매매목적물에 관하여 이중으로 제3자와 매매계약을 체결한 사실만 가지고는 매매계약이 이행불능이라 할 수 없다.

③ 사정변경으로 인한 계약해제에는 일방당사자의 주관적 또는 개인적인 사정을 포함한다. 매매목적 부동산에 관하여 제3자의 처분금지가처분 등기가 기입된 경우에는 매매계약은 이행불능이다.

④ 타인의 권리매매에 있어 매도인이 그 권리를 매수인에게 이전할 수 없게 된 경우의 손해배상액은 이행불능 당시의 목적물의 시가를 기준으로 하여 산정하여야 한다.

> ✔해설 ① 채무의 이행이 불능이라는 것은 단순히 절대적·물리적으로 불능인 경우가 아니라 사회생활에 있어서의 경험법칙 또는 거래상의 관념에 비추어 볼 때 채권자가 채무자의 이행의 실현을 기대할 수 없는 경우를 말한다(대판 2010.12.9. 2009다75321).
> ② 대판 1996.7.26. 96다14616
> ③ 사정변경으로 인한 계약해제는, 계약성립 당시 당사자가 예견할 수 없었던 현저한 사정의 변경이 발생하였고 그러한 사정의 변경이 해제권을 취득하는 당사자에게 책임 없는 사유로 생긴 것으로서, 계약내용대로의 구속력을 인정한다면 신의칙에 현저히 반하는 결과가 생기는 경우에 계약준수 원칙의 예외로서 인정되는 것이고, 여기에서 말하는 사정이라 함은 계약의 기초가 되었던 객관적인 사정으로서, 일방당사자의 주관적 또는 개인적인 사정을 의미하는 것은 아니다(대판 2007.3.29. 2004다31302).
> ④ 대판 1996.6.14. 94다61359

4 이행지체에 관한 설명으로 옳지 않은 것은?

① 채무이행의 기한이 없는 경우에는 채무자는 이행청구를 받은 때로부터 지체책임이 있다.

② 소비대차에 있어서 반환시기의 약정이 없는 경우에는 이행청구를 받은 때로부터 지체책임이 있다.

③ 채권자가 연대채무자 중 1인에 대하여 이행청구를 하면 연대채무자 전원이 지체책임을 진다.

④ 원칙적으로 쌍무계약의 당사자 일방은 상대방이 채무이행을 제공할 때까지 자기의 채무이행을 거절할 수 있고 이행지체에 빠지지 않는다. 그러나 상대방의 채무가 변제기에 있지 아니하는 때에는 그러하지 아니한다.

> ✔해설 ① 제387조 제2항
> ② 반환시기의 약정이 없는 소비대차에서는, 대주는 상당한 기간을 정하여 반환을 최고하여야 한다. 따라서 그 상당기간이 경과한 때부터 이행지체가 된다.
> ③ 제536조 제1항

Answer 1.④ 2.③ 3.③ 4.②

5 채무불이행과 불법행위에 관한 설명 중 옳지 않은 것은?

① 채무불이행책임과 불법행위책임은 모두 과실책임을 원칙으로 하고 있다.

② 채무불이행으로 인한 손해배상의 범위에 관한 민법 규정은 불법행위의 경우에도 준용된다.

③ 채무불이행, 불법행위 모두 물질적 손해뿐만 아니라, 정신적 손해도 배상하여야 한다.

④ 채무불이행, 불법행위로 인한 손해배상청구권은 모두 10년간 행사하지 않으면 소멸시효에 걸린다.

> **✔해설** ② 채무불이행에 관한 손해배상의 범위·방법, 과실상계 등의 규정은 불법행위에도 준용된다(제763조).
> ③ 학설과 판례는 손해3분설의 입장이며, 정신적 손해도 인정하고 있다.
> ④ 불법행위로 인한 손해배상의 청구권은 특칙이 있어 피해자나 그 법정대리인이 그 손해 및 가해자를 안 날로부터 3년, 불법행위를 안 날부터 10년을 경과하면 시효로 인해 소멸한다(제766조).

6 채무불이행의 일반적 성립요건인 귀책사유에 관한 설명으로 옳은 것은? (통설·판례에 의함)

① 법정대리인 또는 이행보조자의 고의·과실은 채무자의 지배가능성이 있는 경우에 한하여 채무자의 고의·과실로 본다.

② 채무자는 이행지체에 관하여 자기의 고의·과실에 대한 책임을 면하게 하는 특약을 할 수 있다.

③ 자기 이외의 자의 고의·과실을 면하게 하는 특약은 공서양속에 반하므로 할 수 없다.

④ 채무자에게 이행지체의 고의·과실이 있다고 하기 위해서는 채무자가 유효한 법률행위를 할 수 있는 행위능력을 가진다는 사실이 전제가 된다.

> **✔해설** ① 채무자의 지배가능성은 문제가 되지 않는다(대판 1999.4.13, 98다51077·51084).
> ③ 통설은 사회질서에 반하지 않는다고 본다.
> ④ 채무자의 고의·과실을 인정하기 위해서는 행위의 결과를 인식할 수 있는 책임능력이 있으면 족하며, 행위능력까지 필요한 것은 아니다.

7 다음 중 제391조의 이행보조자에 관한 설명으로 옳지 않은 것은?

① 판례는 이행보조자의 요건으로 채무자의 지시 또는 감독을 받는 종속적인 관계를 요한다.

② 이행대행자의 사용이 허용되는 경우 채무자는 대행자의 선임, 감독에 관하여 과실이 있는 경우에만 책임을 진다.

③ 이행대행자의 사용이 허용되지 않은 경우에도 채무자는 그 자에게 고의·과실이 없는 경우에 도 책임을 져야 한다.

④ 이행대행자의 사용이 금지되지도 않고, 허용되지도 않은 경우 채무자는 이행대행자의 고의·과실에 대하여 책임을 진다.

> ✔해설 ① 제391조에서의 이행보조자로서의 피용자라 함은 일반적으로 채무자의 의사관여 아래 그 채무의 이행행위에 속하는 활동을 하는 사람이면 족하고, 반드시 채무자의 지시 또는 감독을 받는 관계에 있어야 하는 것은 아니므로 채무자에 대하여 종속적인가 독립적인 지위에 있는가는 문제되지 않는다(대판 1999.4.13. 98다51077).
> ③ 이행대행자의 사용이 허용되지 않은 경우에는 이행대행자의 사용 그 자체가 채무불이행이 되므로, 채무자는 그 자의 과실·고의를 불문하고 책임을 져야 한다.

8 다음 중 이행기에 관한 설명으로 옳은 것은?

① 불법행위로 인한 손해배상채무는 채권자가 청구한 때로부터 지체책임을 진다.

② 불확정기한부 채무는 채무자가 기한이 도래함을 안 날로부터 지체책임이 있다.

③ 이행지체의 효과는 이행지체한 날 당일부터 발생한다.

④ 채무자가 담보를 손상·감소·멸실하게 한 때에는 기한의 이익을 상실하고, 지체에 빠진다.

> ✔해설 ① 불법행위로 인한 손해배상채무는 그 성립과 동시에 채권자의 청구 없이도 당연히 이행지체가 된다는 것이 통설·판례(대판 2012.3.29. 2011다38325)의 입장이다.
> ② 제387조 제1항
> ③ 이행지체의 효과가 발생하는 시기는 이행기가 경과한 때, 즉 이행지체의 다음날부터 발생한다(대판 1988.11.8. 88다3253).
> ④ 제388조 제1호. 그러나 이로써 이행지체에 곧 빠지는 것은 아니며 기한의 이익을 주장하지 못할 뿐이다. 따라서 채권자는 이행기까지 기다렸다가 이행을 청구할 수도 있고, 위 사유가 발생한 날에 청구할 수도 있다.

9 다음 중 이행지체의 성립요건에 관한 설명으로 옳지 않은 것은?

① 채무의 이행기가 도래하였을 것
② 채무자에게 고의·과실이 있을 것
③ 채무자에게 위법성의 인식이 있을 것
④ 이행기에 이행하지 않을 것

> **✔ 해설** 채무자에게 고의·과실이 있으면 족하고, 이에 대한 위법성 인식까지 요하는 것은 아니다.

10 다음 중 이행지체에 관한 설명으로 옳지 않은 것은?

① 확정기한부 채무는 기간의 경과로 당연히 지체가 된다.
② 불확정기한부 채무에 있어서는 채무자는 채권자가 기한의 도래를 알고 이행을 최고한 날로부터 지체책임을 진다.
③ 채무이행의 기한이 없는 채무에 있어서는 채무자는 최고를 받은 때로부터 지체책임을 진다.
④ 지시채권은 변제기한이 있더라도 그 기한이 도래한 후 증서소지인이 그 증서를 제시하여 이행의 청구를 한 때부터 지체책임을 진다.

> **✔ 해설** ① 제387조 제1항
> ② 채무자가 기한의 도래를 안 날로부터 지체책임을 진다(제387조 제1항).
> ③ 제387조 제2항
> ④ 제517조

11 다음 중 이행지체의 효과를 모두 고른 것은?

㉠ 이행의 강제	㉡ 지연배상과 전보배상
㉢ 대상청구권	㉣ 위험부담의 이전
㉤ 계약해제권	㉥ 책임의 가중

① ㉠㉡㉢㉣
② ㉠㉡㉣㉥
③ ㉠㉡㉤㉥
④ ㉠㉤㉢㉥

> **✔ 해설** ㉢ 이행불능의 효과이다.
> ㉣ 채권자지체의 효과이다.

12 이행불능에 관한 다음 설명 중 가장 옳은 것은?

① 이행불능이라는 것은 경험칙 또는 거래관념에 비추어 채무자의 채무이행의 실현을 기대할 수 없는 경우를 말한다.

② 이행불능에서 말하는 불능에는 후발적 불능뿐만 아니라, 원시적 불능도 포함된다.

③ 우리 민법은 이행불능의 효과로 전보배상, 계약해제권, 대상청구권 등을 명문의 규정으로 인정하고 있다.

④ 이행지체 후에 채무자의 과실 없이 이행할 수 없게 된 때에는 이행불능이 아니다.

> ✔ **해설** ② 원시적 불능은 법률행위 무효의 문제이다. 다만 원시적·주관적 불능의 경우 일단 계약은 유효하게 성립하므로 이를 광의의 이행불능에 포함시키기도 하나, 이는 하자담보책임의 문제라 할 것이다.
> ③ 대상청구권은 명문의 규정은 없으며, 학설·판례상 인정되는 권리이다.
> ④ 이행지체 후에는 채무자의 과실 없이 이행할 수 없게 된 때에도 이행불능을 인정한다.

13 불완전이행의 성립요건으로 옳지 않은 것은?

① 채무자의 이행이 있으나, 그 이행행위가 불완전할 것

② 채무자에게 귀책사유가 있을 것

③ 위법한 것일 것

④ 이행기 전의 이행의 경우 이행기까지 불완전한 이행이 보완되지 않을 것

> ✔ **해설** 이행기 전 이행이 불완전한 경우라도 불완전이행은 성립하며, 다만 채무자가 이행기 도래 전 그 하자를 추완하면 책임을 면할 뿐이다.

14 불완전이행에 관한 다음 설명 중 옳은 것은?

① 불완전이행이란 채무자가 이행행위를 하였으나 이행의 불완전성으로 말미암아 채무내용에 따른 이행이 되지 못하고 채권자에게 손해를 입힌 경우를 말한다.

② 불완전이행은 민법이 명문으로 규정하고 있는 채무불이행의 한 유형이다.

③ 불완전이행은 급부의무와 부수의무의 불완전한 이행에 국한하고, 보호의무의 불완전한 이행은 포함하지 않는다.

④ 불완전이행의 경우 채권자는 추완청구권을 행사하여 완전한 이행을 받을 수 있으므로 계약해제권은 발생하지 않는다.

> ✔ 해설 ② 불완전이행은 민법상 명문의 규정이 없으며, 해석상 인정되는 채무불이행의 한 유형이다.
> ③ 판례는 신의칙상 인정되는 부수적 의무로서의 보호의무를 인정하고 보호의무를 위반한 경우 불완전이행으로 인한 채무불이행 책임을 부담해야 한다고 한다(대판 1994.1.28, 93다43590).
> ④ 채무불이행의 일반적 효과인 계약해제권, 손해배상청구권 외에도 불완전이행의 성질상 완전물이행청구나 추완청구도 가능하다고 할 것이다.

03 채무불이행에 대한 구제

15 다음 설명 중 옳지 않은 것은?

① 손해배상의 예정은 불법행위의 경우에는 적용되지 않는다.

② 손해배상의 예정은 이행의 청구나 계약해제에 영향을 미치지 않는다.

③ 매매에 있어서 계약금은 원칙적으로 해약금으로 추정되지는 않는다.

④ 손해배상의 배상액이 부당히 과다한 경우에는 법원은 적당히 감액할 수 있다.

> ✔ 해설 ① 불법행위는 우연적 사건으로 발생하는 것이므로 미리 손해배상을 예정할 여지가 없다.
> ② 제398조 제3항
> ③ 매매에 있어서 계약금은 원칙적으로 해약금으로 추정한다. 따라서 당사자의 일방이 이행에 착수할 때까지 교부자는 이를 포기하고 수령자는 그 배액을 상환하여 매매계약을 해제할 수 있다(제565조 제1항).
> ④ 제398조 제2항

16 다음 중 민법상 과실상계에 관한 설명으로 가장 옳지 않은 것은? (판례에 의함)

① 채무불이행과 불법행위에 모두 적용된다.

② 피해자의 부주의를 이용하여 고의로 불법행위를 저지른 경우에도 과실상계 할 수 있다.

③ 과실상계에 있어서의 과실은 사회통념상, 신의성실의 원칙상, 공동생활상 요구되는 약한 의미의 부주의를 가리키는 것이다.

④ 피해자의 과실뿐만 아니라 그와 신분상 내지 사회생활상 일체를 이루는 관계에 있는 자의 과실도 피해자 측의 과실로서 참작되어야 한다.

 ① 과실상계는 채무불이행책임과 불법행위책임에 공통적으로 적용된다.
② 과실상계를 주장하지 못한다(대판 2000.1.21, 99다50538).
③ 통설의 견해이다.
④ 대판 1996.11.12, 96다26183

17 손해배상액의 예정에 관한 다음 설명 중 가장 옳지 않은 것은?

① 당사자는 채무불이행에 관한 손해배상액을 예정할 수 있다.

② 손해배상의 예정액을 청구하는 경우에는 달리 계약해제를 구할 수는 없다.

③ 손해배상의 예정액이 부당히 과다한 경우에는 법원은 적당히 감액할 수 있다.

④ 위약금의 약정은 손해배상액의 예정으로 추정한다.

 ① 제398조 제1항
② 손해배상액의 예정은 계약의 해제에 영향을 미치지 아니한다(제398조 제3항).
③ 제398조 제2항
④ 제398조 제4항

18 다음 설명 중 옳지 않은 것은? (다툼이 있는 경우 판례에 의함)

① 위약금의 약정은 손해배상액의 예정으로 추정한다.

② 손해배상액의 예정이 부당히 과다한 경우에는 법원은 적당히 감액할 수 있다.

③ 위약금이 위약벌의 성질을 가질 때에도 법원은 적당히 감액할 수 있다.

④ 손해배상액 예정이 부당히 과다한 경우란 사회관념에 비추어 그 예정액의 지급이 채무자에게 부당한 압박을 가하는 것을 의미한다.

> ✔**해설** ① 제398조 제4항.
> ② 제398조 제2항.
> ③ 위약벌의 약정은 채무의 이행을 확보하기 위하여 정해지는 것으로 손해배상의 예정과는 내용이 다르므로 손해배상의 예정에 관한 민법 제398조 제2항을 유추적용하여 그 액을 감액할 수는 없다. 다만 그 의무의 강제에 의하여 얻어지는 채권자의 이익에 비하여 약정된 벌이 과도하게 무거울 때에는 그 일부 또는 전부가 공서양속에 반하여 무효로 된다(대판 2013.7.25. 2013다27015).
> ④ 여기서 '부당히 과다한 경우'라고 함은 채권자와 채무자의 각 지위, 계약의 목적 및 내용, 손해배상액을 예정한 동기, 채무액에 대한 예정액의 비율, 예상 손해액의 크기, 그 당시의 거래관행 등 모든 사정을 참작하여 일반 사회관념에 비추어 그 예정액의 지급이 채무자에게 부당한 압박을 가하여 공정성을 잃는 결과를 초래한다고 인정되는 경우를 뜻하는 것으로 보아야 한다(대판 2009.12.24. 2009다60169).

19 민법상 채무불이행으로 인한 손해배상에 관한 다음 설명 중 옳지 않은 것은?

① 이행보조자의 과실은 채무자의 과실로 본다.

② 손해배상을 청구하기 위하여 채권자가 채무자의 고의 · 과실을 적극적으로 입증할 필요가 없다.

③ 채권자에게 과실이 있다고 인정되는 이상 법원은 손해배상의 책임 및 그 금액을 정함에 있어서 직권으로 이를 참작하여야 한다.

④ 손해배상방법에 관하여 원칙적으로 원상회복주의를 취하고, 그것이 불가능한 경우에 한하여 금전배상주의를 취한다.

> ✔**해설** ① 채무자의 법정대리인이 채무자를 위하여 이행하거나 채무자가 타인을 사용하여 이행하는 경우에는 법정대리인 또는 피용자의 고의나 과실은 채무자의 고의나 과실로 본다(제391조).
> ② 불법행위책임과 달리 채무불이행책임의 경우 채권자에게는 입증책임이 없고 채무자가 그 채무의 불이행이 자기의 귀책사유가 아니라는 사실을 주장 · 입증하여야 한다(제390조 및 대판 2016.3.24. 2015다249383 참조).
> ③ 채무불이행에 관하여 채권자에게 과실이 있는 때에는 법원은 손해배상의 책임 및 그 금액을 정함에 이를 참작하여야 한다(제396조 및 대판 2016.3.24. 2015다249383 참조).
> ④ 우리나라는 금전배상주의를 원칙으로 하고 있다.

20 손해배상액의 예정에 관한 설명 중 가장 옳지 않은 것은? (다툼이 있는 경우 판례에 의함)

① 민법 제398조가 규정하는 손해배상의 예정의 목적은 손해의 발생사실과 손해액에 대한 입증곤란을 배제하고 분쟁을 사전에 방지하여 법률관계를 간이하게 해결하는 것에 있고 채무자에게 심리적으로 경고를 줌으로써 채무이행을 확보하려는 데에 있는 것은 아니므로, 채무자가 실제로 손해발생이 없다거나 손해액이 예정액보다 적다는 것을 입증하면 채무자는 그 예정액의 지급을 면하거나 감액을 청구할 수 있다.

② 채무불이행으로 인한 손해배상액이 예정되어 있는 경우 채권자는 채무불이행 사실만 입증하면 손해의 발생 및 그 액수를 증명하지 아니하고 예정배상액을 청구할 수 있으나, 반면 채무자는 채권자와 채무불이행에 있어 채무자의 귀책사유를 묻지 아니한다는 약정을 하지 아니한 이상 자신의 귀책사유가 없음을 주장·증명함으로써 위 예정배상액의 지급책임을 면할 수 있다.

③ 계약 당시 손해배상액을 예정한 경우에는 다른 특약이 없는 한 채무불이행으로 인하여 입은 통상손해는 물론 특별 손해까지도 예정액에 포함되고 채권자의 손해가 예정액을 초과한다 하더라도 초과 부분을 따로 청구할 수 없다.

④ 위약벌의 약정은 채무의 이행을 확보하기 위하여 정해지는 것으로서 손해배상의 예정과는 그 내용이 다르므로 손해배상의 예정에 관한 민법 제398조 제2항을 유추적용하여 그 액을 감액할 수는 없다.

✅ **해설** ① 민법 제398조가 규정하는 손해배상의 예정은 채무불이행의 경우에 채무자가 지급하여야 할 손해배상액을 미리 정해두는 것으로서 그 목적은 손해의 발생사실과 손해액에 대한 입증곤란을 배제하고 분쟁을 사전에 방지하여 법률관계를 간이하게 해결하는 것 외에 채무자에게 심리적으로 경고를 줌으로써 채무이행을 확보하려는 데에 있으므로, 채무자가 실제로 손해발생이 없다거나 손해액이 예정액보다 적다는 것을 입증하더라도 채무자는 그 예정액의 지급을 면하거나 감액을 청구하지 못한다. 따라서 민법 제398조 제2항에 의하여 법원이 예정액을 감액할 수 있는 '부당히 과다한 경우'라 함은 손해가 없다든가 손해액이 예정액보다 적다는 것만으로는 부족하고, 계약자의 경제적 지위, 계약의 목적 및 내용, 손해배상액 예정의 경위 및 거래관행 기타 여러 사정을 고려하여 그와 같은 예정액의 지급이 경제적 약자의 지위에 있는 채무자에게 부당한 압박을 가하여 공정성을 잃는 결과를 초래한다고 인정되는 경우를 뜻하는 것으로 보아야 한다(대판 2008.11.13. 2008다46906).

② 대판 2010.2.25. 2009다83797

③ 민법 제398조에서 정하고 있는 손해배상액의 예정은 손해의 발생사실과 손해액에 대한 증명의 곤란을 덜고 분쟁의 발생을 미리 방지하여 법률관계를 쉽게 해결하고자 하는 등의 목적으로 규정된 것이고, 계약 당시 손해배상액을 예정한 경우에는 다른 특약이 없는 한 채무불이행으로 인하여 입은 통상손해는 물론 특별손해까지도 예정액에 포함되고 채권자의 손해가 예정액을 초과한다 하더라도 초과 부분을 따로 청구할 수 없다(대판 2012.12.27. 2012다60954).

④ 대판 1993.3.23 92다46905

21 손해배상의 범위에 관한 다음 설명 중 옳지 않은 것은? (판례에 의함)

① 매매목적물의 이행불능의 당시의 시가가 계약 당시의 그것보다 현저히 앙등된 경우에 그 앙등된 가격은 통상손해이다.

② 주거공간인 건물신축도급계약에 있어서 수급인이 신축한 건물에 하자로 인해 도급인이 받은 정신적 고통은 특별손해이다.

③ 영업용 차량이 사고로 인하여 파손되어 그 유상교체나 수리를 위하여 필요한 기간 동안 그 차량에 의한 영업을 할 수 없었던 경우에는 영업을 계속했더라면 얻을 수 있었던 이익의 상실은 통상손해이다.

④ 계약 당시 손해배상액을 예정한 경우에는 다른 특약이 없는 한 채무불이행으로 인하여 입은 통상손해만을 의미하며 특별손해는 포함하지 않는다고 할 것이다.

> ✔ **해설** ① 대판 1993.5.27. 92다20163
> ② 대판 1993.11.9. 93다19115
> ③ 대판 1990.8.14. 90다카7569
> ④ 당사자사이의 채무불이행에 관하여 손해배상액을 예정한 경우에 채권자는 통상의 손해뿐만 아니라 특별한 사정으로 인한 손해에 관하여도 예정된 배상액만을 청구할 수 있고 특약이 없는 한 예정액을 초과한 배상액을 청구할 수는 없다(대판 1988.9.27. 86다카2375).

22 채무불이행으로 인한 손해배상에 관한 판례의 태도 중 옳은 것은?

① 특별사정으로 인한 손해배상에 있어서 채무자가 그 사정을 알았거나 알 수 있었는지의 여부를 가리는 시기는 채무의 이행기까지를 기준으로 한다.

② 특별한 사정으로 인한 손해가 인정되기 위해서는 채무불이행자가 그러한 특별한 사정에 의하여 발생한 손해의 액수까지 알았거나 알 수 있어야 하는 것이다.

③ 특별사정의 존재 및 채무자의 예견가능성은 채무자가 그 입증책임을 진다.

④ 매매목적물의 이행불능의 당시의 시가가 계약 당시의 그것보다 현저히 앙등된 경우에 그 앙등된 가격은 특별손해이다.

> ✔ **해설** ① 대판 1985.9.10. 84다카1532
> ② 특별한 사정으로 인한 손해액까지 알 필요는 없다(대판 2002.10.25. 2022다23598).
> ③ 채권자가 입증책임을 진다(대판 1964.6.9. 63다1023).
> ④ 매매계약의 이행불능으로 인한 전보배상책임의 범위는 이행불능 당시의 매매목적물의 시가에 의하여야 하고 그와 같은 시가 상당액이 곧 통상의 손해라 할 것이고, 그 후 시가의 등귀는 채무자가 알거나 알 수 있었을 경우에 한하여 이를 특별사정으로 인한 손해로 보아 그 배상을 청구할 수 있는 것이므로 이행불능 당시의 시가가 계약 당시의 그것보다 현저하게 앙등되었다 할지라도 그 가격을 이른바 특별사정으로 인한 손해라고 볼 수 없다(대판 1993.5.27. 92다20163).

23 과실상계에 관한 설명 중 옳지 않은 것은?

① 불법행위로 인한 손해배상액의 산정에서는 과실상계를 한 다음 손익상계를 한다.

② 과실상계에서 고려되는 과실은 채권자의 수령보조자의 과실도 포함하는 개념이다.

③ 법원은 채무자의 신청이 있는 경우 채권자의 과실 유무를 조사하여야 한다.

④ 채권자에게 과실이 있는 경우 반드시 이를 참작하여야 하나, 어느 정도로 참작하느냐는 법원의 판단에 속한다.

 해설
① 불법행위 또는 채무불이행에 관하여 채권자의 과실이 있고 채권자가 그로 인하여 이익을 받은 경우에 손해배상액을 산정함에 있어서는 과실상계를 한 다음 손익상계를 하여야 하고, 이는 과실상계뿐만 아니라 손해부담의 공평을 기하기 위한 책임제한의 경우에도 마찬가지이다(대판2008.5.15. 2007다37721).
② 대판 1996.11.12. 96다26183
③ 불법행위에 있어서 과실상계는 공평 내지 신의칙의 견지에서 손해배상액을 정함에 있어 피해자의 과실을 참작하는 것으로, 그 적용에 있어서는 가해자와 피해자의 고의·과실의 정도, 위법행위의 발생 및 손해의 확대에 관하여 어느 정도의 원인이 되어 있는가 등의 제반 사정을 고려하여 배상액의 범위를 정하는 것이나, 그 과실상계 사유에 관한 사실인정이나 그의 비율을 정하는 것은 그것이 형평의 원칙에 비추어 현저히 불합리하다고 인정되지 않는 한 사실심의 전권사항에 속한다 할 것이다(대판 2008.2.28. 2005다11954).

24 손해배상의 예정과 위약벌에 대한 판례의 태도 중 옳은 것은?

① 법원이 손해배상의 예정액이 부당하게 과다함을 이유로 배상액을 감액한 경우라도 그 감액부분이 처음부터 무효인 것으로 되는 것은 아니다.

② 입찰보증금이 계약체결을 담보하는 동시에 계약체결 불이행에 대한 위약벌 또는 제재금의 성질을 가진 경우라면 채무불이행으로 인한 보증금의 귀속에 관하여 손해의 발생이 필요하다.

③ 위약벌로서의 위약금인 경우에도 법원이 감액할 수 있다.

④ 도급계약에 있어 계약이행보증금과 지체상금의 약정이 있는 경우에는 특별한 사정이 없는 한 계약이행보증금은 위약벌 또는 제재금의 성질을 가지고, 지체상금은 손해배상의 예정으로 봄이 상당하다.

 해설
① 처음부터 무효이다(대판 1991.7.9. 91다11490).
② 위약벌의 성질도 가지고 있는 것이므로, 손해의 발생이 반드시 필요한 것은 아니다(대판 1979.9.11. 79다1270).
③ 위약벌인 경우에는 법원이 감액할 수 없다(대판 1968.6.4. 68다491).
④ 대판 1997.10.28. 97다21932

Answer 21.④ 22.① 23.③ 24.④

04 채권자지체

25 채권자지체에 관한 다음 설명 중 옳지 않은 것은?

① 채권자지체는 채무의 이행에 있어서 채권자의 수령 등 일정한 협력을 필요로 하는 경우에 문제가 된다.

② 채무불이행 책임설은 채권자의 협력의무 불이행책임이라고 본다.

③ 법정 책임설은 채권자의 협력의무를 부정하고, 민법에 규정된 채권자지체책임은 채무자가 변제에 제공을 한 경우에 이익형평의 원칙에 따라 협력지연에 따른 불이익을 채권자가 부담하도록 하는 법정책임이라고 본다.

④ 채무불이행책임설과 법정책임설 모두 채권자의 귀책사유를 요건으로 하는 점에서는 공통된다.

> ✅ **해설** 법정책임설은 채권자의 귀책사유를 요건으로 하지 않는다.

26 다음 중 채권자지체의 종료사유가 아닌 것은?

① 공탁

② 채권자지체의 면제

③ 단순한 이행의 최고

④ 이행불능의 발생

> ✅ **해설** 단순한 이행의 최고만으로는 채권자지체가 종료되지 않으며, 채권자가 수령에 필요한 준비를 하고 지체 중의 모든 효과를 승인하여 수령의 의사표시를 한 때에 비로소 채권자지체가 종료된다.

27 다음 중 반드시 재판상의 청구에 의하여 행사하여야 하는 권리는?

① 유류분반환청구권
② 채권자취소권
③ 임차인의 부속물매수청구권
④ 불법행위에 기한 손해배상청구권

> ✔ 해설 채권자취소권은 반드시 재판상 행사하여야 하는 권리이다(제406조 제1항).

28 채권자대위권 및 채권자취소권에 대한 다음 설명 중 판례의 태도로 볼 수 없는 것은?

① 채권자취소권은 채권자가 채무자를 대위하여 행사할 수 없다.
② 사해행위 취소의 효력은 상대적이기 때문에 소송당사자인 채권자와 수익자 또는 전득자 사이에만 발생할 뿐 소송의 상대방 아닌 제3자에게는 아무런 효력을 미치지 아니한다.
③ 채무자가 대위권 행사의 통지를 받은 후에는 그 권리를 처분하여도 이로써 채권자에게 대항하지 못한다.
④ 채권자가 그 채권의 기한이 도래하기 전에 대위권을 행사하려면 법원의 허가를 얻어야 하나 보존행위는 그러하지 아니한다.

> ✔ 해설 ① 채권자취소권도 채권자가 채무자를 대위하여 행사하는 것이 가능하다(대판 2001.12.27. 2000다73049).
> ② 채권자가 사해행위의 취소와 함께 수익자 또는 전득자로부터 책임재산의 회복을 명하는 사해행위취소의 판결을 받은 경우 취소의 효과는 채권자와 수익자 또는 전득자 사이에만 미치므로, 수익자 또는 전득자가 채권자에 대하여 사해행위의 취소로 인한 원상회복 의무를 부담하게 될 뿐, 채권자와 채무자 사이에서 취소로 인한 법률관계가 형성되거나 취소의 효력이 소급하여 채무자의 책임재산으로 복구되는 것은 아니다(대판 2014.6.12. 2012다47548).
> ③ 제405조
> ④ 제404조

Answer 25.④ 26.③ 27.② 28.①

29 다음 중 채권자취소권에 관한 설명으로 옳지 않은 것은? (판례에 의함)

① 채무자가 자기의 유일한 재산인 부동산을 매각하여 소비하기 쉬운 금전으로 바꾸거나 타인에게 무상으로 이전하여 주는 행위는 특별한 사정이 없는 한 채권자에 대하여 사해행위가 된다.

② 사해행위 취소의 효력은 상대적이기 때문에 소송당사자인 채권자와 수익자 또는 전득자 사이에만 발생한다.

③ 채권자취소의 소는 채권자가 취소원인을 안 날로부터 1년, 법률행위 있은 날로부터 3년 내에 제기하여야 한다.

④ 사해행위 취소에 있어서 수익자가 악의라는 점에 대해서는 그 수익자 자신에게 선의임을 입증할 책임이 있다.

> ✔ **해설** ① 대판 1966.10.4, 66다1535
> ② 채권자취소소송에서 원고는 채권자이고 피고는 수익자 또는 전득자이며, 채무자는 피고로 삼을 수 없다는 것이 확립된 판례이다(대판 1991.8.13, 91다13717). 따라서, 기판력은 피고인 수익자 또는 전득자에게만 미치며, 채무자에게는 미치지 않는다.
> ③ 채권자가 취소원인을 안 날로부터 1년, 법률행위가 있은 날로부터 5년 내에 제기하여야 한다(제406조 제2항).
> ④ 대판 1969.1.28, 68다2022

30 다음 중 채권자대위권에 관한 설명으로 옳지 않은 것은?

① 소의 제기는 대위할 수 있으나, 소송계속 후 그 소송수행을 위한 공격방어방법의 제출은 채권자가 대위하지 못한다.

② 대위권 행사의 사법상 효과는 직접적으로 채무자에게 귀속한다.

③ 채권자대위권의 행사는 재판상 행사하지 않으면 법률상의 효력을 발생하지 않는다.

④ 일부 특정채권에 대하여는 채무자가 무자력이 아니더라도 대위행사가 허용된다.

> ✔ **해설** ③ 채권자대위권은 채권자취소권과 달리 재판상 행사일 것을 요하지 않는다.
> ④ 채권자대위권 행사에 무자력을 요하지 않는 경우
>   ⊙ 유실물을 실제로 습득한 자가 법률상의 습득자를 대위하여 보상금의 반액을 청구하는 경우(대판 1968.6.18, 68다663)
>   ⓒ 의료인이 치료비청구권을 보전하기 위하여 환자의 국가에 대한 배상청구권을 대위행사하는 경우(대판 1981.6.23, 80다1351)
>   ⓒ 임대차보증금반환채권의 양수인이 임대인의 임차인에 대한 임차가옥명도 청구권을 대위행사하는 경우(대판 1989.4.25, 88다카4253)

31 채권자대위권 행사의 효과를 설명한 것으로 옳지 않은 것은? (판례에 의함)

① 채권자대위권의 행사는 채무자 권리의 시효중단의 사유가 된다.
② 채무자가 대위사실을 통지받은 후에는 그 권리를 처분하여도 이로써 채권자에게 대항하지 못한다.
③ 재판에 의해 대위권이 행사된 경우 채무자가 소송에 참가하였거나 소송고지를 받은 경우에는 채무자에게도 기판력이 미친다.
④ 채무자가 소송에 참가하지도 않고 소송고지를 받지도 않은 경우 채무자가 그 소제기 사실을 알았다는 사유만으로는 채무자에게 기판력이 미치지 않는다.

> ✔해설 ② 제405조 제2항
> ④ 적어도 채무자가 채권자 대위권에 의한 소송이 제기된 사실을 알았을 경우에는 그 판결의 효력은 채무자에게 미친다(대판 1975.5.13, 74다1664 전합).

32 채권자대위권과 채권자취소권의 차이에 관한 설명 중 옳지 않은 것은?

	채권자대위권	채권자취소권
①	채무자의 권리를 채권자의 이름으로 행사	채권자의 권리를 채권자의 이름으로 행사
②	재판 외·재판상 행사 가능한 실체법상 권리	재판상 행사하는 소송법상 권리
③	채권자의 채권은 이행기에 있을 것	이행기에 있을 것을 요하지 않음
④	채무자에게도 대위의 효과가 미침	채무자에게는 취소의 효과가 미치지 않음

> ✔해설 채권자취소권은 재판상 행사하여야 하지만, 실체법상의 권리이다.

33 채권자대위권에 관한 설명 중 가장 옳지 않은 것은? (다툼이 있는 경우 판례에 의함)

① 채권자가 채권자대위권을 행사함에 있어 채무자에 대한 채권이 제3채무자에게 대항할 수 있어야 한다.

② 채권자는 그 채권의 기한이 도래하기 전에는 법원의 허가없이 채권자대위권을 행사하지 못한다. 그러나 보전행위는 그러하지 아니하다.

③ 채무자가 채권자대위권 행사의 통지를 받은 경우 그 후에 권리를 처분하여도 이로써 채권자에게 대항하지 못한다.

④ 물권적 청구권을 피 보전권리로 하는 채권자대위권이 인정된다.

✔ 해설 ① 민법 제404조에서 규정하고 있는 채권자대위권은 채권자가 채무자에 대한 자기의 채권을 보전하기 위하여 필요한 경우에 채무자의 제3자에 대한 권리를 대위행사 할 수 있는 권리를 말하는 것으로서 이때 보전되는 채권은 보전의 필요성이 확정되고 이행기가 도래한 것이면 족하고 그 채권의 발생 원인이 어떠하든 대위권을 행사함에는 아무런 방해가 되지 아니하며 또한 채무자에 대한 채권이 제3채무자에게까지 대항할 수 있는 것임을 요하는 것도 아니라 할 것이므로 채권자대위권을 재판상 행사하는 경우에 있어서도 채권자는 그 채권의 존재사실 및 보전의 필요성, 기한의 도래 등을 입증하면 족한 것이며 채권의 발생 원인 사실 또는 그 채권이 제3채무자에게 대항할 수 있는 채권이라는 사실까지 입증할 필요는 없다(대판 1988.2.23. 87다카961).

② 민법 제404조 제2항.

③ 민법 제405조 제2항.

④ 채권자는 채무자에 대한 채권을 보전하기 위하여 채무자를 대위해서 채무자의 권리를 행사할 수 있는바, 채권자가 보전하려는 권리와 대위하여 행사하려는 채무자의 권리가 밀접하게 관련되어 있고 채권자가 채무자의 권리를 대위하여 행사하지 않으면 자기 채권의 완전한 만족을 얻을 수 없게 될 위험이 있어 채무자의 권리를 대위하여 행사하는 것이 자기 채권의 현실적 이행을 유효·적절하게 확보하기 위하여 필요한 경우에는 채권자대위권의 행사가 채무자의 자유로운 재산관리행위에 대한 부당한 간섭이 된다는 등의 특별한 사정이 없는 한 채권자는 채무자의 권리를 대위하여 행사할 수 있어야 하고, 피 보전채권이 특정채권이라 하여 반드시 순차매도 또는 임대차에 있어 소유권이전등기청구권이나 인도청구권 등의 보전을 위한 경우에만 한하여 채권자대위권이 인정되는 것은 아니며, 물권적 청구권에 대하여도 채권자대위권에 관한 민법 제404조의 규정과 위와 같은 법리가 적용될 수 있다(대판 2007.5.10. 2006다82700).

34 채권자대위권에 대한 다음 설명 중 가장 옳지 않은 것은? (다툼이 있는 경우 판례에 의함)

① 저작권법이 보호하는 재산권의 침해가 발생하였으나 그 권리자가 스스로 저작권법 상의 침해정지청구권을 행사하지 않는 경우, 그 재산권의 독점적인 이용권자가 권리자를 대위하여 위 침해정지청구권을 행사할 수 있다.

② 채권을 보전하기 위하여 대위행사가 필요한 경우는 실체법상 권리뿐만 아니라 소송법상 권리에 대하여서도 대위가 허용되나, 종전 재심대상판결에 대하여 불복하여 종전 소송절차의 재개, 속행 및 재심판을 구하는 재심의 소 제기는 채권자대위권의 목적이 될 수 없다.

③ 채권자대위소송의 제3채무자는 원칙적으로 채무자가 채권자에 대하여 가지는 항변으로 대항할 수 없지만, 채권자의 채무자에 대한 채권의 소멸시효가 완성된 경우에는 소멸시효 완성의 항변을 원용할 수 있다.

④ 채권자가 채권자대위권의 법리에 의하여 채무자에 대한 채권을 보전하기 위하여 채무자의 제3자에 대한 권리를 대위행사하기 위하여는 채무자에 대한 채권을 보전할 필요가 있어야 하고, 그러한 보전의 필요가 인정되지 아니하는 경우에는 소가 부적법하므로 법원으로서는 이를 각하하여야 한다.

✔해설 ① 저작권법은 특허법이 전용실시권제도를 둔 것과는 달리 침해정지청구권을 행사할 수 있는 이용권을 부여하는 제도를 마련하고 있지 아니하여, 이용허락계약의 당사자들이 독점적인 이용을 허락하는 계약을 체결한 경우라도 그 이용권자가 독자적으로 저작권법상의 침해정지청구권을 행사할 수는 없다. 따라서 이용허락의 목적이 된 저작권법이 보호하는 재산권의 침해가 발생하는 경우에도 그 권리자가 스스로 침해정지청구권을 행사하지 아니하는 때에는 독점적인 이용권자로서는 이를 대위하여 행사하지 아니하면 달리 자신의 권리를 보전할 방법이 없을 뿐만 아니라, 저작권법이 보호하는 이용허락의 대상이 되는 권리들은 일신전속적인 권리도 아니어서 독점적인 이용권자는 자신의 권리를 보전하기 위하여 필요한 범위 내에서 권리자를 대위하여 저작권법 제91조에 기한 침해정지청구권을 행사할 수 있다(대판 2007.1.25, 2005다11626).

② 대법원 2012.12.27, 2012다75239

③ 채권자대위권에 기한 청구에서 제3채무자는 채무자가 채권자에 대하여 가지는 항변으로 대항할 수 없을뿐더러 채권의 소멸시효가 완성된 경우 이를 원용할 수 있는 자는 시효이익을 직접 받는 자만이고 제3채무자는 이를 행사할 수 없다(대판 1992.11.10, 92다35899).

④ 대판 1988.6.14, 87다카2753

35 채권자취소권에 대한 설명 중 옳지 않은 것은?

① 채권자취소권은 채권의 공동담보의 보전을 목적으로 하는 제도이다.

② 채무자의 사해의사는 적극적 의욕이 아니라 단순한 인식으로 충분하다.

③ 취소소송의 피고는 언제나 이득반환청구의 상대방, 즉 수익자 또는 전득자이다.

④ 채권자가 취소권을 행사한 경우 그 목적물의 인도를 자기 자신에게 할 것을 청구할 수는 없다.

✔ 해설　② 채무자의 인식에 있어 과실의 유무도 묻지 않으며, 채무자에게 사해의사가 있으면 이후의 전득자는 악의로 추정된다(대판 1969.1.28, 68다2022).
　　　③ 판례의 확립된 견해이다(대판 1991.8.13, 91다13717 등).
　　　④ 사해행위의 취소에 따른 원상회복은 원칙적으로 그 목적물 자체의 반환에 의하여야 하는 바, 이때 사해행위의 목적물이 동산이고 그 현물반환이 가능한 경우에는 취소채권자는 직접 자기에게 그 목적물의 인도를 청구할 수 있다(대판 1999.8.24, 99다23468·23475).

36 채권자취소권에 있어서 채권에 관한 설명 중 옳지 않은 것은?

① 채권자가 보전하려는 채권은 조건부채권이더라도 상관없다.

② 보전하려는 채권은 사해행위 이후에 발생한 것이라도 무방하다.

③ 사해행위 취소의 범위는 취소채권자의 채권액을 기준으로 한다.

④ 이혼에 따른 재산분할도 상당한 정도를 벗어나는 초과부분에 대해서는 사해행위에 해당하며, 이 경우 취소의 범위는 상당부분을 초과하는 부분에 한한다.

✔ 해설　② 채권자 취소권에서 보전하려는 채권은 사해행위 이전에 발생한 것이라야 한다.
　　　③ 다만, 다른 채권자가 배당요구를 할 것이 명백하거나 목적물이 불가분인 경우에는 그 채권액을 넘어서도 취소를 구할 수 있다(대판 1997.9.9, 97다10864).
　　　④ 대판 2000.9.29, 2000다25569

37 다음 중 채권자취소권의 사해행위에 해당하지 않는 것은? (판례에 의함)

① 채무자의 유일한 재산인 부동산을 매각하여 소비하기 쉬운 금전으로 바꾸는 행위
② 채무자가 유일한 재산을 채권자 중의 한사람에게 담보로 제공하는 행위
③ 부동산의 매도인(채무자)이 이중매매한 경우, 채무자와 제3자 사이에 이루어진 제2의 소유권이전등기
④ 채무초과상태에서 채무자가 일부채권자에게만 대물변제를 하는 행위

 해설 ① 대판 1966.10.4, 66다1535
② 대판 1989.9.12, 88다카23186
③ 부동산의 제1매수인인 채권자는 자신의 소유권이전등기청구권 보전을 위하여 채무자와 제3자 사이에 이루어진 제2의 소유권
이전등기의 말소를 구하는 채권자취소권을 행사할 수 없다(대판 1996.9.20, 95다1965).
④ 대판 1998.5.12, 97다57320

38 채권자취소권에 관한 판례의 설명 중 옳지 않은 것은?

① 이혼에 따르는 재산분할행위는 원칙적으로 취소의 대상이 아니지만, 분할행위가 상당성을 결여한 경우
에는 재산양도의 경위 등에 비추어 사해행위가 될 수도 있다.
② 사해행위로 소유권을 이전받은 전득자의 제3채권자가 목적부동산에 가압류등기를 한 경우, 채무자와
전득자(수익자) 사이의 위 부동산에 관한 매매계약이 사해행위를 이유로 취소되더라도 가압류가 당연히
소멸되는 것은 아니다.
③ 채무초과상태에 있는 채무자가 유일한 재산인 부동산을 특정채권자에게 채권담보로 제공하는 행위는
사해행위에 해당하나, 특정채권자가 최고액 채권자이고 부동산의 시가가 담보채권자의 채권액에 미치지
못하는 경우라면 사해행위는 성립하지 않는다.
④ 채권자의 채권은 사행행위 이전에 발생한 것이어야 하지만, 예외적으로 가까운 장래에 채권이 발생할
고도의 개연성이 있었고 실제 채권이 발생한 경우에는 채권자취소권의 피보전채권이 될 수 있다.

 해설 ① 대판 2001.2.9, 2000다63516
② 대판 1990.10.30, 89다카35421
③ 이미 채무초과의 상태에 빠져있는 채무자가 그의 유일한 재산인 부동산을 채권자 중의 어느 한 사람에게 채권담보로 제공하
는 행위는 다른 특별한 사정이 없는 한 다른 채권자들에 대한 관계에서 사해행위가 되는 것이고, 이러한 법리는 담보채권자
가 최고액 채권자이고 부동산의 시가가 담보채권자의 채권액에 미치지 못하는 경우에도 마찬가지이다(대판 1986.8.23, 86다
카83).
④ 대판 2002.11.26, 2000다64038

39 채권자취소권의 효력에 관한 다음 설명 중 옳지 않은 것은?

① 사해행위 취소의 판결은 상대적 효력만을 가진다.

② 채권자취소권의 행사로 사해행위가 취소되면 원물의 반환을 청구하는 것이 원칙이다.

③ 반환된 재산은 모든 채권자의 이익을 위해 그 효력이 있다.

④ 반환된 재산에 대해 강제집행을 하여 채권자들의 변제에 충당하고 남은 것은 채무자에게 귀속된다.

> **✔해설** ① 사해행위 취소의 기판력은 소송당사자에게만 미치며, 채무자에게는 미치지 않는다(대판 1988.2.23, 87다카1989).
> ② 사해행위 취소로 인한 반환은 원물반환이 원칙이고, 예외적으로 가액반환을 인정한다.
> ③ 제407조
> ④ 채무자에게는 기판력이 미치지 않으므로 변제에 충당하고 남은 재산은 수익자(또는 전득자)에게 반환되어야 한다. 채무자 명의로 회복되는 것은 형식적인 것으로 강제집행을 위한 하나의 수단에 불과하기 때문이다.

40 채권자취소권의 효력에 관한 설명 중 옳지 않은 것은? (판례에 의함)

① 채권자취소권을 행사할 때에는 원칙적으로 자신의 채권액을 초과하여 취소권을 행사할 수 없고, 이때 채권자의 채권액에는 사해행위 이후 사실심 변론 종결시까지 발생한 이자나 지연손해금이 포함된다.

② 채권자가 채권자취소권을 행사하려면 사해행위로 인하여 이익을 받은 자나 전득한 자를 상대로 그 법률행위의 취소를 구하는 소송을 제기하여야 되는 것으로서, 채무자를 상대로 그 소송을 제기할 수는 없다.

③ 사해행위 취소의 청구가 제406조 제2항에 정하여진 기간 안에 제기되었다면, 원상회복의 청구는 그 기간이 지난 뒤에도 할 수 있다.

④ 채무가 초과된 상태라 하더라도 채무자가 특정부동산을 기한이 도래한 일부채권자에게 대물변제로 넘겨주는 것은 정상적인 변제행위이므로 사해행위가 될 수 없다.

> **✔해설** ① 대판 2001.9.4, 2000다66416
> ② 대판 1991.8.13, 91다13717
> ③ 대판 2001.9.4, 2001다14108
> ④ 채무자가 이미 채무초과에 빠진 상태에서 특정채권자에게 대물변제를 함으로 인하여 채무자의 일반담보를 감소하게 한 경우에는 사해행위가 된다(대판 1996.10.29, 96다23207).

41 채권자취소권에 관한 설명으로 옳지 못한 것은? (다툼이 있는 경우 판례에 의함)

① 채권자가 자신의 채권을 보전하기 위하여 채무자의 채권자취소권을 대위행사 할 수 있는데, 이 경우 제소기간은 대위의 목적으로 되는 권리의 채권자인 채무자를 기준으로 하여 그 준수 여부를 가려야 한다.

② 채권자취소소송의 상대방은 수익자 또는 전득자이고, 채무자는 피고적격을 가지지 못한다.

③ 채권자가 사해행위 전부의 취소와 원상회복만을 구하는 경우에는 법원은 가액의 배상을 명할 수 없다.

④ 다른 채권자가 배당요구를 할 것이 명백하거나 목적물이 불가분인 경우에는 취소채권자의 채권액을 넘어서까지도 취소를 구할 수 있다.

✔해설 ① 채권자취소권도 채권자가 채무자를 대위하여 행사하는 것이 가능하다. 민법 제404조 소정의 채권자대위권은 채권자가 자신의 채권을 보전하기 위하여 채무자의 권리를 자신의 이름으로 행사할 수 있는 권리라 할 것이므로, 채권자가 채무자의 채권자취소권을 대위행사하는 경우, 제소기간은 대위의 목적으로 되는 권리의 채권자인 채무자를 기준으로 하여 그 준수 여부를 가려야 할 것이고, 따라서 채권자취소권을 대위행사하는 채권자가 취소원인을 안 지 1년이 지났다 하더라도 채무자가 취소원인을 안 날로부터 1년, 법률행위가 있은 날로부터 5년 내라면 채권자취소의 소를 제기할 수 있다(대판 2001.12.27, 2000다73049).

② 채권자가 채권자취소권을 행사하려면 사해행위로 인하여 이익을 받은 자나 전득한 자를 상대로 그 법률행위의 취소를 청구하는 소송을 제기하여야 되는 것으로서 채무자를 상대로 그 소송을 제기할 수는 없다(대판 2004.8.30, 2004다21923).

③ 저당권이 설정되어 있는 부동산이 사해행위로 이전된 경우에 그 사해행위는 부동산의 가액에서 저당권의 피담보채권액을 공제한 잔액의 범위 내에서만 성립한다고 보아야 하므로, 사해행위 후 변제 등에 의하여 저당권설정등기가 말소된 경우 그 부동산의 가액에서 저당권의 피담보채무액을 공제한 잔액의 한도에서 사해행위를 취소하고 그 가액의 배상을 구할 수 있을 뿐이고, 특별한 사정이 없는 한 변제자가 누구인지에 따라 그 방법을 달리한다고 볼 수는 없는 것이며, 사해행위인 계약 전부의 취소와 부동산 자체의 반환을 구하는 청구취지 속에는 위와 같이 일부취소를 하여야 할 경우 그 일부취소와 가액배상을 구하는 취지도 포함되어 있다고 볼 수 있으므로 청구취지의 변경이 없더라도 바로 가액반환을 명할 수 있다(대판 2001.6.12, 99다20612).

④ 사해행위취소의 범위는 다른 채권자가 배당요구를 할 것이 명백하거나 목적물이 불가분인 경우와 같이 특별한 사정이 있는 경우에는 취소채권자의 채권액을 넘어서까지도 취소를 구할 수 있다(대판 2006.6.29, 2004다5822).

42 채권자취소권에 관한 설명으로서 옳지 않은 것은? (다툼이 있는 경우 판례에 의함)

① 채무자가 채무가 재산을 초과하는 상태에서 채권자 중 한 사람과 통모하여, 그 채권자만 우선적으로 채권의 만족을 얻도록 할 의도로, 채무자 소유의 부동산을 그 채권자에게 매각하고 위 매매대금채권과 그 채권자의 채무자에 대한 채권을 상계하는 약정을 하였다면 매매가격이 상당한 가격이거나 상당한 가격을 초과한다고 할지라도, 채무자의 매각행위는 다른 채권자를 해할 의사로 한 법률행위에 해당한다.

② 채무자가 양도한 목적물에 담보권이 설정되어 있고 피담보채권액이 목적물의 가액을 초과하는 경우 당해 재산의 양도는 사해행위에 해당하지 않는다.

③ 매도행위가 사해행위에 해당하는 경우, 제3자가 목적물에 관하여 저당권 등의 권리를 취득한 때에는 수익자를 상대로 가액배상만을 구할 수 있을 뿐 원물반환을 구할 수는 없다.

④ 수익자가 가액배상을 할 때에, 수익자 자신도 사해행위취소의 효력을 받는 채권자 중의 1인이라는 이유로, 취소채권자의 원상회복에 대하여 총채권액 중 자기의 채권에 해당하는 안분액의 배당요구권으로써 원상회복청구와의 상계를 주장하여 그 안분액의 지급을 거절할 수는 없다.

✔해설   ① 대판 1994.6.14. 94다2961,94다2978(병합)

② 대판 2008.4.10. 2007다78234

③ 사해행위 후 그 목적물에 관하여 제3자가 저당권이나 지상권 등의 권리를 취득한 경우에는 수익자가 목적물을 저당권 등의 제한이 없는 상태로 회복하여 이전하여 줄 수 있다는 등의 특별한 사정이 없는 한 채권자는 수익자를 상대로 원물반환 대신 그 가액 상당의 배상을 구할 수도 있다고 할 것이나, 그렇다고 하여 채권자가 스스로 위험이나 불이익을 감수하면서 원물반환을 구하는 것까지 허용되지 아니하는 것으로 볼 것은 아니고, 그 경우 채권자는 원상회복 방법으로 가액배상 대신 수익자 명의의 등기의 말소를 구하거나 수익자를 상대로 채무자 앞으로 직접 소유권이전등기절차를 이행할 것을 구할 수 있다(대판 2001.2.9. 2000다57139).

④ 대판 2001.2.27. 2000다44348

43 채권자취소권에 관한 설명 중 가장 옳지 않은 것은? (다툼이 있는 경우 판례에 의함)

① 사해행위의 취소는 법원에 소를 제기하는 방법으로 청구할 수도 있고 소송상의 공격방어 방법으로 주장할 수도 있다.

② 사해행위 취소의 소는 채권자가 취소원인을 안 날로부터 1년, 법률행위가 있는 날로부터 5년 내에 제기하여야 한다.

③ 채권자가 채권자취소권을 행사하려면 사해행위로 인하여 이익을 받은 자나 전득한 자를 상대로 그 법률행위의 취소를 청구하는 소송을 제기하여 되는 것으로서 채무자를 상대로 그 소송을 제기할 수는 없다.

④ 채권자가 사해행위의 취소로서 수익자를 상대로 채무자와의 법률행위의 취소를 구함과 아울러 전득자를 상대로도 전득행위의 취소를 구함에 있어서, 전득자의 악의를 판단함에 있어서는 단지 전득자가 전득행위 당시 채무자와 수익자 사이의 법률행위의 사해성을 인식하였는지 여부만이 문제가 될 뿐이지, 수익자와 전득자 사이의 전득행위가 다시 채권자를 해하는 행위로서 사해행위의 요건을 갖추어야 하는 것은 아니다.

 ① 채무자가 채권자를 해함을 알고 재산권을 목적으로 한 법률행위를 한 때에는 채권자는 사해행위의 취소를 법원에 소를 제기하는 방법으로 청구할 수 있을 뿐 소송상의 공격방어방법으로 주장할 수 없다(대판 1993.1.26, 92다11008).
② 제406조 제2항
③ 대판 1991.8.13, 91다13717
④ 대판 2006.7.4, 2004다61280

CHAPTER

수익과 채권자 및 채무자

01 분할채무 · 불가분채무

1 다음 중 분할채권관계에 관한 설명으로 옳지 않은 것은?

① 가분급부를 목적으로 하는 다수당사자 간의 채권관계로, 각 채권자의 채권은 각각 독립한 채권이다.

② 채권자 사이에서 분급관계와 구상관계는 원칙적으로 발생하지 않는다.

③ 당사자의 일방 또는 쌍방이 수인인 경우에는 계약의 해제나 해지는 그 전원으로부터 또는 전원에 대하여 하여야 한다.

④ 1인의 채권자에 관하여 생긴 사유는 다른 채권자에게 영향을 미친다.

> **✔해설** ① 제408조를 통해 다수 당사자 채권 관계의 원칙은 분할채권관계임을 명시하였다.
> ② 채권자나 채무자가 수인인 경우에 특별한 의사표시가 없으면 각 채권자 또는 각 채무자는 균등한 비율로 권리가 있고 의무를 부담한다(제408조).
> ③ 해제권 불가분의 원칙이 적용된다(제547조 제1항).
> ④ 영향을 미치지 않는다.

2 불가분채권 · 채무관계에 대한 설명 중 옳지 않은 것은?

① 불가분채권관계에서 각 채권자는 모든 채권자를 위하여 이행을 청구할 수 있고, 채무자는 모든 채권자를 위하여 채권자에게 이행할 수 있다.

② 불가분채무관계에 있어서 채무자 1인의 변제의 제공은 다른 채무자에 대하여도 효력이 있으며, 채무자 1인에 대하여 한 채권자의 이행의 청구는 다른 채무자에 대하여도 효력이 있다.

③ 불가분채권관계에서는 청구와 이행에 따른 효과 이외의 사유는 다른 채권자에게 그 효력이 없다.

④ 불가분채무관계에서 채무자 1인에 대한 법률행위의 무효나 취소의 원인은 다른 채무자의 채무에 영향을 미치지 아니한다.

① 제409조
② 채무자 1인에 대하여 한 이행의 청구는 상대적 효력을 가질 뿐이다(통설).
③ 모든 채권자에게 효력이 있는 사항을 제외하고는 불가분채권자중 1인의 행위나 1인에 관한 사항은 다른 채권자에게 효력이 없다(제410조 제1항).
④ 제411조, 제415조

02 연대채무

3 다수당사자 간의 채무에 대한 다음 설명 중 옳지 않은 것은?

① 공동보증인 간에는 분별의 이익을 가진다.
② 주채무자가 항변권을 포기하면 보증채무의 부종성에 비추어 그 포기의 효력은 보증인에게도 미친다.
③ 어느 연대채무자에 대한 법률행위의 무효나 취소의 원인은 다른 연대채무자의 채무에 영향을 미치지 않는다.
④ 채권의 목적이 불가분인 때에는 각 채권자는 모든 채권자를 위하여 이행을 청구할 수 있고, 채무자는 모든 채권자를 위하여 각 채권자에게 이행할 수 있다.

① 수인의 보증인이 각자의 행위로 보증채무를 부담한 때에는 분할채무에 관한 규정을 준용한다(제439조).
② 주채무자의 항변포기는 보증인에게 효력이 없다(제433조 제2항).
③ 제415조
④ 제409조

4 연대채무자 1인에게 생긴 사유 중 다른 연대채무자에게 영향을 주지 않는 것은?

① 법률행위의 취소   ② 면제
③ 이행의 청구   ④ 소멸시효

① 다른 연대채무자에 영향을 미치지 않는다(제415조).
② 제419조
③ 제416조
④ 제421조

Answer   1.④ 2.② 3.② 4.①

5 다음 중 연대채무에 대한 설명으로 옳지 않은 것은?

① 어느 연대채무자에 대한 이행청구는 다른 연대채무자에게도 효력이 있다.

② 채권자는 어느 연대채무자에 대하여 채무의 전부나 이행을 청구할 수 있다.

③ 어느 연대채무자에 대한 법률행위의 무효나 취소의 원인은 다른 연대채무자의 채무에도 영향을 미친다.

④ 어느 연대채무자가 채권자에 대하여 채권이 있는 경우에 그 연대채무자가 상계한 때에는 채권은 모든 연대채무자의 이익을 위하여 소멸한다.

> ✔ **해설** 어느 연대채무자에 대한 법률행위의 무효나 취소의 원인은 다른 연대채무자의 채무에 영향을 미치지 아니한다(제415조).

6 연대채무의 효력의 범위에 대한 설명 중 옳지 않은 것은?

① 연대채무자 1인에 대한 채무면제는 그 채무자의 부담부분에 한하여 다른 연대채무자에게도 영향을 미친다.

② 어느 연대채무자와 채권자 간에 채무의 경개가 있는 때에는 채권은 모든 연대채무자의 이익을 위하여 소멸한다.

③ 연대채무자 1인에 대한 이행청구는 다른 연대채무자에게는 효력이 없다.

④ 연대채무자 1인에 대한 시효이익의 포기는 다른 연대채무자에게는 효력이 없다.

> ✔ **해설** ① 어느 연대채무자에 대한 채무면제는 그 채무자의 부담부분에 한하여 다른 연대채무자의 이익을 위하여 효력이 있다(제419조).
> ② 어느 연대채무자와 채권자간에 채무의 경개가 있는 때에는 채권은 모든 연대채무자의 이익을 위하여 소멸한다(제417조).
> ③ 어느 연대채무자에 대한 이행청구는 다른 연대채무자에게도 효력이 있다(제416조).
> ④ 제423조

7 다음 중 연대채무자의 구상권 행사와 관련한 설명으로 옳은 것은?

① 연대채무자는 출연행위를 함에 있어 사전구상권을 가진다.

② 구상권을 행사하기 위해서는 채무 전부의 공동면책이 있어야 한다.

③ 어느 연대채무자 1인이 채권자로부터 채무의 면제를 받은 경우에도 구상권은 발생한다.

④ 채무를 변제하는 연대채무자는 사전에 그 사실을 다른 연대채무자에게 통지하고, 변제한 후에는 그 사실을 다른 연대채무자에게 통지하여야 한다.

① 보증채무자는 일정한 경우 사전구상권을 가지나〈제442조〉, 연대채무자는 사전구상권을 가지지 않는다.

② 채무를 소멸케 한 경우뿐만 아니라, 채무를 감소케 하는 공동면책의 경우에도 구상권은 발생한다.

③ 구상권을 발생시키기 위한 공동면책은 연대채무자의 출재에 의한 것이어야 한다. 따라서 면제나 시효의 완성 등은 부담부분의 범위에서는 절대적 효력이 있지만, 출재로 인한 것은 아니므로 구상권은 발생하지 않는다.

④ 제426조. 그러나 이 통지 자체가 구상권의 성립요건은 아니며, 단지 통지를 해태할 경우 구상권 행사의 제한을 받을 뿐이다.

8 다음 중 연대채무의 성격이 다른 하나는?

① 임무를 해태한 이사의 연대책임

② 사용대차관계에서 발생하는 채무에 대한 공동차주의 연대책임

③ 공동불법행위자의 연대책임

④ 사용자책임과 피용자 개인의 불법행위책임

✅ 해설 ① 부진정연대채무관계이다〈제65조〉.

② 연대채무관계이다〈제616조〉. 이와 함께 공동임차인의 책임도 연대채무이다〈제654조〉.

③ 부진정연대채무관계이다〈제760조〉.

④ 부진정연대채무관계이다〈제756조〉.

9 다음 중 부진정연대채무에 관한 설명으로 옳지 않은 것은?

① 부진정연대채무에 관해서는 민법의 규정이 없다.

② 부진정연대채무자 상호 간에는 주관적 공동관계가 없다.

③ 부진정연대채무에서도 급부는 1개이기 때문에 급부의 실현을 가져오는 변제 · 대물변제 · 공탁 · 상계 등은 절대적 효력을 가진다.

④ 부진정연대채무자 상호 간에도 당연히 발생한다.

✅ 해설 ① 해석상 인정되는 연대채무이다.

② 주관적 공동관계가 없다는 점에서 통상의 연대채무와 구별된다.

③ 부진정연대채무에서는 주관적 공동관계가 없기 때문에 급부의 실현을 가져오는 경우(변제 · 대물변제 · 공탁 · 상계)에만 절대적 효력을 가지며, 이외에는 상대적 효력을 가질 뿐이다.

④ 부진정연대채무자 사이에는 주관적 공동관계가 없기 때문에 부담부분이 없고, 따라서 원칙적으로 구상관계는 발생하지 않는다. 다만 판례는 공동불법행위에 관해서는 일관하여 공동불법행위자 상호 간에 그 과실의 비율에 따라 부담부분을 가지는 것으로 구성하여 구상권을 인정한다〈대판 1967.12.29, 67다2034, 2035〉.

10 부진정연대채무에 관한 다음의 설명 중 가장 옳지 않은 것은? (다툼이 있는 경우 판례에 의함)

① 부진정연대채무자 중 1인이 자신의 채권자에 대한 반대채권으로 상계를 한 경우 그 상계에는 절대적 효력이 인정되지 아니하므로, 그 상계로 인한 채무소멸의 효력은 다른 부진정연대채무자에 대하여는 미치지 않는다.

② 부진정연대채무자가 채권자에 대하여 상계할 채권을 가지고 있음에도 상계를 하지 않고 있다 하더라도 다른 부진정연대채무자가 그 채권을 가지고 상계를 할 수는 없다.

③ 부진정연대채무자 1인에 대한 이행청구 또는 부진정연대채무자 1인이 행한 채무의 승인 등 소멸시효의 중단사유나 시효이익의 포기가 다른 부진정연대채무자에게 효력을 미치지 아니한다.

④ 피해자가 부진정연대채무자 중의 1인에 대하여 손해배상에 관한 권리를 포기하거나 채무를 면제하는 의사표시를 하였다 하더라도 다른 부진정연대채무자에 대하여 그 효력이 미친다고 볼 수는 없다.

> ✔해설 ① 부진정연대채무자 중 1인이 자신의 채권자에 대한 반대채권으로 상계를 한 경우에도 채권은 변제, 대물변제, 또는 공탁이 행하여진 경우와 동일하게 현실적으로 만족을 얻어 그 목적을 달성하는 것이므로, 그 상계로 인한 채무소멸의 효력은 소멸한 채무 전액에 관하여 다른 부진정연대채무자에 대하여도 미친다고 보아야 한다. 이는 부진정연대채무자 중 1인이 채권자와 상계계약을 체결한 경우에도 마찬가지이다. 나아가 이러한 법리는 채권자가 상계 내지 상계계약이 이루어질 당시 다른 부진정연대채무자의 존재를 알았는지 여부에 의하여 좌우되지 아니한다(대판 2010.9.16. 2008다97218 전합).
>
> ② 부진정연대채무에 있어서 부진정연대채무자 1인이 한 상계가 다른 부진정연대채무자에 대한 관계에 있어서도 공동면책의 효력 내지 절대적 효력이 있는 것인지는 별론으로 하더라도, 부진정연대채무자 사이에는 고유의 의미에 있어서의 부담부분이 존재하지 아니하므로 위와 같은 고유의 의미의 부담부분의 존재를 전제로 하는 민법 제418조 제2항은 부진정연대채무에는 적용되지 아니하는 것으로 봄이 상당하고, 따라서 부진정연대채무에 있어서는 한 부진정연대채무자가 채권자에 대하여 상계할 채권을 가지고 있음에도 상계를 하지 않고 있다 하더라도 다른 부진정연대채무자가 그 채권을 가지고 상계를 할 수는 없는 것으로 보아야 한다(대판 1994.5.27. 93다21521).
>
> ③ 대판 2011.4.14. 2010다91886
>
> ④ 부진정연대채무자 상호간에 있어서 채권의 목적을 달성시키는 변제와 같은 사유는 채무자 전원에 대하여 절대적 효력을 발생하지만 그 밖의 사유는 상대적 효력을 발생하는 데에 그치는 것이므로 피해자가 채무자 중의 1인에 대하여 손해배상에 관한 권리를 포기하거나 채무를 면제하는 의사표시를 하였다 하더라도 다른 채무자에 대하여 그 효력이 미친다고 볼 수는 없다 할 것이고, 이러한 법리는 채무자들 사이의 내부관계에 있어 1인이 피해자로부터 합의에 의하여 손해배상채무의 일부를 면제받고도 사후에 면제받은 채무액을 자신의 출재로 변제한 다른 채무자에 대하여 다시 그 부담 부분에 따라 구상의무를 부담하게 된다 하여 달리 볼 것은 아니다(대판 2006.1.27. 2005다19378).

11 보증인과 주 채무자의 항변권에 관한 설명으로 옳지 않은 것은?

① 주 채무자의 항변포기는 보증인에게도 효력이 있다.
② 보증인은 주 채무자의 항변으로 채권자에게 대항할 수 있다.
③ 보증인은 주 채무자의 채권에 의한 상계로 채권자에게 대항할 수 있다.
④ 주 채무자가 채권자에 대하여 취소권 또는 해제권이나 해지권이 있는 동안은 보증인은 채권자에 대하여 채무의 이행을 거절할 수 있다.

> **해설** ① 주 채무자의 항변포기는 보증인에게 효력이 없다(제433조 제2항).
> ② 제433조 제1항
> ③ 제434조
> ④ 제435조

12 보증채무에 관한 다음 설명 중 옳지 않은 것은?

① 공동보증인 상호 간에는 원칙적으로 분별의 이익이 없다.
② 주 채무자가 항변을 포기하더라도 보증인은 이를 행사할 수 있다.
③ 주 채무자에 대한 시효의 중단은 보증인에 대하여 그 효력이 있다.
④ 주 채무자가 채권자에 대하여 해제권이 있는 동안은 보증인은 채권자에 대하여 채무의 이행을 거절할 수 있다.

> **해설** ① 수인의 보증인이 각자의 행위로 보증채무를 부담한 경우에 특별한 의사표시가 없으면 각 보증인은 균등한 비율로 권리가 있고 의무를 부담한다(제439조).
> ② 제433조
> ③ 제440조
> ④ 제435조

Answer 10.① 11.① 12.①

13 다음 설명 중 옳지 않은 것은?

① 보증채무는 부종성은 물론 보충성도 있다.

② 채무인수가 있는 경우에 보증채무는 새 인수인을 위하여 당연히 존속한다.

③ 연대채무는 법률상 보증채무가 아니다.

④ 채무자가 보증인을 세울 의무가 있을 경우에 보증인이 자력이 없을 때에는 채권자는 보증인의 변경을 청구할 수 있다.

> ✔ **해설** 전 채무자의 채무에 대한 보증이나 제3자가 제공한 담보는 채무인수로 인하여 소멸한다. 그러나 보증인이나 제3자가 채무인수에 동의한 경우에는 그러하지 아니하다.

14 다음 중 보증채무에 관한 설명으로 옳지 않은 것은?

① 보증인의 부담이 주채무의 목적이나 형태보다 중한 때에는 주채무의 한도로 감축한다.

② 연대보증인은 채권자에 대하여 최고ㆍ검색의 항변권을 가진다.

③ 공동보증인이 각자의 행위로 보증채무를 부담한 경우에는 분별의 이익이 있다.

④ 보증인은 주채무자의 항변으로 채권자에게 대항할 수 있다.

> ✔ **해설** ① 목적ㆍ형태상의 부종성에 기인한 특징이다(제430조).
> ② 보증인은 채권자에 대하여 최고ㆍ검색의 항변권을 가진다(보증채무의 보충성, 제437조). 그러나 연대보증인에게는 최고ㆍ검색의 항변권이 없다(제414조).
> ③ 공동보증의 분별의 이익(제439조)
> ④ 행사상의 부종성(제433조 제1항)

15 다음 중 보증채무에 대한 설명으로 옳은 것은?

① 장래의 채무는 확정되지 않은 상태이므로 보증의 대상이 될 수 없다.

② 보증채무는 주채무의 이자, 손해배상 기타 주채무에 종속한 채무를 포함하지만 위약금을 포함하지는 않는다.

③ 보증채무에 관한 위약금 기타 손해배상의 예정은 할 수 없다.

④ 보증인의 부담이 주채무의 목적이나 형태보다 중한 때에는 주채무의 한도로 감축한다.

> ✔ **해설** ① 장래의 채무에 대한 보증도 가능하다(제428조 제2항).
> ② 보증채무는 이자, 위약금, 손해배상 기타 주 채무에 종속한 채무를 포함한다(제429조 제1항).
> ③ 보증채무에 관한 위약금 기타 손해배상의 예정을 할 수 있다(제429조 제2항).
> ④ 제430조

16 보증인에 대한 설명 중 옳지 않은 것은?

① 채무자는 다른 상당한 담보를 제공함으로써 보증인을 세울 의무를 면할 수 있다.

② 채권자가 보증인을 세울 의무가 있는 경우에는 그 보증인은 책임능력 및 변제 자력이 있는 자로 하여야 한다.

③ 채권자가 보증인을 지명한 경우에는 보증인에게 행위능력 및 변제 자력이 있을 것을 요하지 않는다.

④ 보증인이 변제 자력이 없게 된 때에 보증인의 변경이 가능한 경우는 채권자가 보증인을 지명한 경우에 한한다.

 ① 제432조
② 제431조 제1항
③ 제431조 제3항
④ 채무자가 보증인을 세울 의무가 있어 보증인을 세운 경우에 보증인의 변경권이 인정된다〈제431조 제2항〉.

17 최고 · 검색의 항변권에 대한 설명 중 옳지 않은 것은?

① 주 채무자에게 변제 자력이 있다는 사실이나 그 집행이 용이하다는 사실 중 하나만 증명하면 최고 · 검색의 항변권을 행사할 수 있다.

② 채권자가 이미 사전에 또는 동시에 주 채무자에게 최고하고 있을 경우 최고의 항변권 행사는 인정되지 않는다.

③ 보증인이 최고의 항변권을 행사하였음에도 채권자의 해태로 주 채무자로부터 전부나 일부의 변제를 받지 못한 경우에는 채권자가 해태하지 않았으면 변제받았을 한도에서 그 책임을 면한다.

④ 최고 · 검색의 항변권의 행사로 이행기가 경과하더라도 보증인은 이행지체책임을 지지 않으며, 채권자는 보증인에 대한 자신의 채무와 보증채권을 상계하지 못한다.

 ① 변제자력이 있다는 사실과 그 집행이 용이하다는 사실을 모두 입증하여야 한다〈제437조〉.
③ 제438조
④ 최고 · 검색의 항변권은 연기적 항변권이다.

18 보증인의 구상권에 대한 설명 중 옳지 않은 것은?

① 주 채무자의 부탁으로 보증인이 된 자의 구상권은 면책된 날 이후의 법정이자 및 피할 수 없는 비용 기타 손해배상을 포함한다.

② 주 채무자의 부탁 없이 보증인이 된 자의 구상권의 범위는 주 채무자가 그 당시에 받은 이익의 한도이다.

③ 주 채무자의 의사에 반하여 보증인이 된 자의 구상권의 범위는 주 채무자의 현존이익의 한도이다.

④ 수탁보증인과 주채무자의 부탁은 없으나 의사에 반하지 않는 보증인은 사전구상권이 인정되나, 주채무자의 의사에 반하여 보증인이 된 자의 경우에는 사전구상권이 인정되지 않는다.

> ✔**해설** ①②③ 제444조
> ④ 수탁보증인에 한하여 사전구상권이 인정된다(제442조 제1항).

19 수탁보증인이 사전구상권을 행사할 수 있는 경우에 관한 설명 중 옳지 않은 것은?

① 보증인이 과실 없이 채권자에게 변제할 재판을 받은 때

② 주 채무자가 파산선고를 받은 경우 채권자가 파산재단에 가입한 때

③ 채무의 이행기가 확정되지 아니하고 최장기도 확정할 수 없는 경우에 보증계약 후 5년을 경과한 때

④ 채무의 이행기가 도래한 때

> ✔**해설** ② 주채무자가 파산선고를 받은 경우에 채권자가 파산재단에 가입하지 아니한 때 수탁보증인은 주채무자에 대하여 미리 구상권을 행사할 수 있다(제442조 제1항 제2호).
> ①③④ 수탁보증인이 사전구상권을 행사 할 수 있는 경우(제442조)
> 1. 보증인이 과실 없이 채권자에게 변제할 재판을 받은 때
> 2. 주 채무자가 파산선고를 받은 경우에 채권자가 파산재단에 가입하지 아니한 때
> 3. 채무의 이행기가 확정되지 아니하고 그 최장기도 확정할 수 없는 경우에 보증계약 후 5년이 경과한 때
> 4. 채무의 이행기가 도래한 때

20 다음 중 공동보증에 관한 설명으로 옳지 않은 것은?

① 공동보증이란 동일한 주 채무에 관하여 수인이 보증채무를 부담하는 보증으로, 각 보증인이 동일계약에 의하든 별개의 보증계약에 의하든 상관없다.

② 수인의 보증인이 각자의 행위로 보증채무를 부담한 경우에는 분별의 이익을 가진다.

③ 공동보증인이 자기 분담액을 넘어 변제한 때에는, 다른 보증인에 대한 관계에서는 사무관리가 되고 채무자의 부탁 없는 보증인의 구상권에 관한 규정이 준용된다.

④ 공동보증인 중 1인이 자기의 부담부분을 넘지 못한 변제 기타 유상의 면책행위를 하더라도 다른 공동보증인에게 그 부담부분에 비례하여 구상할 수 있다.

✔ 해설 ② 제439조
③ 제448조 제1항
④ 자기의 부담부분을 넘는 면책행위를 해야만 구상권을 행사할 수 있다(제448조).

21 계속적 보증에 관한 판례의 내용 중 옳지 않은 것은?

① 보증채무의 범위와 기간에 관한 약정이 없더라도, 당사자의 의사·거래관행·신의칙에 비추어 이를 확정할 수 있는 때에는 그 보증계약은 유효하다.

② 회사의 이사로서 부득이 회사와 제3자 사이의 계속적 거래로 인한 채무에 대하여 보증인이 된 자가 그 후 퇴사한 때에는 보증계약 성립 당시의 사정에 현저한 변경이 생긴 경우에 해당하여 보증계약을 해지할 수 있다.

③ 보증기간과 보증한도액의 정함이 없는 계속적 보증의 경우 보증인의 지위는 상속되지 않는다.

④ 계속적 거래의 도중에 매수인을 위하여 보증의 범위와 기간의 정함이 없이 보증인이 된 자는 특별한 사정이 없는 한 계약일 이후에 발생되는 채무뿐만 아니라 계약일 현재 이미 발생된 채무도 보증한다고 볼 수는 없다.

✔ 해설 ① 대판 1957.10.21, 4290민상349
② 대판 1998.6.26, 98다11826
③ 대판 2001.6.12, 2000다47187. 다만 기왕에 발생된 보증채무는 상속된다 할 것이다.
④ 계약일 이후에 발생되는 채무뿐만 아니라 계약일 현재 이미 발생된 채무도 보증한다(대판 1995.9.15, 94다41485).

22 연대보증채무 또는 보증채무에 대한 설명 중 가장 옳은 것은? (다툼이 있는 경우 판례에 의함)

① 주채무에 대한 소멸시효가 완성되어 보증채무가 이미 소멸된 상태에서 보증인이 보증채무를 이행하거나 승인하였다면 원칙적으로 보증인은 주채무의 시효소멸을 이유로 보증채무의 소멸을 주장할 수 없다.

② 주채무자에 대한 시효중단의 효력을 보증인에 대하여도 인정한 민법 제440조는 시효중단 이후의 시효기간에도 적용되는 것으로 해석함이 상당하므로, 상사채무인 주채무가 확정판결에 의하여 그 소멸시효기간이 10년으로 연장되었다면 연대보증채무의 소멸시효기간 역시 10년으로 연장된다.

③ 보증인의 출연행위 당시 주채무가 성립되지 아니하였거나 타인의 면책행위로 이미 소멸 되었거나 유효하게 존속하고 있다가 그 후 소급적으로 소멸한 경우에는 보증채무자의 주채무 변제는 비채변제가 되어 채권자와 사이에 부당이득반환의 문제를 남길 뿐이고 주채무자에 대한 구상권을 발생시키지 않는다.

④ 채권자가 고의나 과실로 담보를 상실 또는 감소되게 한 때에는 연대보증인은 민법 제485조에 따라 그 상실 또는 감소로 인하여 상환 받을 수 없는 한도에서 면책주장을 할 수 있는데, 주채무자가 채권자에게 가등기담보권을 설정하기로 약정한 뒤 이를 이행하지 않고 있음에도 채권자가 그 약정에 기한 가등기설정등기 이행청구 등과 같은 조치를 취하지 아니하던 중 제3자가 당해 부동산을 압류 또는 가압류함으로써 가등기담보권자로서의 권리를 제대로 확보하지 못한 경우는 담보가 상실되거나 감소된 경우에 해당한다고 할 수 없다.

> ✔해설 ① 보증채무에 대한 소멸시효가 중단되는 등의 사유로 완성되지 아니하였다고 하더라도 주채무에 대한 소멸시효가 완성된 경우에는 시효완성 사실로써 주채무가 당연히 소멸되므로 보증채무의 부종성에 따라 보증채무 역시 당연히 소멸된다. 그리고 주채무에 대한 소멸시효가 완성되어 보증채무가 소멸된 상태에서 보증인이 보증채무를 이행하거나 승인하였다고 하더라도, 주채무자가 아닌 보증인의 행위에 의하여 주채무에 대한 소멸시효 이익의 포기 효과가 발생된다고 할 수 없으며, 주채무의 시효소멸에도 불구하고 보증채무를 이행하겠다는 의사를 표시한 경우 등과 같이 부종성을 부정하여야 할 다른 특별한 사정이 없는 한 보증인은 여전히 주채무의 시효소멸을 이유로 보증채무의 소멸을 주장할 수 있다고 보아야 한다(대판 2012.7.12, 2010다51192).
> ② 민법 제165조가 판결에 의하여 확정된 채권, 판결과 동일한 효력이 있는 것에 의하여 확정된 채권은 단기의 소멸시효에 해당한 것이라도 그 소멸시효는 10년으로 한다고 규정하는 것은 당해 판결등의 당사자 사이에 한하여 발생하는 효력에 관한 것이고 채권자와 주채무자 사이의 판결등에 의해 채권이 확정되어 그 소멸시효가 10년으로 되었다 할지라도 위 당사자 이외의 채권자와 연대보증인사이에 있어서는 위 확정판결 등은 그 시효기간에 대하여는 아무런 영향도 없고 채권자의 연대보증인의 연대보증채권의 소멸시효기간은 여전히 종전의 소멸시효기간에 따른다(대판 1986.11.25, 86다카1569).
> ③ 보증보험이란 피보험자와 어떠한 법률관계를 가진 보험계약자(주계약상의 채무자)의 채무불이행으로 인하여 피보험자(주계약상의 채권자)가 입게 될 손해의 전보를 보험자가 인수하는 것을 내용으로 하는 손해보험으로서, 형식적으로는 채무자의 채무불이행을 보험사고로 하는 보험계약이나 실질적으로는 보증의 성격을 가지고 보증계약과 같은 효과를 목적으로 하는 것이므로, 민법의 보증에 관한 규정, 특히 보증인의 구상권에 관한 민법 제441조 이하의 규정이 준용되고, 보증채무자가 주채무를 소멸시키는 행위는 주채무의 존재를 전제로 하므로, 보증인의 출연행위 당시 주채무가 성립되지 아니하였거나 타인의 면책행위로 이미 소멸되었거나 유효하게 존속하고 있다가 그 후 소급적으로 소멸한 경우에는 보증채무지의 주채무 변제는 비채변제가 되어 채권자와 사이에 부당이득반환의 문제를 남길 뿐이고 주채무자에 대한 구상권을 발생시키지 않는다(대판 2012.02.23, 2011다62144).
> ④ 주채무자가 채권자에게 가등기담보권을 설정하기로 약정한 뒤 이를 이행하지 않고 있음에도 채권자가 그 약정에 기하여 가등기가처분 명령신청, 가등기설정등기 이행청구 등과 같은 담보권자로서의 지위를 보전·실행·집행하기 위한 조치를 취하지 아니하다가 당해 부동산을 제3자가 압류 또는 가압류함으로써 가등기담보권자로서의 권리를 제대로 확보 하지 못한 경우도 담보가 상실되거나 감소된 경우에 해당한다(대판 2009.10.29, 2009다60527).

23 보증채무에 관한 다음 설명 중 가장 옳지 않은 것은? (다툼이 있는 경우 판례에 의함)

① 주 채무자에 대한 채권이 이전되면 당사자 사이에 별도의 특약이 없는 한 보증인에 대한 채권도 함께 이전하고, 이 경우 채권양도의 대항요건도 주채권의 이전에 관하여 구비하면 족하고, 별도로 보증채권에 관하여 대항요건을 갖출 필요는 없다.

② 보증채무에 대한 소멸시효가 중단되었다고 하더라도 이로써 주채무에 대한 소멸시효가 중단되는 것은 아니고, 보증채무에 대한 소멸시효가 중단된 상태라면 주채무가 소멸시효 완성으로 소멸되더라도 보증채무가 당연히 소멸되는 것은 아니다.

③ 보증기간과 보증한도액의 정함이 없는 계속적 보증계약의 경우에는 보증인이 사망하면 보증인의 지위가 상속인에게 상속된다고 할 수 없고, 기왕에 발생된 보증채무만이 상속된다.

④ 주채무자의 부탁으로 보증인이 된 자는, 채무의 이행기가 확정되지 아니하고 그 최장기도 확정할 수 없는 경우에 보증계약 후 5년을 경과하면 주채무자에 대하여 미리 구상권을 행사할 수 있다.

✔ **해설** ① 보증채무는 주채무에 대한 부종성 또는 수반성이 있어서 주채무자에 대한 채권이 이전되면 당사자 사이에 별도의 특약이 없는 한 보증인에 대한 채권도 함께 이전하고, 이 경우 채권양도의 대항요건도 주채권의 이전에 관하여 구비하면 족하고, 별도로 보증채권에 관하여 대항요건을 갖출 필요는 없다(대판 2002.9.10, 2002다21509).
② 보증채무에 대한 소멸시효가 중단되었다고 하더라도 이로써 주채무에 대한 소멸시효가 중단되는 것은 아니고, 주채무가 소멸시효 완성으로 소멸된 경우에는 보증채무도 그 채무 자체의 시효중단에 불구하고 부종성에 따라 당연히 소멸된다(대판 2002.5.14, 2000다62476).
③ 보증한도액이 정해진 계속적 보증계약의 경우 보증인이 사망하였다 하더라도 보증계약이 당연히 종료되는 것은 아니고 특별한 사정이 없는 한 상속인들이 보증인의 지위를 승계한다고 보아야 할 것이나, 보증기간과 보증한도액의 정함이 없는 계속적 보증계약의 경우에는 보증인이 사망하면 보증인의 지위가 상속인에게 상속된다고 할 수 없고 다만, 기왕에 발생된 보증채무만이 상속된다(대판 2001.6.12, 2000다47187).
④ 제442조 제3호

CHAPTER 04 채권양도와 채무인수

01 채권양도

1 채권양도에 관한 다음 설명 중 가장 옳지 않은 것은?

① 채권의 양수인이 양도인을 대리하여 한 양도통지도 유효하다.

② 기존의 채권이 제3자에게 이전된 경우 당사자의 의사가 명백하지 아니할 때에는 특별한 사정이 없는 한 일반적으로 채권의 양도로 볼 것이다.

③ 장래 발생할 채권이라도 현재 그 권리의 특정이 가능하고 가까운 장래에 발생할 것임이 상당한 정도로 기대되는 경우에는 채권양도의 대상이 될 수 있다.

④ 부동산의 매매로 인한 소유권이전등기청구권의 양도의 경우에도 통상의 채권양도와 다를 바 없으므로 양도인의 채무자에 대한 통지만으로 채무자에 대한 대항력이 생긴다.

 해설
① 대판 1997.6.27, 95다40977
③ 대판 1996.7.9, 96다16612
③ 대판 1996.7.30, 95다7932
④ 부동산의 매매로 인한 소유권이전등기청구권은 물권의 이전을 목적으로 하는 매매의 효과로서 매도인이 부담하는 재산권이전 의무의 한 내용을 이루는 것이고, 매도인이 물권행위의 성립요건을 갖추도록 의무를 부담하는 경우에 발생하는 채권적 청구권으로 그 이행과정에 신뢰관계가 따르므로, 소유권이전등기청구권을 매수인으로부터 양도받은 양수인은 매도인이 그 양도에 대하여 동의하지 않고 있다면 매도인에 대하여 채권양도를 원인으로 하여 소유권이전등기절차의 이행을 청구할 수 없고, 따라서 매매로 인한 소유권이전등기청구권은 특별한 사정이 없는 이상 그 권리의 성질상 양도가 제한되고 그 양도에 채무자의 승낙이나 동의를 요한다고 할 것이므로 통상의 채권양도와 달리 양도인의 채무자에 대한 통지만으로는 채무자에 대한 대항력이 생기지 않으며 반드시 채무자의 동의나 승낙을 받아야 대항력이 생긴다(대판 2001.10.9, 2000다51216).

196 ›› PART 04. 채권총론

2 채권양도에 관한 다음 설명 중 판례의 태도와 다른 것은?

① 채권양도가 있기 전에 미리 사전통지를 하는 것은 원칙적으로 허용되지 않는다.

② 채권양도의 통지는 채무자에게 도달됨으로써 효력을 발생하는 것이고, 여기서 도달이라 함은 사회관념상 채무자가 통지의 내용을 알 수 있는 객관적 상태에 놓여졌다고 인정되는 상태를 지칭한다고 해석되므로 채무자가 이를 현실적으로 수령하였거나 그 통지의 내용을 알았을 것을 필요로 한다.

③ 확정일자에 의하지 아니한 채권양도가 있은 후 채권양수인이 채무자를 상대로 제기한 양수금청구소송에서 승소의 확정판결을 받으면, 그 확정판결(확정일자가 기재된 판결서)이 확정일자 있는 증서에 해당한다.

④ 당사자의 의사표시에 의한 채권의 양도금지는 채권양수인인 제3자가 악의인 경우이거나 악의가 아니더라도 그 제3자에게 채권양도금지를 알지 못한 데에 중대한 과실이 있는 경우 채무자가 위 채권양도금지로써 그 제3자에 대하여 대항할 수 있다.

 ① 대판 2000.4.11, 2000다2627
② 채권양도의 통지는 채무자에게 도달됨으로써 효력을 발생하는 것이고, 여기서 도달이라 함은 사회관념상 채무자가 통지의 내용을 알 수 있는 객관적 상태에 놓여졌다고 인정되는 상태를 지칭한다고 해석되므로, 채무자가 이를 현실적으로 수령하였거나 그 통지의 내용을 알았을 것까지는 필요로 하지 않는다(대판 1997.11.25, 97다31281).
③ 대판 1999.3.26, 97다30622
④ 대판 2000.4.25, 99다67482

3 다음 중 채권양도에 관한 설명으로 옳지 않은 것은?

① 채권양도는 처분행위이며 준물권행위이다.

② 채권을 그 동일성을 유지하면서 이전하는 낙성·불요식계약이다.

③ 지시채권의 양도는 배서·교부함으로써 그 효력이 있다.

④ 채권의 양도금지 특약은 제3자에게 대항하지 못한다.

 ③ 제508조
④ 양도금지의 특약은 선의의 제3자에게 대항하지 못한다(제449조 제2항).

4 지명채권에 관한 다음 설명 중 옳은 것은? (판례에 의함)

① 채무자에 대한 대항요건으로서의 통지는 관념의 통지이나, 채무자의 승낙은 채권양도의 청약에 대한 승낙이므로 의사표시이다.

② 채권양도가 있은 후 아직 통지나 승낙이 없는 동안 양수인은 채무자의 선·악을 불문하고 채권양도의 효력을 주장하지 못한다.

③ 제3자에 대하여는 통지나 승낙을 특정일자 있는 증서로 하지 아니하면 대항하지 못한다.

④ 채권의 이중양도의 경우 양수인 상호 간의 우열은 확정일자의 선·후에 의해 결정된다.

> **✔해설** ① 채무자에 대한 통지, 채무자의 승낙 모두 관념의 통지이다.
> ② 제450조 제1항
> ③ 제3자에 대한 대항요건으로서의 통지나 승낙은 확정일자 있는 증서에 의해야 한다.
> ④ 확정일자의 선·후가 아니라, 확정일자 있는 양도통지가 채무자에게 도달한 일시 또는 확정일자 있는 승낙 일시의 선·후에 의해 결정하여야 한다(대판 1994.4.26, 93다24223).

5 채권양도의 제3자에 대한 대항요건에 관한 다음 설명 중 옳지 않은 것은?

① 채권양도의 통지나 승낙은 확정일자 있는 증서에 의하여야 채무자 이외의 제3자에게 대항할 수 있다.

② 확정일자 있는 증서란 특정일자를 말한다.

③ '채무자 이외의 제3자'라 함은 동일채권에 관하여 양립할 수 없는 법률상의 지위를 취득한 자를 말한다.

④ 채권의 이중양도가 있는 경우 제1양도와 제2양도 간의 우열의 선·후는 확정일자 있는 증서가 채무자에게 도달한 선·후로 판단한다.

> **✔해설** ① 제450조 제2항
> ② 확정일자란 그 작성한 일자에 관한 완전한 증거가 될 수 있는 것으로 법률상 인정되는 일자를 말하는 것(대판 1988.4.12, 87다2429)으로 특정일자와는 다르다.
> ③ 예컨대 채권의 이중양수인·채권질권자·채권을 압류 또는 가압류한 양도인의 채권자 등을 말한다.
> ④ 대판 1994.4.26, 93다24223

6 지시채권에 관한 다음 설명 중 옳지 않은 것은?

① 지시채권의 양도는 배서·교부함으로써 그 효력이 있다.

② 증서에 변제기한이 있는 경우에는 그 기일의 도래로 채무자는 지체에 빠진다.

③ 멸실한 증서나 소지인의 점유를 이탈한 증서는 공시최고의 절차에 의하여 무효로 할 수 있다.

④ 소지인이 증서를 무권리자로부터 취득한 경우에도 그 소지인이 선의·무중과실이면 그 증권상의 권리를 취득한다.

 ① 제508조
② 기한이 도래한 후 소지인이 증서를 제시하여 이행을 청구한 때에 비로소 채무자는 지체책임을 진다(제517조).
③ 제521조
④ 제514조

7 채권자 甲은 乙에 대한 채권을 丙에게 양도하고 乙에게 확정일자 있는 통지를 발송하였다. 다음날 甲은 또다시 丁에게 乙에 대한 채권을 양도하고 확정일자 있는 통지를 乙에게 발송하였다. 확정일자는 丙이 丁보다 빨랐지만, 乙에게 도착한 날은 같을 경우 다음의 법률관계로 옳지 않은 것은?

① 丙과 丁 사이에는 우열이 없고 그 지위는 대등하다.

② 丙과 丁은 乙에게 각자 그 채권의 전액을 변제할 것을 청구할 수 있다.

③ 같은 날 도착하였더라도 丙의 확정일자가 丁의 확정일자보다 먼저이므로 丙만이 유효한 채권양수인이 된다.

④ 乙은 이중지급을 면하기 위하여 변제공탁을 할 수 있다.

해설 ①③ 채권양도의 우열은 확정일자의 도착의 선·후로 정할 것이지만, 丙과 乙에 대한 채권양도의 통지(확정일자부)가 같은 날 도착하고 그 선·후관계에 대하여 달리 입증이 없다면 동시에 도달한 것으로 추정해야 할 것이다(대판 1994.4.26, 93다24223).
② 丙과 丁은 확정일자 도달의 선·후를 떠나 乙에게 채무의 변제를 청구하는 것은 자유롭다.
④ 이 경우 채무자는 진정한 채권양수인이 결정되지 않는 불안정한 상황을 피하기 위하여 변제공탁을 할 수 있다.

8 채권양도통지에 관한 다음의 설명 중 가장 옳지 않은 것은? (다툼이 있는 경우 판례에 의함)

① 채권양도행위가 사해행위에 해당하지 않는 경우에 그 채권양도에 따른 양도통지가 따로 채권자취소권 행사의 대상이 될 수는 없다.

② 채권의 양수인도 양도인으로부터 채권양도통지 권한을 위임받아 대리인으로서 그 통지를 할 수 있다.

③ 채권양도의 통지는 양도인이 채무자에 대하여 권리의 존재와 권리를 행사하고자 하는 의사를 분명하게 표명하는 행위를 한 것이므로 제척기간 준수에 필요한 권리의 재판외 행사에 해당한다고 할 수 있다.

④ 채권양도가 있기 전에 미리 하는 사전통지는 채무자로 하여금 양도의 시기를 확정할 수 없는 불안한 상태에 있게 하는 결과가 되어 원칙적으로 허용될 수 없다.

✔ 해설 ① 채권자취소권은 채무자가 채권자에 대한 책임재산을 감소시키는 행위를 한 경우 이를 취소하고 원상회복을 하여 공동담보를 보전하는 권리이고, 채권양도의 경우 권리이전의 효과는 원칙적으로 당사자 사이의 양도 계약 체결과 동시에 발생하며 채무자에 대한 통지 등은 채무자를 보호하기 위한 대항요건일 뿐이므로, 채권양도행위가 사해행위에 해당하지 않는 경우에 양도통지가 따로 채권자취소권 행사의 대상이 될 수는 없다(대판 2012.8.30, 2011다32785,32792).

② 민법 제450조에 의한 채권양도통지는 양도인이 직접하지 아니하고 사자를 통하여 하거나 대리인으로 하여금 하게 하여도 무방하고, 채권의 양수인도 양도인으로부터 채권양도통지 권한을 위임받아 대리인으로서 그 통지를 할 수 있다(대판 2004.2.13, 2003다43490).

③ 채권양도의 통지는 그 양도인이 채권이 양도되었다는 사실을 채무자에게 알리는 것에 그치는 행위이므로, 그것만으로 제척기간의 준수에 필요한 권리의 재판 외 행사에 해당한다고 할 수 없다(대판 2012.3.22, 2010다28840 전합).

④ 민법 제450조 제1항 소정의 채권양도의 통지는 양도인이 채무자에 대하여 당해 채권을 양수인에게 양도하였다는 사실을 통지하는 이른바 관념의 통지로서, 채권양도가 있기 전에 미리 하는 사전 통지는 채무자로 하여금 양도의 시기를 확정할 수 없는 불안한 상태에 있게 하는 결과가 되어 원칙적으로 허용될 수 없다(대판 2000.4.11, 2000다2627).

9 채무인수에 관한 다음 설명 중 옳지 않은 것은?

① 인수인·채권자의 계약으로 채무를 인수한 경우에는 채무자의 동의를 필요로 하지 않는다.
② 인수인·채권자의 채무인수의 경우 인수인이 이해관계 없는 제3자라도 채무자를 위한 것이라면 채무자의 의사와 상관없이 채무를 인수할 수 있다.
③ 인수인·채무자의 계약으로 채무를 인수한 경우에는 채권자의 승낙에 의하여 그 효력이 생긴다.
④ 채권자·채무자·인수인의 3면계약으로도 채무인수는 가능하다.

> ✔해설 ① 제453조 제1항
> ② 이해관계 없는 제3자는 채무자의 의사에 반하여 채무를 인수하지 못한다(제453조 제2항).
> ③ 제454조 제1항

10 채무인수에 관한 다음 설명 중 옳지 않은 것은? (판례에 의함)

① 병존적 채무인수는 기존의 채무관계는 그대로 유지하면서 여기에 제3자가 채무자로 들어와 종래의 채무자와 더불어 동일한 내용의 채무를 부담하는 것을 말한다.
② 채무자와 인수인 사이의 계약에 의한 병존적 채무인수는 일종의 제3자를 위한 계약이라고 할 수 있다.
③ 병존적 채무인수는 채무자의 의사에 반하여서도 할 수 있다.
④ 면책적 채무인수인지 중첩적 채무인수인지 명확하지 아니한 때에는 면책적 채무인수로 본다.

> ✔해설 ③ 병존적 채무인수는 사실상 인적담보의 기능을 가지는 점에서 보증채무의 경우에 준하여 채무자의 의사에 반하여서도 할 수 있다(대판 1962.4.4. 4294민상1087).
> ④ 중첩적 채무인수로 본다(대판 1962.4.4. 4294민상1087).

Answer 8.③ 9.② 10.④

11 채무인수에 관한 다음 설명 중 옳지 않은 것은?

① 채무인수인은 채무자의 항변할 수 있는 사유로 채권자에게 대항할 수 없다.

② 채무자의 채무에 대한 보증이나 제3자가 제공한 담보는 채무인수로 인하여 소멸한다.

③ 보증인이나 제3자가 채무인수에 동의한 경우에는 그 보증·담보는 소멸하지 아니한다.

④ 법정담보물권은 채무의 인수로 영향을 받지 않는다.

> ✔해설 ① 인수인은 전채무자의 항변할 수 있는 사유로 채권자에게 대항할 수 있다(제458조).
> ② 제459조 본문
> ③ 제459조 단서
> ④ 유치권, 법정질권, 법정저당권 등 법정담보물권은 채무인수에 영향을 받지 않는다.

12 채무인수에 관한 설명 중 가장 옳지 않은 것은? (다툼이 있는 경우 판례에 의함)

① 면책적 채무인수인지, 중첩적 채무인수인지가 분명하지 아니한 때에는 이를 중첩적 채무인수로 본다.

② 면책적 채무인수의 효력이 생기기 위해서는 채권자의 승낙을 요하는데, 채권자가 승낙을 거절하였다가 그 이후 다시 승낙하면 그때부터 채무인수의 효력이 생긴다.

③ 금전소비대차계약으로 인한 채무에 관하여 제3자가 채무자를 위하여 어음이나 수표를 발행하는 것은 특별한 사정이 없는 한 동일한 채무를 중첩적으로 인수한 것으로 봄이 타당하다.

④ 중첩적 채무인수는 채권자와 채무인수인과의 합의가 있는 이상 채무자의 의사에 반하여도 할 수 있다.

> ✔해설 ① 채무인수가 면책적인가 중첩적인가 하는 것은 채무인수계약에 나타난 당사자 의사의 해석에 관한 문제이고, 채무인수에 있어서 면책적 인수인지, 중첩적 인수인지가 분명하지 아니한 때에는 이를 중첩적으로 인수한 것으로 볼 것이다(대판 2012.1.12. 2011다76099).
> ② 채무인수의 효력이 생기기 위하여 채권자의 승낙을 요하는 것은 면책적 채무인수의 경우에 한하고, 채무인수가 면책적인가 중첩적인가 하는 것은 채무인수계약에 나타난 당사자 의사의 해석에 관한 문제이다. 채권자의 승낙에 의하여 채무인수의 효력이 생기는 경우, 채권자가 승낙을 거절하면 그 이후에는 채권자가 다시 승낙해도 채무인수로서의 효력이 생기지 않는다(대판 1998.11.24. 98다33765).
> ③ 금전소비대차계약으로 인한 채무에 관하여 제3자가 채무자를 위하여 약속어음을 발행하는 것은 특별한 사정이 없는 한 동일한 채무를 중첩적으로 인수한 것으로 봄이 타당하다(대판1989.9.12. 88다카13806).
> ④ 대판 1988.11.22. 87다카1836

13 효력발생시기에 관한 다음의 설명 중 옳지 않은 것은? (다툼이 있는 경우 판례에 의함)

① 무권대리행위에 대한 본인의 추인은 원칙적으로 계약시에 소급하여 그 효력이 생긴다.

② 선택채권에 있어서 선택권 행사의 효력은 그 채권이 발생한 때에 소급한다.

③ 양도금지의 특약에 위반해서 채권을 제3자에게 양도한 경우에 채권양수인이 악의 또는 중과실인 경우에는 채권 이전의 효과가 생기지 아니하나, 채무자가 그 양도에 대하여 승낙을 한 때에는 채권양도행위가 유효하게 되고 양도의 효과는 승낙시부터 발생한다.

④ 채권자의 채무인수에 대한 승낙은 다른 의사표시가 없으면 승낙한 때부터 그 효력이 생긴다.

 ① 제133조.

② 제386조.

③ 당사자의 양도금지의 의사표시로써 채권은 양도성을 상실하며 양도금지의 특약에 위반해서 채권을 제3자에게 양도한 경우에 악의 또는 중과실의 채권양수인에 대하여는 채권 이전의 효과가 생기지 아니하나, 악의 또는 중과실로 채권양수를 받은 후 채무자가 그 양도에 대하여 승낙을 한 때에는 채무자의 사후승낙에 의하여 무효인 채권양도행위가 추인되어 유효하게 되며 이 경우 다른 약정이 없는 한 소급효가 인정되지 않고 양도의 효과는 승낙시부터 발생한다. 이른바 집합채권의 양도가 양도금지특약을 위반하여 무효인 경우 채무자는 일부 개별 채권을 특정하여 추인하는 것이 가능하다(대판 2009.10.29, 2009다 47685).

④ 채권자의 채무인수에 대한 승낙은 다른 의사표시가 없으면 채무를 인수한 때에 소급하여 그 효력이 생긴다. 그러나 제삼자의 권리를 침해하지 못한다(법 제457조).

CHAPTER

05

채권의 소멸

01 총설

1 다음 중 채권의 소멸원인에 해당하지 않는 것은?

① 변제, 상계, 공탁, 채무의 면제
② 채권양도, 채무인수
③ 법률행위의 취소, 무효
④ 소멸시효, 제척기간의 경과

> ✔해설 채권양도, 채무인수는 당사자의 변경에 지나지 않으므로 채권은 소멸하지 않고 여전히 존속한다.

2 채권의 소멸에 관한 설명으로 옳은 것은?

① 채권은 원칙적으로 10년간 행사하지 않으면 시효로 소멸한다.
② 이해관계 없는 제3자의 변제제공이라도 그것이 채무자의 의사에 반하지 않으면 채권은 소멸한다.
③ 일단 소멸한 채권이라도 당사자의 계약으로 동일성을 유지하는 특약이 있으면 소멸한 채권과 동일성을 유지한다.
④ 채권이 이행불능이 된 경우 이로써 채권은 소멸한다.

> ✔해설 ① 제162조 제1항
> ② 변제의 제공만으로 채권이 소멸되는 것은 아니며, 채권자가 수령하여야 한다.
> ③ 일단 소멸한 채권은 당사자의 특약이 있더라도 동일성을 유지할 수 없다.
> ④ 이행불능인 채권은 불능으로 인한 손해배상청구권에 여전히 존속한다.

02 변제

3 변제에 관한 다음 설명 중 가장 옳지 않은 것은?

① 변제의 제공은 그때로부터 채무불이행의 책임을 면한다.
② 당사자의 특별한 의사표시가 없으면 변제기 전이라도 채무자는 변제할 수 있다.
③ 채무의 변제로 타인의 물건을 인도한 채무자는 다시 유효한 변제를 하지 아니하더라도 그 물건의 반환을 청구할 수 있다.
④ 채무자가 채권자의 승낙을 얻어 본래의 채무이행에 갈음하여 다른 급여를 한 때에는 변제와 같은 효력이 있다.

 해설 ① 제461조
② 제468조
③ 채무의 변제로 타인의 물건을 인도한 채무자는 다시 유효한 변제를 하지 아니하면 그 물건의 반환을 청구하지 못한다〈제463조〉.
④ 제466조

4 채무자가 채권자에게 채무의 원본과 이자 및 비용을 지급할 경우에 그 전부를 소멸하게 하지 못한 급여를 한 때에 변제에 충당되는 순서로 옳은 것은?

① 비용 → 이자 → 원본
② 원본 → 이자 → 비용
③ 비용 → 원본 → 이자
④ 이자 → 비용 → 원본

해설 채무자가 1개 또는 수개의 채무의 비용 및 이자를 지급할 경우에 변제자가 그 전부를 소멸하게 하지 못한 급여를 한 때에는 비용, 이자, 원본의 순서로 변제에 충당하여야 한다〈제479조 제1항〉.

5 변제제공에 관한 설명으로 옳지 않은 것은?

① 변제는 채무의 내용에 좇은 현실제공으로 이를 하여야 한다.
② 채권자가 미리 변제받기를 거절하는 경우에는 변제준비의 완료를 통지하고 그 수령을 최고하면 유효한 변제의 제공이 된다.
③ 채무의 이행에 채권자의 행위를 요하는 경우일지라도 채권자가 거절의 의사를 표시하지 않는 한 현실의 제공을 하여야 유효한 변제의 제공이 된다.
④ 변제의 제공은 그때로부터 채무불이행의 책임을 면하게 한다.

> **✔ 해설** ①② 제460조 참조
> ③ 변제준비의 완료를 통지하고 그 수령을 최고하면 된다〈제460조 단서〉.
> ④ 제461조

6 채권의 준점유자에 대한 변제에 관한 설명으로 옳지 않은 것은? (판례에 의함)

① 채권의 준점유자란 채권을 사실상 행사하는 자이다.
② 채권의 준점유자에 대한 변제는 변제자가 선의인 때에 한하여 유효한 변제가 된다.
③ 채권의 준점유자는 반드시 채권증서를 점유하고 있어야 하는 것은 아니며, 채권을 이용하는 행위를 계속할 필요도 없다.
④ 채권의 준점유자로는 표현상속인, 예금증서와 인장소지자 등이 있다.

> **✔ 해설** ① 제210조
> ② 변제자가 선의 · 무과실이면 채권의 준점유자에 대한 변제는 유효하다〈제470조〉.
> ④ 판례는 표현상속인(대판 1995.1.24, 93다32200), 예금증서와 인장소지자(대판 1985.12.24, 85다카880) 등을 채권의 준점유자에 해당한다고 본다.

7 제3자의 변제에 관한 설명 중 옳지 않은 것은?

① 채무의 성질 또는 당사자의 의사표시로 제3자의 변제를 허용하지 아니한 때에는 제3자는 변제할 수 없다.
② 고유의미의 변제뿐만 아니라 대물변제, 공탁도 할 수 있다.
③ 이해관계 없는 제3자의 변제는 원칙적으로 유효한 변제가 아니다.
④ 정당한 이유 없이 제3자의 변제의 제공을 채권자가 수령하지 않으면 채권자지체가 된다.

> **✔ 해설** ① 제469조 제1항
> ③ 채무자의 의사에 반하지 않으면 유효한 변제가 된다〈제469조 제2항〉.

8 다음 중 변제수령자에 관한 설명으로 옳지 않은 것은?

① 채권의 준점유자에 대한 변제는 변제자가 선의·무과실인 때에 한하여 효력이 있다.
② 영수증을 소지한 자에 대한 변제는 그 소지자가 변제를 받을 권한이 없는 경우에도 변제자가 선의·무과실이면 변제의 효력이 있다.
③ 증권의 소지자에 대한 변제는 변제자가 선의·무과실이면 유효한 변제가 된다.
④ 권한 없는 자에 대한 변제는 채권자가 이익을 받은 한도에서 효력이 있다.

 해설
① 제470조
② 제471조 본문
③ 변제자가 선의·무중과실이면 유효한 변제가 된다〈제518조 단서〉.
④ 제472조

9 지정변제충당에 관한 설명으로 옳지 않은 것은?

① 지정변제충당에 있어 지정권자는 변제자이다.
② 변제자가 지정하지 아니한 때에는 변제받는 자가 지정할 수 있다.
③ 변제받는 자가 지정하여 변제충당하는 경우 변제자는 지정할 기회를 포기한 것이므로, 그 충당에 대하여 이의를 제기할 수 없다.
④ 변제충당의 지정은 상대방에 대한 의사표시로써 한다.

 해설
① 제476조 제1항
② 제476조 제2항 본문
③ 변제자는 즉시 이의를 제기할 수 있다〈제476조 제2항 단서〉.
④ 제476조 제3항

10 변제의 제공에 관한 다음 설명 중 옳지 않은 것은?

① 채권자의 수령거절의 의사표시가 명확한 때에는 채무자는 구두의 제공도 할 필요가 없다.

② 변제의 제공은 그때로부터 채무불이행의 책임을 면한다.

③ 당사자 일방이 현실의 제공을 하여 상대방을 수령지체에 빠지게 하였다면, 그 이행의 제공이 계속되지 않더라도 상대방의 동시이행의 항변권은 소멸한다.

④ 변제의 제공으로 채무가 소멸하는 것은 아니며, 변제공탁을 함으로써 채무 자체를 면할 수 있다.

> **✔ 해설** ① 대판 1976.11.9, 76다2218
> ② 제461조
> ③ 이행의 제공이 계속되지 않는 경우에는 과거에 이행의 제공이 있었다는 사실만으로 상대방이 가지는 동시이행의 항변권이 소멸하는 것은 아니다(대판 1993.8.24, 92다56490).

11 대위변제의 효과에 관한 설명으로 옳지 않은 것은?

① 보증인은 미리 전세권이나 저당권의 등기에 그 대위를 부기하지 아니하여도 전세권이나 저당권에 권리를 취득한 제3자에 대하여 채권자를 대위할 수 있다.

② 제3취득자는 보증인에 대하여 채권자를 대위하지 못한다.

③ 제3취득자 중의 1인은 각 부동산의 가액에 비례하여 다른 제3취득자에 대하여 채권자를 대위한다.

④ 물상보증인과 보증인 간에는 그 인원수에 비례하여 채권자를 대위한다.

> **✔ 해설** ① 대위의 부기등기를 하여야 대위할 수 있다(제482조 제2항 제1호).
> ② 제482조 제2항 제2호
> ③ 제482조 제2항 제3호
> ④ 제482조 제2항 제5호

12 대물변제에 대한 설명 중 옳지 않은 것은?

① 채권자가 채무자의 승낙을 얻어 본래의 채무이행에 갈음하여 다른 급여를 하는 것을 말한다.

② 대물변제는 본래의 급부에 갈음하여 다른 급부를 현실적으로 하는 때에 성립하는 요물계약이다.

③ 대물변제란 본래의 채무에 갈음하여 다른 급부를 현실적으로 하는 때에 성립하는 요물계약이므로, 급부가 소유권이전일 때에는 그 이전등기가 마쳐져야 본래의 채무가 소멸된다 할 것이고, 그 이전등기가 경료되지 아니하는 한 대물변제의 예약에 불과하여 본래채무가 소멸하지 아니한다.

④ 어음 · 수표의 교부는 변제에 갈음하는 것으로 대물변제가 된다고 보는 것이 판례의 입장이다.

13 대물변제예약에 관한 설명으로 옳지 않은 것은?

① 대물변제와 예약이라는 민법상의 두 제도의 결합의 산물이다.

② 대물변제예약은 그 자체 독립하여 일종의 물적담보제도로서의 기능을 하고 있다.

③ 대물변제예약은 정산방법과 관련하여 취득정산형과 처분정산형으로 나누어지기도 한다.

④ 제607조에 위반하여 대물변제의 예약은 제608조에 따라 무효이며, 따라서 이에 의한 소유권 취득 역시 무효가 되고 대물변제예약에 포함되어 있는 채권담보계약 역시 무효가 된다.

14 변제에 관한 다음 설명 중 옳지 않은 것은?

① 특정물의 인도가 채권의 목적인 때에는 채무자는 이행기의 현상대로 그 물건을 인도하여야 한다.

② 채권의 준점유자에 대한 변제는 변제자가 선의이며 과실 없는 때에 한하여 효력이 있다.

③ 이해관계 없는 제3자는 채무자의 의사에 반하여 변제하지 못한다.

④ 영수증을 소지한 자에 대한 변제는 그 소지자가 변제를 받을 권한이 없는 경우에는 효력이 없다.

15 변제자대위에 관한 다음 내용 중 옳지 않은 것은?

① 이해관계 없는 제3자는 채무자의 의사에 반하여 변제하지 못한다.

② 채무자를 위하여 변제한 자는 그 변제로 당연히 채권자를 대위한다.

③ 변제로 당연히 채권자를 대위할 자가 있는 경우에 채권자의 고의나 과실로 담보가 상실되거나 감소된 때에는 대위할 자는 그 상실 또는 감소로 인하여 상환을 받을 수 없는 한도에서 그 책임을 면한다.

④ 채권의 일부에 대하여 대위변제가 있는 경우에 채무불이행을 원인으로 하는 계약의 해지 또는 해제는 채권자만이 할 수 있다.

✔ **해설** ① 제469조 제2항
② 채무자를 위하여 변제한 자는 변제와 동시에 채권자의 승낙을 얻어 채권자를 대위할 수 있다(제480조 제1항, 임의대위). 변제할 정당한 이익이 있는 자는 변제로 당연히 채권자를 대위한다(제481조, 법정대위).
③ 제485조
④ 제483조

16 변제에 관한 다음 설명 중 가장 옳지 않은 것은? (다툼이 있는 경우 판례에 의함)

① 채무자는 채권자가 미리 변제받기를 거절하는 경우에는 변제준비의 완료를 통지하고 그 수령을 최고하면 된다.

② 변제공탁이 유효하려면 채무 전부에 대한 변제의 제공 및 채무 전액에 대한 공탁이 있음을 요하고 채무 전액이 아닌 일부에 대한 공탁은 그 부분에 관하여서도 변제의 효력이 생기지 않는 것이 원칙이다.

③ 변제자가 주채무자인 경우, 보증인이 있는 채무와 보증인이 없는 채무 사이에는 전자가 후자에 비해서 변제이익이 더 많다고 볼 수 있다.

④ 채무자가 1개 또는 수개의 채무의 비용 및 이자를 지급할 경우에 변제자가 그 전부를 소멸하게 하지 못한 급여를 한 때에는 비용, 이자, 원본의 순서로 변제에 충당하여야 한다.

✔ **해설** ① 제460조 단서
② 채무자가 공탁원인이 있어서 공탁에 의해서 그 채무를 면하려면 채무액전부를 공탁하여야 할 것이고 일부의 공탁은 그 채무를 변제함에 있어서, 일부의 제공이 유효한 제공이라고 시인될 수 있는 특별한 사정이 있는 경우를 제외하고는 채권자가 이를 수락하지 아니하는 한 그에 상응하는 효력을 발생할 수 없는 것이라고 하여야할 것이다(대판 1977.9.13. 76다1866).
③ 변제자가 주채무자인 경우에 보증인이 있는 채무와 보증인이 없는 채무사이에 있어서 전자가 후자에 비하여 변제이익이 더 많다고 볼 근거는 전혀 없어 양자는 변제이익의 점에 있어 차이가 없다(대판 1985.3.12. 84다카2093).
④ 제479조 제1항

17 변제에 관한 설명 중 가장 옳지 않은 것은? (다툼이 있는 경우 판례에 의함)

① 채무자가 채권자에게 채무변제와 관련하여 다른 채권을 양도하는 것은 특단의 사정이 없는 한 채무변제에 갈음한 것으로 볼 것이어서, 채권양도가 있으면 양도된 채권의 변제 여부와 무관하게 원래의 채권은 소멸한다.

② 변제자(채무자)와 변제수령자(채권자)는 변제로 소멸한 채무에 관한 보증인 등 이해관계 있는 제3자의 이익을 해하지 않는 이상 이미 급부를 마친 뒤에도 기존의 충당방법을 배제하고 제공된 급부를 어느 채무에 어떤 방법으로 다시 충당할 것인가를 약정할 수 있다.

③ 채무의 변제로 타인의 물건을 인도한 채무자는 다시 유효한 변제를 하지 아니하면 그 물건의 반환을 청구하지 못한다는 민법 제463조는 채무자만이 그 물건의 반환을 청구할 수 없다는 것에 불과할 뿐 채무자가 아닌 다른 권리자까지 그 물건의 반환을 청구할 수 없다는 취지는 아니다.

④ 양도할 능력이 없는 소유자가 채무의 변제로 물건을 인도한 경우에는 원칙적으로 그 변제가 취소된 때에도 다시 유효한 변제를 하지 아니하면 그 물건의 반환을 청구하지 못한다.

> ✔**해설** ① 채권자에 대한 채무변제를 위하여 어떤 다른 채권을 채권자에게 양도함에 있어서는 특단의 사정이 없는 한, 그 채권양도는 채무변제를 위한 담보 또는 변제의 방법으로 양도되는 것이지 채무변제에 갈음하여 양도되어 원채권이 소멸하는 것이 아니다 (대판 1981.10.13. 선고 81다354).
> ② 대판 2013.9.12. 2012다118044,118051
> ③ 대판 1993.6.8. 93다14998,15007(병합)
> ④ 제464조

03 공탁 · 상계

18 민법의 규정에 비추어 상계에 대한 설명으로 옳지 않은 것은?

① 상계의 의사표시는 각 채무가 상계할 수 있는 때에 대등액에 관하여 소멸한 것으로 본다.
② 상계는 상대방에 대한 의사표시로 하며 조건과 기한을 붙일 수 있다.
③ 채권이 압류하지 못할 것인 때에는 그 채무자는 상계로 채권자에게 대항하지 못한다.
④ 소멸시효가 완성된 채권이 그 완성 전에 상계할 수 있었던 것이면 그 채권자는 상계할 수 있다.

> ✔**해설** 상계는 단독행위이기 때문에 조건을 붙이지 못하며, 소급효를 갖기 때문에 기한을 붙이지 못한다.

19 다음 중 공탁에 관한 설명으로 옳지 않은 것은?

① 채권자가 변제를 받지 아니하거나 받을 수 없는 때에는 공탁으로 채무를 면할 수 있다.

② 단순히 채권자를 알 수 없다는 사실만으로는 공탁으로 채무를 면할 수 없다.

③ 공탁으로 채무는 소멸하므로, 이자는 공탁 후에 그 발생을 정지한다.

④ 공탁을 할 장소는 채무이행지의 공탁소이다.

 ① 제487조
② 변제자가 과실 없이 채권자를 알 수 없는 경우 즉 선의로 채권자를 알 수 없는 경우에는 공탁으로 채무를 면할 수 있다〈제
487조〉.
④ 제488조 제1항

20 상계에 관한 다음 설명 중 옳지 않은 것은?

① 상계의 의사표시에는 조건이나 기한을 붙이지 못한다.

② 상계계약과 관련하여 당사자 간의 특약이 없는 경우에는 민법의 상계에 관한 규정을 유추적용한다.

③ 상계의 의사표시는 각채무가 상계할 수 있는 때에 대등액에 관하여 소멸한 것으로 본다.

④ 각 채무의 이행지가 다른 경우에도 상계할 수 있다.

 ① 제493조 제1항
② 계약자유의 원칙상 상계계약도 유효하며, 이 경우 민법의 규정은 적용되지 않는다.
③ 제493조 제2항
④ 각채무의 이행지가 다른 경우에도 상계할 수 있다. 그러나 상계하는 당사자는 상대방에게 상계로 인한 손해를 배상하여야 한
다〈제494조〉.

21 상계에 관한 다음 설명 중 옳지 않은 것은?

① 소멸시효가 완성된 채권이 그 완성 전에 상계할 수 있었던 것이면 그 채권자는 상계할 수 있다.

② 채무가 고의 또는 중과실의 불법행위로 인한 것인 때에는 그 채무자는 상계로 채권자에게 대항하지 못한다.

③ 채권이 압류하지 못할 것인 때에는 그 채무자는 상계로 채권자에게 대항하지 못한다.

④ 지급을 금지하는 명령을 받은 제3채무자는 그 후에 취득한 채권에 의한 상계로 그 명령을 신청한 채권자에게 대항하지 못한다.

 ① 제495조
② 채무가 고의의 불법행위에 기한 것일 때에만 상계가 금지된다〈제496조〉.
③ 제497조
④ 제498조

22 상계에 관한 판례의 태도 중 옳지 않은 것은?

① 수동채권이 반드시 변제기가 도래할 것을 요하지는 않는다.
② 과실의 불법행위로 인한 손해배상청구권을 수동채권으로 한 상계는 허용된다.
③ 별소로 소송 중인 손해배상채권을 자동채권으로 하는 상계는 허용된다.
④ 채권압류 당시 상계적상이 아니라도 자동채권의 변제기가 수동채권의 변제기보다 먼저 도래하는 경우 상계는 허용되지 않는다.

 해설
① 대판 1979.6.12, 79다662
② 대판 1994.2.25, 93다38444
③ 대판 1965.12.1, 63다848
④ 채권가압류 명령을 얻은 후에, 위 가압류를 본압류로 이전하는 채권압류 및 전부명령을 받은 자에 대하여, 제3채무자가 가압류채무자에 대해 가지고 있던 반대채권에 의한 상계로써 대항할 수 있기 위해서는 그 가압류의 효력발생 당시에 양 채권이 상계적상에 있거나, 반대채권이 그 가압류 효력발생 당시 변제시기에 달하여 있지 않은 경우에는 그것이 피압류채권인 수동채권의 변제기와 동시에 또는 그보다 먼저 변제기에 도달하여야 한다(대판 1988.2.23, 87다카472).

23 상계의 효과에 관한 다음 설명 중 옳지 않은 것은?

① 상계의 의사표시가 상대방에게 도달한 때로부터 효력이 생기므로, 상계적상이 된 이후부터 상계의 의사표시가 있을 때까지의 이자는 유효하게 발생한다.
② 각 채무가 상계할 수 있는 때에 대등액에 관하여 소멸한 것으로 본다.
③ 상계에도 변제충당의 규정이 적용된다.
④ 이행지를 달리하는 경우 상계하는 당사자는 상대방에게 상계로 인한 손해배상을 하여야 한다.

 해설
① 상계적상이 된 이후의 이자는 발생하지 않는다.
② 제493조 제2항
④ 제494조

24 상계에 관한 다음 설명 중 가장 옳지 않은 것은? (다툼이 있는 경우 판례에 의함)

① 고의의 불법행위에 의한 손해배상채권에 대한 상계금지는 중과실의 불법행위로 인한 손해배상채권에까지 유추 또는 확장적용된다.

② 채권가압류명령을 받은 제3채무자는 가압류채무자에 대해 가지고 있는 자동채권이 가압류 당시 변제기가 이르지 않았지만 수동채권인 피압류채권의 변제기보다 먼저 변제기가 도래하는 경우에는 제3채무자는 가압류채무자에 대한 자동채권에 의한 상계로 가압류채권자에게 대항할 수 있다.

③ 보증인은 주채무자의 채권에 의한 상계로 채권자에게 대항할 수 있다.

④ 금전채권에 대한 압류 및 전부명령이 있고 제3채무자의 압류채무자에 대한 자동채권이 수동채권인 피압류채권과 동시이행의 관계에 있는 경우에는, 압류명령이 제3채무자에게 송달되어 압류의 효력이 생긴 후에 자동채권이 발생하였다고 하더라도 제3채무자는 그 채권에 의한 상계로 압류채권자에게 대항할 수 있다.

✔해설 ① 민법 제496조가 고의의 불법행위로 인한 손해배상채권에 대한 상계를 금지하는 입법취지는 고의의 불법행위에 의한 손해배상채권에 대하여 상계를 허용한다면 고의로 불법행위를 한 자가 상계권행사로 현실적으로 손해배상을 지급할 필요가 없게 됨으로써 보복적 불법행위를 유발하게 될 우려가 있고, 고의의 불법행위로 인한 피해자가 가해자의 상계권행사로 인하여 현실의 변제를 받을 수 없는 결과가 됨은 사회적 정의관념에 맞지 아니하므로 고의에 의한 불법행위의 발생을 방지함과 아울러 고의의 불법행위로 인한 피해자에게 현실의 변제를 받게 하려는 데 있는바, 이 같은 입법취지나 적용결과에 비추어 볼 때 고의의 불법행위에 의한 손해배상채권에 대한 상계금지를 중과실의 불법행위에 의한 손해배상채권에까지 유추 또는 확장적용하여야 할 필요성이 있다고 할 수 없다(대판 1994.8.12, 93다52808).

② 채권가압류명령을 받은 제3채무자는 그 후에 취득한 채권에 의한 상계로 그 가압류채권자에게 대항하지 못하지만 수동채권이 가압류될 당시 자동채권과 수동채권이 상계적상에 있거나 자동채권의 변제기가 수동채권의 그것과 동시 또는 그보다 먼저 도래하는 경우에는 제3채무자는 자동채권에 의한 상계로 가압류채권자에게 대항할 수 있다(대판 1989.9.12, 88다카25120).

③ 제434조

④ 금전채권에 대한 압류 및 전부명령이 있는 때에는 압류된 채권은 동일성을 유지한 채로 압류채무자로부터 압류채권자에게 이전되고, 제3채무자는 채권이 압류되기 전에 압류채무자에게 대항할 수 있는 사유로써 압류채권자에게 대항할 수 있는 것이므로 제3채무자의 압류채무자에 대한 자동채권이 수동채권인 피압류채권과 동시이행의 관계에 있는 경우에는, 압류명령이 제3채무자에게 송달되어 압류의 효력이 생긴 후에 자동채권이 발생하였다고 하더라도 제3채무자는 동시이행의 항변권을 주장할 수 있고 따라서 그 채권에 의한 상계로 압류채권자에게 대항할 수 있는 것으로서, 이 경우에 자동채권이 발생한 기초가 되는 원인은 수동채권이 압류되기 전에 이미 성립하여 존재하고 있었던 것이므로, 그 자동채권은 민법 제498조 소정의 "지급을 금지하는 명령을 받은 제3채무자가 그 후에 취득한 채권"에 해당하지 않는다고 봄이 상당하다(대판 1993.9.28, 92다55794).

25 다음 중 상계에 관한 설명 중 옳지 않은 것은? (다툼이 있는 경우 통설 · 판례에 의함)

① 중과실로 인한 불법행위 손해배상채권을 수동채권으로 하는 상계는 금지되지 않는다.

② 쌍방의 채무의 이행지가 다른 경우에도 상계할 수 있다.

③ 소멸시효가 완성된 채권이 그 완성 전에 상계할 수 있었던 것이면 그 채권자는 상계할 수 있다.

④ 상계의 의사표시가 있으면, 쌍방의 채무는 상계의 의사표시가 있었던 시점을 기준으로 대등액에 관하여 소멸한 것으로 본다.

 해설 ① 대판 1994.8.12, 93다52808
② 제494조
③ 제495조
④ 상계의 의사표시는 각 채무가 상계할 수 있는 때에 대등액에 관하여 소멸한 것으로 본다〈제493조 제2항〉.

26 상계에 관한 설명 중 가장 옳지 않은 것은? (다툼이 있는 경우 판례에 의함)

① 지급을 금지하는 명령을 받은 제3채무자는 그 후에 취득한 채권에 의한 상계로 그 명령을 신청한 채권자에게 대항하지 못한다.

② 소멸시효가 완성된 채권이 그 완성 전에 상계할 수 있었다고 하더라도 그 채권자는 상계할 수 없다.

③ 채무가 고의의 불법행위로 인한 것인 때에는 그 채무자는 상계로 채권자에게 대항하지 못한다.

④ 수동채권으로 될 수 있는 채권은 상대방이 상계자에 대하여 가지는 채권이어야 하므로, 상대방이 제3자에 대하여 가지는 채권과는 상계할 수 없다.

 해설 ① 제498조
② 소멸시효가 완성된 채권이 그 완성 전에 상계할 수 있었던 것이면 그 채권자는 상계할 수 있다(제495조).
③ 제496조
④ 상계는 당사자 쌍방이 서로 같은 종류를 목적으로 한 채무를 부담한 경우에 서로 같은 종류의 급부를 현실로 이행하는 대신 어느 일방 당사자의 의사표시로 그 대등액에 관하여 채권과 채무를 동시에 소멸시키는 것이고, 이러한 상계제도의 취지는 서로 대립하는 두 당사자 사이의 채권 · 채무를 간이한 방법으로 원활하고 공평하게 처리하려는 데 있으므로, 수동채권으로 될 수 있는 채권은 상대방이 상계자에 대하여 가지는 채권이어야 하고, 상대방이 제3자에 대하여 가지는 채권과는 상계할 수 없다고 보아야 한다. 그렇지 않고 만약 상대방이 제3자에 대하여 가지는 채권을 수동채권으로 하여 상계할 수 있다고 한다면, 이는 상계의 당사자가 아닌 상대방과 제3자 사이의 채권채무관계에서 상대방이 제3자에게서 채무의 본지에 따른 현실급부를 받을 이익을 침해하게 될 뿐 아니라, 상대방의 채권자들 사이에서 상계자만 독점적인 만족을 얻게 되는 불합리한 결과를 초래하게 되므로, 상계의 담보적 기능과 관련하여 법적으로 보호받을 수 있는 당사자의 합리적 기대가 이러한 경우에까지 미친다고 볼 수는 없다(대판 2011.4.28, 2010다101394).

04 경개 · 면제 · 혼동

27 경개에 관한 다음 설명 중 옳지 않은 것은?

① 구 채무는 경개로 인하여 소멸한다.
② 채무자의 변경으로 인한 경개는 채권자와 신 채무자 간의 계약으로 한다.
③ 채권자의 변경으로 인한 경개는 채권자와 신 · 구 채무자 간의 3면계약으로 하며, 확정일자 있는 증서로 하지 아니하면 이로써 제3자에게 대항하지 못한다.
④ 경개계약으로 성립한 채무에 관하여 불이행이 있는 경우에는 경개계약을 해제하여 구 채무를 부활시킬 수 있다.

 ① 제500조
② 제501조
③ 제502조
④ 경개계약으로 신 채무가 유효하게 성립하면 구 채무는 완전히 소멸하게 되는 것으로, 이후 신 채무의 불이행은 신 채무의 해제사유가 될 뿐 경개계약의 해제사유가 되는 것은 아니다(대판 1980.11.11, 80다2050).

28 면제에 관한 다음 설명 중 옳지 않은 것은?

① 채권자가 채무자에게 면제의 의사표시를 한 때에는 채권은 소멸하지만, 이로써 정당한 이익을 가진 제3자에게 대항하지 못한다.
② 면제는 채권자의 단독행위이며, 당사자 간의 자유로운 면제계약도 가능하다.
③ 면제에 의하여 채권 전부가 소멸하는 때에는 그에 수반하는 물적 · 인적담보 및 종된 권리도 모두 소멸한다.
④ 면제는 조건을 붙이지 못한다.

 ① 제506조
④ 단독행위에는 조건을 붙이지 못하는 것이 일반이지만, 면제의 경우에는 상대방에게 불이익을 줄 염려가 없으므로 조건을 붙일 수 있다.

29 다음 중 혼동에 관한 설명으로 옳지 않은 것은?

① 혼동은 물권과 채권의 공통된 소멸원인이다.

② 채권과 채무가 동일인에 귀속된 때에는 채권은 소멸한다.

③ 혼동으로 소멸될 채권이 제3자의 권리의 목적인 때에는 소멸하지 아니한다.

④ 지시채권, 무기명채권, 사채 등과 같은 증권화된 채권도 혼동으로 소멸한다.

✔ 해설 ②③ 제507조
④ 증권화된 채권은 독립한 유가물로서 거래되는 것으로 혼동으로 소멸하지 않는다.

01 계약총론

02 증여 · 매매 · 교환

03 소비대차 · 사용대차 · 임대차

04 고용 · 도급 · 위임

05 임차 · 현상광고 · 조합 · 종신정기금 · 화해

06 사무관리 · 부당이익

07 불법행위

PART

05

채권각론

계약총론

01 계약 일반

1 다음 중 유상계약에 해당하지 않는 것은?

① 증여
② 교환
③ 매매
④ 도급

> ✔ **해설** 유상계약이란 계약당사자가 대가적 의미가 있는 재산상의 출연을 서로에게 부담하는 계약을 말하며 이에는 매매, 교환, 임대차, 고용, 도급, 조합, 화해, 현상광고 등이 있다. 증여는 무상계약이 원칙이다(제554조 참조).

2 다음 설명 중 옳지 않은 것은?

① 증여는 무상 · 편무계약이다.
② 매매는 유상 · 쌍무계약이다.
③ 도급은 유상 · 쌍무계약이다.
④ 위임은 유상 · 편무계약이다.

> ✔ **해설** 위임은 무상 · 편무계약이다(제680조 참조).

3 계약의 효력에 관한 다음 설명 중 옳지 않은 것은? (다툼이 있는 경우 판례에 의함)

① 동시이행의 항변권은 소멸시효의 진행에 영향을 미치지 않는다.

② 쌍무계약의 당사자 일방의 채무가 당사자쌍방의 책임없는 사유로 이행할 수 없게 된 때에는 채무자는 상대방의 이행을 청구하지 못한다.

③ 수익의 의사표시를 한 제3자라 하더라도 낙약자에 대하여 계약해제권이나 계약해제를 원인으로 한 원상회복을 청구할 수 없다.

④ 일방의 채무가 변제기에 도달하지 않았더라도 그 채무가 쌍무계약에서 발생한 경우에는 상대방은 자신의 채무에 대하여 동시이행의 항변을 할 수 있다.

✔ **해설** ① 대판 1991.3.22, 90다9797
② 제537조
③ 대판 1994.8.12, 92다41559
④ 동시이행의 항변권은 상대방이 그 채무이행을 제공할 때까지 자기의 채무이행을 거절할 수 있는 권능으로, 상대방이 이행기에 있을 것을 전제로 한다. 따라서 일방의 채무가 변제기에 도달하지 않았다면, 그 일방은 동시이행의 항변을 할 수 없다(제536조 제1항). 다만 선이행의무 있는 자라도 상대방의 이행이 곤란할 현저한 사유가 있는 때(제536조 제2항)와 상대방의 의무도 이행기에 도래한 경우(대판 1980.4.22, 80다268)에는 동시이행의 항변권을 갖게 된다.

4 다음 중 법률행위에 의한 채권발생원인인 것은?

① 부당이득
② 사무관리
③ 불법행위
④ 현상광고

✔ **해설** ①②③ 법률의 규정에 의한 채권의 발생원인이다.
④ 현상광고는 민법전에 규정된 전형계약 중 하나이다(제675조 이하 참조).

Answer 1.① 2.④ 3.④ 4.④

5 동시이행의 항변권에 대한 설명 중 옳지 않은 것은? (다툼이 있는 경우 판례에 의함)

① 임대차계약의 종료에 의하여 발생된 임차인의 목적물반환의무와 임대인의 연체차임을 공제한 나머지 보증금의 반환의무는 동시이행의 관계에 있다.

② 쌍방의 채무가 동시이행관계에 있는 경우, 동시이행의 항변권을 행사하여야만 지체책임을 면하는 것이다.

③ 동시이행의 관계에 있는 쌍방의 채무 중 어느 한 채무가 이행불능이 됨으로 인하여 발생한 손해배상채무도 여전히 다른 채무와 동시이행의 관계에 있다.

④ 가압류등기가 있는 부동산의 매매계약에 있어서 매도인의 소유권이전등기의무와 아울러 가압류등기의 말소의무도 매수인의 대금지급의무와 동시이행관계에 있다.

> ✔ **해설** ① 대판 1977.9.28, 77다1241, 1242
> ② 쌍무계약에서 쌍방의 채무가 동시이행관계에 있는 경우 일방의 채무의 이행기가 도래하더라도 상대방 채무의 이행제공이 있을 때까지는 그 채무를 이행하지 않아도 이행지체의 책임을 지지 않는 것이며, 이와 같은 효과는 이행지체의 책임이 없다고 주장하는 자가 반드시 동시이행의 항변권을 행사하여야만 발생하는 것은 아니므로, 동시이행관계에 있는 쌍무계약상 자기채무의 이행을 제공하는 경우 그 채무를 이행함에 있어 상대방의 행위를 필요로 할 때에는 언제든지 현실로 이행을 할 수 있는 준비를 완료하고 그 뜻을 상대방에게 통지하여 그 수령을 최고하여야만 상대방으로 하여금 이행지체에 빠지게 할 수 있는 것이다(대판 2001.7.10, 2001다3764).
> ③ 대판 2000.2.25, 97다30066
> ④ 대판 2001.7.27, 2001다27784, 27791

6 다음 중 동시이행관계가 인정되지 않는 것은? (다툼이 있는 경우 판례에 의함)

① 채무의 이행확보를 위하여 어음을 발행한 경우, 그 채무의 이행과 어음의 반환의무

② 차용증 등 채권증서가 작성된 경우, 채무의 변제와 채권증서의 반환의무

③ 건물의 소유를 목적으로 한 토지임차인이 지상건물의 매수청구권을 행사한 경우, 임차인의건물명도의무 및 소유권이전등기의무와 임대인의 건물대금지급의무

④ 전세권이 소멸한 경우, 전세권자의 목적물인도 및 전세권설정등기말소의무와 전세권설정자의 전세금반환의무

> ✔ **해설** ① 채무의 이행확보를 위하여 어음을 발행한 경우 그 채무의 이행과 어음의 반환은 동시이행의 관계에 있으며 동시이행의 관계에 있는 반대급부를 조건으로 하는 변제공탁은 유효하다(대판 1992.12.22, 92다8712).
> ② 채권증서가 있는 경우에 변제자가 채무전부를 변제한 때에는 채권증서의 반환을 청구할 수 있다(법 제475조). 통설은 변제를 선이행관계로 본다.
> ③ 민법 제643조의 규정에 의한 토지임차인의 매수청구권행사로 지상건물에 대하여 시가에 의한 매매유사의 법률관계가 성립된 경우에 토지임차인의 건물명도 및 그 소유권이전등기의무와 토지임대인의 건물대금지급의무는 서로 대가관계에 있는 채무이므로 토지임차인은 토지임대인의 건물명도청구에 대하여 대금지급과의 동시이행을 주장할 수 있다(대판 1991.4.9, 91다3260).
> ④ 제317조

7 동시이행에 대한 다음 설명 중 가장 옳지 않은 것은? (다툼이 있는 경우 판례에 의함)

① 쌍무계약에서 쌍방의 채무가 동시이행관계에 있는 경우 일방의 채무의 이행기가 도래하더라도 상대방 채무의 이행제공이 있을 때까지는 그 채무를 이행하지 않아도 이행지체의 책임을 지지 않는 것이고, 이와 같은 효과는 이행지체의 책임이 없다고 주장하는 자가 반드시 동시이행의 항변권을 행사하여야만 발생하는 것은 아니다.

② 원인채무의 이행의무와 어음 반환의무가 상호 동시이행의 관계에 있는 경우, 원인채무의 채무자는 어음을 반환받을 때까지는 이행지체책임을 지지 않는다.

③ 임대차계약 종료 후에도 임차인이 동시이행의 항변권을 행사하여 임차건물을 계속 점유하여 온 것이라면, 임대인이 임차인에게 보증금반환의무를 이행하였다거나 현실적인 이행의 제공을 하여 임차인의 건물명도의무가 지체에 빠지는 등의 사유로 동시이행의 항변권을 상실하지 않는 이상, 임차인의 건물에 대한 점유는 불법점유라고 할 수 없으며, 따라서 임차인으로서는 이에 대한 손해배상의무도 없다.

④ 임대차관계가 종료된 후 임차인이 목적물을 임대인에게 반환하였으면 임대인은 보증금을 반환하여야 하고, 임차인으로부터 목적물의 인도를 받는 것과의 상환이행을 주장 할 수 없다. 그리고 이는 종전의 임차인이 임대인으로부터 새로 목적물을 임차한 사람에게 그 목적물을 임대인의 동의 아래 직접 넘긴 경우에도 다를 바 없다.

✔ **해설** ① 쌍무계약에서 쌍방의 채무가 동시이행관계에 있는 경우 일방의 채무의 이행기가 도래하더임을 지지 않는 것이고, 이와 같은 효과는 이행지체의 책임이 없다고 주장하는 자가 반드시 동시이행의 항변권을 행사하여야만 발생하는 것은 아니다. 매수인이 선이행의무 있는 중도금을 지급하지 않았다 하더라도 계약이 해제되지 않은 상태에서 잔대금 지급기일이 도래하여 그 때까지 중도금과 잔대금이 지급되지 아니하고 잔대금과 동시이행관계에 있는 매도인의 소유권이전등기 소요서류가 제공된 바 없이 그 기일이 도과하였다면, 특별한 사정이 없는 한 매수인의 중도금 및 잔대금의 지급과 매도인의 소유권이전등기 소요서류의 제공은 동시이행관계에 있다 할 것이어서 그 때부터는 매수인은 중도금을 지급하지 아니한 데 대한 이행지체의 책임을 지지 아니한다(대판 1998.3.13. 97다54604).

② 기존채무와 어음, 수표채무가 병존하는 경우 원인채무의 이행과 어음, 수표의 반환이 동시이행의 관계에 있다 하더라도 채권자가 어음, 수표의 반환을 제공을 하지 아니하면 채무자에게 적법한 이행의 최고를 할 수 없다고 할 수는 없고, 채무자는 원인채무의 이행기를 도과하면 원칙적으로 이행지체의 책임을 지고, 채권자로부터 어음, 수표의 반환을 받지 아니하였다 하더라도 이 어음, 수표를 반환하지 않음을 이유로 위와 같은 항변권을 행사하여 그 지급을 거절하고 있는 것이 아닌 한 이행지체의 책임을 면할 수 없다(대판 1993.11.9. 93다11203,11210)(반소).

③ 임대차종료후 임차인의 임차목적물명도의무와 임대인의 연체차임 기타 손해배상금을 공제하고 남은 임대차보증금반환채무와는 동시이행의 관계에 있으므로 임차인이 동시이행의 항변권에 기하여 임차목적물을 점유하고 사용수익한 경우 그 점유는 불법점유라 할 수 없어 그로 인한 손해배상책임은 지지 아니하되, 다만 사용수익으로 인하여 실질적으로 얻은 이익이 있으면 부당이득으로서 반환하여야 한다(대판 1989.2.28. 87다카2114).

④ 임대차관계가 종료된 후 임차인이 목적물을 임대인에게 반환하였으면 임대인은 보증금을 무조건으로 반환하여야 하고, 임차인으로부터 목적물의 인도를 받는 것과의 상환이행을 주장할 수 없다. 그리고 이는 종전의 임차인이 임대인으로부터 새로 목적물을 임차한 사람에게 그 목적물을 임대인의 동의 아래 직접 넘긴 경우에도 다를 바 없다. 그 경우 임차인의 그 행위는 임대인이 임차인으로부터 목적물을 인도받아 이를 새로운 임차인에게 다시 인도하는 것을 사실적인 실행의 면에서 간략하게 한 것으로서, 법적으로는 두 번의 인도가 행하여진 것으로 보아야 하므로, 역시 임대차관계 종료로 인한 임차인의 임대인에 대한 목적물반환의무는 이로써 제대로 이행되었다고 할 것이기 때문이다(대판 2009.6.25. 2008다55634).

Answer   5.② 6.② 7.②

8 격지자 사이의 계약의 성립시기는?

① 승낙 표백시
② 승낙통지 도달시
③ 승낙통지 수령시
④ 승낙통지 발송시

> ✔해설 격지자간의 계약은 승낙의 통지를 발송한 때에 성립한다(제531조).

9 동시이행의 항변권에 관한 설명 중 옳지 않은 것은?

① 동시이행의 항변권이 붙은 채권은 상계의 자동채권이 될 수 없다.
② 동시이행관계에 있는 금전채무는 상대방의 반대급부가 없어도 그 이자는 발생한다.
③ 동시이행의 항변권은 공평의 원리에 의거하여 인정된 것이다.
④ 채권양도 등으로 당사자가 변경되더라도 채무의 동일성을 유지하는 한 동시이행의 항변권은 존속한다.

> ✔해설 동시이행의 항변권이 존재하는 것 자체로부터 채무자는 이행지체의 책임을 면한다. 따라서 이행지체를 원인으로 한 손해배상책임 및 계약의 해제 등이 발생하지 않는다.

10 민법상 위험부담에 관한 다음 설명 중 옳지 않은 것은?

① 이행불능은 자연력에 의한 것이든, 사람의 행위에 의한 것이든 불문한다.
② 우리 민법은 위험부담에 관하여 채무자 위험부담의 원칙을 취하고 있다.
③ 위험부담에 관한 민법의 규정은 임의규정이므로 그와 다른 약정을 체결할 수 있다.
④ 채권자의 수령지체 중에 당사자가 책임을 질 수 없는 사유로 이행할 수 없게 된 경우에도 채무자는 상대방의 이행을 청구할 수 없다.

> ✔해설 쌍무계약의 당사자 일방의 채무가 채권자의 책임 있는 사유로 이행할 수 없게 된 때에는 채무자는 상대방의 이행을 청구할 수 있다. 채권자의 수령지체 중에 당사자 쌍방의 책임 없는 사유로 이행할 수 없게 된 때에도 같다(제538조 제1항).

11 계약의 청약과 승낙에 관한 설명으로 옳지 않은 것은?

① 연착된 승낙은 청약자가 반대의사를 표시하지 않는 한 유효한 승낙으로 본다.

② 격지자 간의 계약은 승낙의 통지를 발송한 때에 성립한다.

③ 승낙자가 청약에 대하여 조건을 붙이거나 변경을 가한 때에는 그 청약의 거절과 동시에 새로운 청약을 한 것으로 본다.

④ 당사자 간에 동일한 내용의 청약이 상호교차된 경우에는 양 청약이 상대방에게 도달한 때에 계약이 성립한다.

> ✔해설 ① 연착된 승낙은 새로운 청약으로 본다(제530조). 따라서 상대방의 승낙을 요한다.
> ② 제531조
> ③ 제534조
> ④ 제533조

12 교차청약에 의한 계약의 성립시기는?

① 먼저 발송한 청약이 상대방에 도달한 때

② 양 청약이 모두 상대방에게 발송된 때

③ 나중에 발송한 청약이 도달한 때에 먼저 발송한 청약의 발송시로 소급하여 성립

④ 양 청약이 모두 상대방에 도달한 때

> ✔해설 당사자 간에 동일한 내용의 청약이 상호교차된 경우에는 양 청약이 상대방에게 도달한 때에 계약이 성립한다(제533조).

13 계약체결상의 과실 책임에 관한 설명으로 옳지 않은 것은?

① 신의칙에서 유래된 책임이다.

② 단순히 계약의 성립과정뿐만 아니라, 계약체결을 위한 준비과정에서의 과실도 포함한다.

③ 판례는 제535조에서 정하고 있는 범위 외에는 이를 인정하고 있지 않다.

④ 체약상 과실에 대한 책임이므로 상대방의 선의·무과실은 요건으로 하지 않는다.

> ✔해설 상대방은 선의·무과실이어야 한다(제535조 제2항).

14 동시이행의 항변권에 관한 설명으로 옳지 않은 것은?

① 원칙적으로 쌍무계약에서 인정된다.
② 공평의 원리와 신의성실의 원칙에 근거한다.
③ 연기적 항변권이다.
④ 당사자가 원용하지 않는 경우 법원이 직권으로 참작하여 판단할 수 있다.

> ✔해설 ① 제536조
> ③ 동시이행의 항변권은 상대방의 청구권 행사를 영구적으로 소멸시키는 영구적 항변권이 아니라, 상대방으로부터 반대급부의 제공이 있을 때까지 자기의 급부를 거절할 수 있는 연기적 항변권의 성질을 가진다.
> ④ 동시이행의 항변권은 법원의 직권판단사항이 아니다(대판 1990.11.27, 90다카25222).

15 다음 중 동시이행 항변권 행사의 효과로 옳지 않은 것은?

① 이행거절의 권능
② 이행지체책임의 면제
③ 소멸시효의 정지
④ 이자의 불발생

> ✔해설 동시이행의 항변권은 소멸시효의 진행에 영향을 미치지 않는다(대판 1991.3.22, 90다9797).

16 유치권과 동시이행 항변권과의 이동에 관한 설명으로 옳지 않은 것은?

① 공평의 원리에 입각하여 채무의 이행을 확보하려는 점에서 동일하다.
② 유치권은 물권으로 누구에게나 주장할 수 있으나, 동시이행 항변권은 채권의 한 권능으로 특정채권자에 대해서만 주장할 수 있다.
③ 유치권은 담보물권으로서 경매권이 있으나, 동시이행 항변권은 경매권이 없다.
④ 양자는 모두 채권과 목적물 사이에 견련관계가 있어야 한다.

> ✔해설 유치권은 채권과 목적물 사이에 일정한 견련관계가 있어야 하고, 동시이행 항변권은 채권과 채무 사이에 일정한 견련관계가 있어야 한다.

17 위험부담에 관한 설명으로 옳지 않은 것은?

① 위험부담은 쌍무계약에서 채무자에게 책임 없는 사유로 이행불능이 된 경우에 문제가 된다.

② 채권자의 책임 있는 사유로 이행할 수 없게 된 때에는 채무자는 상대방의 이행을 청구할 수 있다.

③ 채권자가 수령지체에 빠진 후에 불가항력으로 이행불능이 일어난 경우에는 채권자의 귀책사유로서 위험은 채권자가 부담한다.

④ 채권자의 수령지체 중 당사자 쌍방에 책임 없는 사유로 이행할 수 없을 때 채무자가 그의 채무를 면함으로써 이익을 얻었다 하더라도 이를 반환할 필요는 없다.

 ① 제537조
② ③ 제538조 제1항
④ 채무자는 자기의 채무를 면함으로써 이익을 얻은 때에는 이를 채권자에게 상환하여야 한다(제538조 제2항).

18 제3자를 위한 계약에 관한 설명으로 옳지 않은 것은?

① 제3자의 권리에 대하여 낙약자는 그 권리를 발생시킨 계약에 기한 항변으로 대항할 수 있다.

② 제3자의 수익의 의사표시로 권리가 확정된 후에는 요약자나 낙약자는 이를 변경 또는 소멸시키지 못한다.

③ 낙약자는 제3자의 권리확정을 위해 상당기간을 정한 최고를 할 수 있으며, 기간 내에 제3자의 확답이 없는 경우에는 이를 승낙한 것으로 본다.

④ 요약자는 낙약자에 대해 제3자에 대한 이행을 청구하고, 채무불이행을 이유로 계약을 해제할 수도 있다.

 ① 제542조
② 제541조
③ 제3자를 위한 계약의 경우 채무자는 상당한 기간을 정하여 계약의 이익의 향수여부의 확답을 제삼자에게 최고할 수 있다. 채무자가 그 기간 내에 확답을 받지 못한 때에는 제삼자가 계약의 이익을 받을 것을 거절한 것으로 본다(제540조 참조).
④ 계약의 당사자로서 당연한 권리이다.

19 다음 중 제3자를 위한 계약에 관한 설명으로 옳지 않은 것은?

① 제3자는 낙약자에게 이행을 청구하고, 불이행을 이유로 계약을 해제할 수도 있다.

② 요약자는 낙약자에 대해 제3자에 대한 이행을 청구하고, 채무불이행을 이유로 계약을 해제할 수도 있다.

③ 제3자는 계약이행 당시에 현존하고 있어야 하는 것은 아니다.

④ 수익을 받는 제3자는 민법의 제3자 보호규정에서 말하는 제3자에 해당되지 않는다.

> **✔해설** ①② 요약자는 계약의 당사자로서 낙약자의 불이행을 이유로 계약을 해제할 수 있는 권리가 있지만, 제3자는 계약의 당사자가 아니므로 계약해제권은 발생하지 않는다(대판 1970.2.24, 69다1410, 1411).

20 제3자를 위한 계약에 관한 설명 중 가장 옳지 않은 것은? (다툼이 있는 경우 판례에 의함)

① 매도인 갑과 매수인 을이 매매계약을 체결하면서 매매대금을 병에게 지급하기로 하는 제3자를 위한 계약을 체결하고 그 후 을이 그 매매대금을 병에게 지급하였는데, 위 매매계약이 무효가 된 경우 특별한 사정이 없는 한 을은 병에게 매매대금 상당액의 부당이득반환을 구할 수 있다.

② 수익자는 낙약자의 채무불이행을 이유로 계약을 해제할 수 없다.

③ 제3자를 위한 계약관계에서 수익자가 낙약자에게 수익의 의사표시를 한 이후에는 특별한 사정이 없는 한 요약자와 낙약자는 합의해제를 할 수 없고, 합의해제를 하더라도 수익자가 취득한 권리에 영향을 미치지 못한다.

④ 제3자를 위한 계약에서 낙약자는 요약자와 수익자 사이의 법률관계(이른바 대가관계)에 기한 항변으로 수익자에게 대항하지 못한다.

> **✔해설** ① 제3자를 위한 계약관계에서 낙약자와 요약자 사이의 법률관계(이른바 기본관계)를 이루는 계약이 무효이거나 해제된 경우 그 계약관계의 청산은 계약의 당사자인 낙약자와 요약자 사이에 이루어져야 하므로, 특별한 사정이 없는 한 낙약자가 이미 제3자에게 급부한 것이 있더라도 낙약자는 계약해제 등에 기한 원상회복 또는 부당이득을 원인으로 제3자를 상대로 그 반환을 구할 수 없다(대판 2010.8.19, 2010다31860,31877).
> ② 요약자는 낙약자의 채무불이행을 이유로 제3자의 동의 없이 계약을 해제할 수 있다(대판 1970.2.24, 선고 69다1410,1411 참조) 수익자는 계약의 당사자가 아니므로 계약당사자에게 주어지는 해제권을 행사할 수 없다(통설).
> ③ 제3자를 위한 계약에 있어서, 제3자가 민법 제539조 제2항에 따라 수익의 의사표시를 함으로써 제3자에게 권리가 확정적으로 귀속된 경우에는, 요약자와 낙약자의 합의에 의하여 제3자의 권리를 변경·소멸시킬 수 있음을 미리 유보하였거나, 제3자의 동의가 있는 경우가 아니면 계약의 당사자인 요약자와 낙약자는 제3자의 권리를 변경·소멸시키지 못하고, 만일 계약의 당사자가 제3자의 권리를 임의로 변경·소멸시키는 행위를 한 경우 이는 제3자에 대하여 효력이 없다(대판 2002.01.25, 2001다30285).
> ④ 제3자를 위한 계약의 체결 원인이 된 요약자와 제3자(수익자) 사이의 법률관계(이른바 대가관계)의 효력은 제3자를 위한 계약 자체는 물론 그에 기한 요약자와 낙약자 사이의 법률관계(이른바 기본관계)의 성립이나 효력에 영향을 미치지 아니하므로 낙약자는 요약자와 수익자 사이의 법률관계에 기한 항변으로 수익자에게 대항하지 못하고, 요약자도 대가관계의 부존재나 효력의 상실을 이유로 자신이 기본관계에 기하여 낙약자에게 부담하는 채무의 이행을 거부할 수 없다(대판 2003.12.11, 2003다49771).

21 다음 설명 중 옳지 않은 것은?

① 정기행위의 경우에는 당사자 일방이 그 시기에 이행하지 않은 때에는 상대방은 최고 없이 계약을 해제할 수 있다.

② 당사자 일방이 계약을 해제한 때에는 각 당사자는 그 상대방에 대하여 원상회복의 의무가 있다.

③ 계약의 해제 또는 해지는 손해배상의 청구에 영향을 미치지 아니한다.

④ 매매계약에 있어서 매수인이 수인인 경우에 매도인이 매매계약을 해제할 때에는 매수인 중 1인에 대하여 해제의 의사표시를 하면 된다.

> ✔ 해설 ① 제545조
> ② 제548조 제1항 본문
> ③ 제551조
> ④ 당사자의 일방 또는 쌍방이 수인인 경우에는 계약의 해지나 해제는 그 전원으로부터 또는 전원에 대하여 하여야 한다(제547조 제1항).

22 민법의 규정에 비추어 볼 때 다음 중 계약해제와 해지에 대한 설명으로 옳지 않은 것은?

① 계약의 해제 또는 해지는 손해배상의 청구에 영향을 미치지 않는다.

② 당사자 일방이 계약을 해지한 경우 계약은 장래에 대하여 그 효력을 잃는다.

③ 이행지체의 경우 상대방은 즉각 이행할 것을 최고하고, 즉시 계약을 해제할 수 있다.

④ 당사자의 일방 또는 쌍방이 수인인 경우 계약의 해제나 해지는 그 전원으로부터 또는 전원에 대하여 하여야 한다.

> ✔ 해설 당사자 일방이 그 채무를 이행하지 아니하는 때에는 상대방은 상당한 기간을 정하여 그 이행을 최고하고 그 기간 내에 이행하지 아니한 때에는 계약을 해제할 수 있다. 그러나 채무자가 미리 이행하지 아니할 의사를 표시한 경우에는 최고를 요하지 아니한다〈제544조〉.

23 계약의 해제에 대한 설명 중 옳지 않은 것은?

① 계약해제의 의사표시는 철회할 수 있다.
② 계약의 해제는 손해배상의 청구에 영향을 미치지 않는다.
③ 해제권자의 과실로 인하여 계약의 목적물을 반환할 수 없게 된 때에는 해제권은 소멸한다.
④ 당사자의 일방 또는 쌍방이 수인인 경우에 계약의 해제는 그 전원으로부터 또는 전원에 대하여 하여야
   한다.

> **✔ 해설** ① 계약해제의 의사표시는 철회하지 못한다〈제543조 제2항〉.
> ② 제551조
> ③ 제553조
> ④ 제547조 제1항

24 법률행위의 취소와 계약의 해제에 관한 설명 중 옳지 않은 것은?

① 취소권과 해제권은 모두 형성권이며, 원칙적으로 소급효가 있다.
② 취소권은 법률의 규정에 의해서 발생하나, 해제권은 당사자 간의 특약에 의해서도 발생한다.
③ 취소는 모든 법률행위에서 인정되지만, 해제는 계약에만 인정된다.
④ 취소권과 해제권은 그 행사로 원상회복의무가 생긴다.

> **✔ 해설** ① 제141조, 제548조 제1항
> ② 취소권은 무능력자, 하자 있는 의사표시를 한 자, 그 대리인 또는 승계인에 한하여 취소할 수 있으나, 해제권은 계약에 의해
>   얼마든지 발생할 수 있다.
> ④ 취소와 해제의 효과는 법률행위의 소급적 무효이므로, 법률상 원인 없이 취득한 이익의 반환인 부당이득반환의 규정〈제741조〉
>   에 따를 것이나, 계약의 해제에 관하여는 따로 원상회복의무〈제548조 제1항〉를 규정하고 있다.

25 다음 중 해제에 관한 설명으로 옳지 않은 것은?

① 이행지체로 계약을 해제하려면 원칙적으로 최고를 해야 한다.
② 이행지체의 경우라도 채무자가 미리 이행하지 아니할 의사표시를 한 경우에는 최고 없이 해제할 수 있다.
③ 이행불능으로 해제하는 경우에는 최고를 요하지 않는다.
④ 정기행위의 이행지체인 경우 채무자는 최고 후에 계약을 해제할 수 있다.

> **✔ 해설** ① 제544조 본문
> ② 제544조, 제555조
> ③ 제546조 참조
> ④ 일정한 시일 또는 기간 내에 이행하지 않으면 계약의 목적을 달성할 수 없는 정기행위를 이행지체한 경우에는 최고 없이 계
>   약을 해제할 수 있다〈제545조〉.

26 다음 중 최고 없이 계약을 해제할 수 있는 경우가 아닌 것은?

① 채무자가 처음부터 이행을 거절했을 때
② 불완전이행의 경우 완전이행이 불가능한 때
③ 정기행위인 계약에서 이행지체에 빠진 때
④ 확정기한부 채권이 이행기가 도래하여 이행지체에 빠져 있는 때

 해설 ① 제544조 단서
② 해석상 최고 없이 해제가 가능하다.
③ 제545조
④ 이행지체에 빠진 때에는 상당한 기간을 정하여 이행을 최고해야 계약의 해제가 가능하다〈제544조〉.

27 다음 중 계약해제로 인한 원상회복의무에 관한 설명으로 옳지 않은 것은?

① 원물반환이 원칙이고 예외적으로 가액반환을 인정한다.
② 계약해제에 관한 원상회복의무는 부당이득반환의 성격을 가진 것으로 민법 제548조는 제741조의 특칙적인 규정이다.
③ 원상회복의무는 쌍무계약에 기한 것이 아니므로 동시이행의 항변권은 적용되지 않는다.
④ 채무자가 목적물을 이용한 때에는 사용함으로써 얻은 이익을 반환하여야 하며, 그것이 금전인 때에는 받은 날로부터 이자를 가산하여야 한다.

 해설 ① 원물반환이 원칙이고, 원물이 멸실·훼손 등으로 반환할 수 없는 경우에는 가액반환을 한다.
② 통설의 견해이다.
③ 원상회복의무에도 동시이행의 항변권이 준용된다〈제549조〉.
④ 제548조 제2항

28 해제권의 소멸원인이 될 수 없는 것은?

① 10년의 제척기간의 경과
② 해제권자의 목적물 멸실 또는 반환 불능
③ 해제권자의 목적물 가공 또는 개조
④ 상대방의 고의·과실에 의한 목적물 멸실 또는 훼손

해설 ① 해제권은 형성권이므로, 10년의 제척기간에 걸린다.
②③ 제553조
④ 계약 상대방의 고의·과실에 의한 목적물의 멸실 또는 훼손은 해제권의 발생원인이 된다.

Answer   23.① 24.④ 25.④ 26.④ 27.③ 28.④

29 해제에 대한 다음 설명 중 가장 옳지 않은 것은? (다툼이 있는 경우 판례에 의함)

① 상속재산 분할협의는 공동상속인들 사이에 이루어지는 일종의 계약으로서, 공동상속인들은 이미 이루어진 상속재산분할협의의 전부 또는 일부를 전원의 합의에 의하여 해제한 다음 다시 새로운 분할협의를 할 수 있다.

② 계약 후 당사자 쌍방의 계약 실현 의사의 결여 또는 포기가 쌍방 당사자의 표시행위에 나타난 의사의 내용에 의하여 객관적으로 일치하는 경우에는, 그 계약은 계약을 실현하지 아니할 당사자 쌍방의 의사가 일치됨으로써 묵시적으로 해지되었다고 해석함이 상당하다.

③ 채권자가 채무자에게 지급하여야 할 채무의 이행을 최고한 것을 부적법한 이행의 최고라고 할 수는 없다고 할지라도 그 이행을 지체하게 된 전후 사정, 그 이행에 관한 당사자의 태도, 소송의 경과 등 제반 사정에 비추어 보아 채무자가 최고기간 또는 상당한 기간 내에 이행하지 아니한 데에 정당한 사유가 있다고 여겨질 경우에는 신의칙상 그 최고기간 또는 상당한 기간 내에 이행 또는 이행의 제공이 없다는 이유로 해제권을 행사하는 것이 제한될 수 있다.

④ A의 적법한 대리인 B에 의하여 C와 계약이 체결되었는데 C가 계약상 채무불이행을 이유로 계약을 해제한 경우, B가 수령한 계약상 급부를 A가 현실적으로 인도받지 못하였다거나 계약상 채무불이행에 관하여 B에게 책임 있는 사유가 있다면 A가 아닌 B가 해제로 인한 원상회복의무를 부담한다.

✔ 해설 ① 상속재산 분할협의는 공동상속인들 사이에 이루어지는 일종의 계약으로서, 공동상속인들은 이미 이루어진 상속재산 분할협의의 전부 또는 일부를 전원의 합의에 의하여 해제한 다음 다시 새로운 분할협의를 할 수 있다. 상속재산 분할협의가 합의해제되면 그 협의에 따른 이행으로 변동이 생겼던 물권은 당연히 그 분할협의가 없었던 원상태로 복귀하지만, 민법 제548조 제1항 단서의 규정상 이러한 합의해제를 가지고서는, 그 해제 전의 분할협의로부터 생긴 법률효과를 기초로 하여 새로운 이해관계를 가지게 되고 등기 · 인도 등으로 완전한 권리를 취득한 제3자의 권리를 해하지 못한다(대판 2004.7.8, 2002다73203).

② 계약이 합의해제되기 위하여는 일반적으로 계약이 성립하는 경우와 마찬가지로 계약의 청약과 승낙이라는 서로 대립하는 의사표시가 합치될 것을 그 요건으로 하는 것이지만, 계약의 합의해제는 명시적인 경우뿐만 아니라 묵시적으로도 이루어질 수 있는 것이므로 계약 후 당사자 쌍방의 계약 실현 의사의 결여 또는 포기가 쌍방 당사자의 표시행위에 나타난 의사의 내용에 의하여 객관적으로 일치하는 경우에는, 그 계약은 계약을 실현하지 아니할 당사자 쌍방의 의사가 일치됨으로써 묵시적으로 해제되었다고 해석함이 상당하다(대판 1998.1.20, 97다43499).

③ 채권자가 적법한 이행의 최고를 하였으나 채무자가 그 최고기간 또는 상당한 기간 내에 이행하지 아니한 데에 정당한 사유가 있는 경우, 이행지체를 이유로 한 해제권 행사가 제한된다(대판 2013.6.27, 2013다14880).

④ 계약이 적법한 대리인에 의하여 체결된 경우에 대리인은 다른 특별한 사정이 없는 한 본인을 위하여 계약상 급부를 변제로서 수령할 권한도 가진다. 그리고 대리인이 그 권한에 기하여 계약상 급부를 수령한 경우에, 그 법률효과는 계약 자체에서와 마찬가지로 직접 본인에게 귀속되고 대리인에게 돌아가지 아니한다. 따라서 계약상 채무의 불이행을 이유로 계약이 상대방 당사자에 의하여 유효하게 해제되었다면, 해제로 인한 원상회복의무는 대리인이 아니라 계약의 당사자인 본인이 부담한다. 이는 본인이 대리인으로부터 그 수령한 급부를 현실적으로 인도받지 못하였다거나 해제의 원인이 된 계약상 채무의 불이행에 관하여 대리인에게 책임 있는 사유가 있다고 하여도 다른 특별한 사정이 없는 한 마찬가지라고 할 것이다(대판 2011.8.18, 2011다30871).

30 계약의 해지에 관한 설명으로 옳지 않은 것은?

① 해지가 인정되는 것은 계속적 채권관계이다.
② 해지로 인하여 계약은 장래에 대하여 그 효력을 잃는다.
③ 계약의 해지는 손해배상에 영향을 미치지 않는다.
④ 해지로 인하여 당사자는 원상회복의무를 부담하며, 반환할 금전에는 그 받은 날로부터 이자를 계산하여 반환해야 한다.

 ② 제550조
③ 제551조
④ 원상회복의무를 부담하나 장래에 향하여 효력을 잃을 뿐이므로(제550조), 해지권을 행사한 날로부터 이자를 계산할 뿐이다.

증여 · 매매 · 교환

01 증여

1 증여에 관한 다음 설명 중 옳지 않은 것은?

① 무상 · 낙성 · 편무 · 불요식계약이다.
② 부담부 증여는 유상 · 쌍무계약이다.
③ 사인증여에는 유증에 관한 규정이 적용된다.
④ 증여는 재산을 무상으로 수여하는 행위이지만 수증자의 동의를 필요로 한다.

> **✔해설** ② 부담은 증여에 대해 대가관계에 있는 것은 아니므로 부담부 증여는 여전히 무상 · 편무계약일 뿐이다.
> ③ 제562조
> ④ 증여는 계약이므로, 증여자의 청약에 수증자의 승낙(동의)이 있어야 한다(제554조).

2 증여자에게 해제권이 발생하는 경우에 관한 설명으로 옳지 않은 것은?

① 증여계약 후에 증여자의 재산상태가 변경된 때
② 수증자가 증여자 또는 그 배우자나 직계혈족에 대한 범죄행위를 한 때
③ 증여자에 대하여 부양의무가 있는 경우 이를 이행하지 않은 때
④ 서면에 의하지 아니한 증여를 한 때

> **✔해설** ① 재산상태가 현저히 변경되고, 그 이행으로 인하여 생계에 중대한 영향을 미칠 경우에 해제권이 발생한다(제557조).
> ② 제556조 제1항 제1호
> ③ 제556조 제1항 제2호
> ④ 제555조

3 증여에 관한 다음 설명 중 옳지 않은 것은?

① 증여의 의사가 서면으로 표시되지 아니한 때에는 각 당사자는 이를 해제할 수 있다.

② 정기의 급여를 목적으로 한 증여는 증여자 또는 수증자의 사망으로 인하여 소멸한다.

③ 부담부 증여라 하더라도 부담부분이 대가관계를 이루는 것은 아니므로 증여자가 이에 대한 담보책임을 지지는 않는다.

④ 증여자가 증여물의 하자나 흠결을 알고 수증자에게 고지하지 아니한 때에는 그 하자나 흠결에 대하여 책임을 진다.

 ① 제555조
② 제560조
③ 부담부 증여의 경우 증여자는 그 부담의 한도에서 매도인과 같은 담보의 책임이 있다〈제559조 제2항 참조〉.
④ 제559조 제1항

4 다음 중 증여의 해제권에 관한 설명으로 옳지 않은 것은?

① 수증자의 망은행위로 인한 해제권은 해제원인 있음을 안 날로부터 6월을 경과하면 소멸한다.

② 수증자의 망은행위에 증여자가 용서의 의사표시를 한 때에도 해제권은 소멸한다.

③ 망은행위로 인한 증여의 해제로 이미 이행한 부분에 대하여는 원상회복의무가 발생한다.

④ 증여자의 불이행을 원인으로 하는 계약해제권의 발생도 가능하다.

 ① 제556조 제2항 전단
② 제556조 제2항 후단
③ 증여계약의 해제는 이미 이행한 부분에 대하여는 영향을 미치지 아니한다〈제558조〉.
④ 증여도 계약이므로 불이행에 기인한 계약해제권이 발생한다.

Answer 1.② 2.① 3.③ 4.③

02 매매

5 매매에 관한 다음 설명 중 옳지 않은 것은?

① 매매계약에 관한 비용은 매수인이 부담함이 원칙이다.

② 매매의 목적인 권리이전과 대금지급은 동시이행관계에 있다.

③ 매매의 일방예약은 상대방이 매매를 완결할 의사를 표시하는 때에 매매의 효력이 생긴다.

④ 매도인이 매매계약과 동시에 환매할 권리를 보류한 때에는 그 영수한 대금 및 매수인이 부담한 매매비용을 반환하고 그 목적물을 환매할 수 있다.

 ① 매매계약에 관한 비용은 당사자 쌍방이 균분하여 부담함이 원칙이다(제566조).
② 제563조
③ 제564조 제1항
④ 제590조 제1항

6 매매에 관한 다음 설명 중 옳은 것은?

① 매매의 목적물은 동산·부동산에 한한다.

② 매매의 목적물은 계약 당시에 현존해야 한다.

③ 처분권한 없는 자의 매매도 유효하다.

④ 매매의 대가로 금전 이외의 현물을 요하는 경우에도 매매의 규정이 적용된다.

 ① 매매의 목적물은 동산·부동산뿐만 아니라, 권리의 매매도 가능하다.
② 매매의 목적물은 매매 당시에 현존할 필요는 없고, 이행시에 현존하면 된다.
④ 교환에 관한 규정이 적용된다(제596조).

7 매매에 관한 다음 설명 중 옳지 않은 것은?

① 매매 목적물의 인도와 동시에 대금을 지급할 경우에는 그 인도장소에서 이를 지급하여야 한다.

② 매매의 당사자 일방에 대한 의무이행의 기한이 있다 하더라도, 상대방의 의무이행에 대하여도 동일한 기한이 있는 것으로 추정할 수는 없다.

③ 매매 목적물에 대하여 권리를 주장하는 자가 있어 매수인이 매수한 권리의 전부나 일부를 잃을 염려가 있다면 매수인은 그 위험의 한도에서 대금지급을 거절할 수 있다.

④ 매매 목적물에 권리주장자가 있는 경우 매수인이 상당한 담보를 제공한 때에는 대금지급을 거절할 수 없다.

 ① 제586조
② 동일한 기한이 있는 것으로 추정한다(제585조).
③④ 제588조

8 해약금계약에 관한 다음 설명 중 옳지 않은 것은?

① 금전 기타의 유가물의 교부를 요건으로 하는 요물계약이다.

② 매매계약 당시에 금전 기타 물건을 계약금, 보증금 등의 명목으로 상대방에게 교부한 때에는 당사자 간에 다른 약정이 없는 한 이를 해약금으로 추정한다.

③ 해약금이 교부된 경우 이행에 착수할 때까지 교부자는 이를 포기하고 수령자는 그 배액을 배상하여 매매계약을 해제할 수 있다.

④ 해약금에 의한 해제의 경우 손해배상청구에 영향을 미치지 않는다.

 ①②③ 제565조 제1항
④ 해약금에 의한 해제의 경우 별도의 손해배상 문제는 발생하지 않는다(제565조 제2항).

9 매매의 예약에 관한 다음 설명 중 옳지 않은 것은? (다툼이 있는 경우 판례에 의함)

① 당사자의 다른 약정이나 관습이 없는 한, 유상계약의 예약은 일방예약으로 추정한다.

② 예약완결권 행사기간의 정함이 없을 때에는 예약자는 상당한 기간을 정하여 매매완결 여부의 확답을 최고할 수 있다.

③ 예약완결권 행사에 대한 상당기간의 최고하였으나 기간 내에 확답이 없는 경우 예약은 그 효력을 잃는다.

④ 예약완결권은 행사할 수 있었던 때로부터 5년의 소멸시효에 걸린다.

 해설 ① 제564조 제1항
② 제564조 제2항
③ 제564조 제3항
④ 예약완결권은 형성권으로 10년의 제척기간에 걸린다.

10 권리의 일부가 타인에게 속하는 경우에 매도인의 담보책임에 관한 설명으로 옳지 않은 것은?

① 선의의 매수인은 대금감액청구 또는 전부의 해제 외에 손해배상청구도 할 수 있다.

② 매수인은 악의인 경우에도 대금감액청구권을 가진다.

③ 매수인은 선의인 경우에 한하여 계약해제권을 가진다.

④ 매수인은 계약한 날로부터 1년 내에 대금감액청구권, 계약해제권, 손해배상청구권 등을 행사 하여야 한다.

 해설 ① 제572조 제3항
② 제572조 제1항
③ 제572조 제2항
④ 선의의 매수인은 사실을 안 날로부터, 악의의 매수인은 계약한 날로부터 1년 내에 권리를 행사하여야 한다(제573조).

11 매매의 예약에 관한 다음의 설명 중 옳지 않은 것은? (다툼이 있는 경우 판례에 의함)

① 매매예약의 완결권은 일종의 형성권으로서 당사자 사이에 그 행사기간을 약정한 때에는 그 기간 내에, 그러한 약정이 없는 때에는 그 예약이 성립한 때로부터 10년 내에 이를 행사하여야 하고, 그 기간을 지난 때에는 예약완결권은 제척기간의 경과로 인하여 소멸한다.

② 매매의 일방예약에서 매매예약의무자가 그 예약 성립 후 9년이 경과할 무렵 매매예약권리자에게 완결권이 있음을 확인한다는 각서를 작성해주었더라도 매매예약완결권 행사기간은 중단되지 않는다.

③ 매매의 일방예약에서 예약완결권의 행사기간이 경과된 경우에는 예약자의 상대방이 예약 목적물인 부동산을 인도받은 경우라도 예약완결권은 소멸한다.

④ 매매의 일방예약에서 당사자 사이에 매매예약완결권을 행사할 수 있는 시기를 특별히 약정한 경우에는 매매예약완결권의 행사기간은 당초 권리의 발생일로부터 10년간의 기간이 경과되더라도 만료되지 않고, 그 약정에 따라 권리를 행사할 수 있는 때로부터 10년이 되는 날까지로 연장된다.

> **✔해설**
> ① 민법 제564조가 정하고 있는 매매의 일방예약에서 예약자의 상대방이 매매완결의 의사를 표시하여 매매의 효력을 생기게 하는 권리(이른바 예약완결권)는 일종의 형성권으로서 당사자 사이에 그 행사기간을 약정한 때에는 그 기간내에, 그러한 약정이 없는 때에는 예약이 성립한 때부터 10년 내에 이를 행사하여야 하고 위 기간을 도과한 때에는 상대방이 예약목적물인 부동산을 인도받은 경우라도 예약완결권은 제척기간의 경과로 인하여 소멸된다(대판 1992.7.28, 91다44766).
> ② 매매예약의 완결권은 일종의 형성권으로서 당사자 사이에 그 행사기간을 약정한 때에는 그 기간은 제척기간이다. 제척기간에 있어서는 소멸시효와 같이 기간의 중단이 있을 수 없다(대판 2003.1.10, 2000다26425).
> ③ 대판 1997.7.25, 96다47494,47500
> ④ 제척기간은 법률관계를 조속히 확정시키려는 데 그 제도의 취지가 있는 것으로서, 소멸시효와 달리 그 기간의 경과 자체만으로 곧 권리 소멸의 효과가 있게 하는 것이다. 그 기간 진행의 기산점은 특별한 사정이 없는 한 원칙적으로 권리가 발생한 때이고, 당사자 사이에 매매예약 완결권을 행사할 수 있는 시기를 특별히 약정한 경우에도 그 제척기간은 당초 권리의 발생일로부터 10년간의 기간이 경과되면 만료되는 것이지 그 기간을 넘어서 그 약정에 따라 권리를 행사할 수 있는 때로부터 10년이 되는 날까지로 연장된다고 볼 수 없다(대판 1995.11.10, 94다22682).

Answer   9.④   10.④   11.④

12 다음 중 선의의 매수인이 언제든지 해제권을 행사할 수 있는 경우는?

① 권리의 일부가 타인에게 속하여 이전할 수 없는 때
② 권리의 전부가 타인에게 속하여 이전할 수 없는 때
③ 목적물의 수량이 부족하거나 목적물의 일부가 계약 당시에 이미 멸실된 때
④ 매매의 목적물이 지상권, 지역권, 전세권, 질권 또는 유치권의 목적이 된 때

> ✔해설 ①③ 선의의 매수인은 잔존한 부분만은 매수는 하지 아니하였을 경우에만 해제할 수 있다(제572조 제2항, 제574조).
> ④ 선의의 매수인은 이로 인하여 계약의 목적을 달성할 수 없는 경우에 한하여 해제할 수 있다(제575조 제1항).

13 다음 중 매수인의 권리행사기간이 다른 것은?

① 일부 타인의 권리의 매매
② 수량부족·일부멸실인 목적물의 매매
③ 하자 있는 특정물의 매매
④ 용익권에 의한 제한을 받는 목적물의 매매

> ✔해설 ①② 매수인이 선의인 경우에는 사실을 안 날로부터, 악의인 경우에는 계약한 날로부터 1년 내에 행사하여야 한다(제573조, 제574조).
> ③ 6월의 제척기간에 걸린다(제582조).
> ④ 매수인이 그 사실을 안 날로부터 1년 내에 행사하여야 한다(제575조 제3항).

14 다음 중 매도인의 담보책임과 계약해제권에 관한 설명으로 옳지 않은 것은?

① 선의의 매수인은 매매의 목적물이 제한물권의 목적이 된 경우, 이로 인하여 계약의 목적을 달성할 수 없을 때에는 계약을 해제할 수 있다.
② 매매의 목적물에 설정된 저당권, 전세권의 실행으로 매수인이 목적물의 소유권을 얻지 못하거나, 취득한 소유권을 잃은 때에는 매수인은 계약을 해제할 수 있다.
③ 악의의 매수인이더라도 매매의 목적인 권리의 일부가 타인에게 속하여 매매의 목적을 달성할 수 없게 된 경우 잔존한 부분만으로는 매수하지 않았을 때에는 계약을 해제할 수 있다.
④ 타인의 권리의 매매에 있어서 목적을 달성할 수 없게 된 경우 계약을 해제할 수 있다.

> ✔해설 ① 제575조 제1항
> ② 제576조 제1항
> ④ 제570조
> ③ 선의의 매수인만이 해제할 수 있다(제572조 제2항).

15 경매에 있어서의 담보책임에 관한 설명 중 옳지 않은 것은?

① 경매는 공경매에 한한다.

② 경매에 있어서도 권리의 하자로 인한 담보책임뿐만 아니라, 물건의 하자로 인한 담보책임도 인정된다.

③ 권리의 하자가 있는 경우 채무자가 자력이 없는 때에는 경락인은 대금의 배당을 받은 채권자에 대하여 그 대금전부나 일부의 반환을 청구할 수 있다.

④ 채무자가 물건 또는 권리의 흠결을 알고 고지하지 아니하거나 채권자가 이를 알고 경매를 청구한 때에는 경락인은 그 흠결을 안 채무자나 채권자에 대하여 손해배상을 청구할 수 있다.

 ② 경매에는 물건의 하자담보책임이 인정되지 않는다(제580조 제2항).
③ 제578조 제2항
④ 제578조 제3항

16 채권매매에 있어서의 매도인의 담보책임에 관한 설명으로 옳지 않은 것은?

① 채권을 매매의 목적으로 하는 경우에 매수인이 채권을 행사하여 만족을 얻지 못하는 것이 채권의 하자이다.

② 채권매도인이 채무자의 자력을 담보한 때에는 변제기의 자력을 담보한 것으로 추정한다.

③ 변제기에 도래하지 않은 채권의 매도인이 채무자의 자력을 담보한 때에는 변제기의 자력을 담보한 것으로 추정한다.

④ 변제기의 약정 없는 채권에 대하여 채무자의 장래의 자력을 담보한 때에는 실제로 변제될 때까지 매도인이 채무자의 자력을 담보하는 것으로 해석한다.

 ② 매매계약 당시의 자력을 담보한 것으로 추정한다(제579조 제1항).
③ 제579조 제2항
④ 통설의 견해이다.

17 다음 중 매도인의 하자담보책임의 내용을 모두 고른 것은?

㉠ 하자보수청구권	㉡ 손해배상청구권
㉢ 계약해제권	㉣ 대금감액청구권
㉤ 완전물인도청구권	

---

① ㉠㉡㉤

② ㉡㉢㉣

③ ㉡㉢㉤

④ ㉠㉡㉢㉣㉤

✔ 해설   ㉠ 하자보수청구권은 도급에서의 담보책임이다〈제667조〉.
　　　 ㉡㉢㉤ 하자담보책임이 인정되는 경우 매수인은 계약해제권, 손해배상청구권 등의 행사가 가능하며〈제580조 제1항, 제575조 제
　　　 1항〉, 매매 목적물이 종류물인 때에는 계약의 해제 또는 손해배상의 청구를 하지 아니하고 완전물 인도청구를 할 수도 있다
　　　 〈제581조 제2항〉.
　　　 ㉣ 대금감액청구권은 일부 타인의 권리의 매매〈제572조 제1항〉, 수량부족 · 일부멸실인 목적물의 매매〈제574조〉에 관하여 인정
　　　 된다.

18 경매채무자와 대금을 배당받은 경매채권자가 지는 민법 제578조의 담보책임에 관한 다음 설명 중 옳지 않은 것은? (다툼이 있는 경우 판례에 의함)

① 민법 제578조 제1항에 따라 담보책임을 지는 '채무자'에는 임의경매에 있어서의 물상보증인도 포함된다.

② 강제집행의 집행권원이 된 약속어음공정증서가 위조된 것이어서 강제경매절차의 경락인이 경매 부동산에 대한 소유권을 취득하지 못하게 되었다면, 경락인은 민법 제578조 제1항, 제2항에 따라 경매채무자와 경매채권자에게 담보책임을 물을 수 있다.

③ 강제경매의 채무자가 입찰 기일 이후 낙찰대금지급기일 직전에 선순위 근저당권을 소멸시켜 후순위 임차권의 대항력을 존속시키고도 이를 낙찰자에게 고지하지 아니하여 낙찰자가 대항력 있는 임차권의 존재를 알지 못한 채 낙찰대금을 지급하였다면, 경매채무자는 민법 제578조 제3항에 따라 낙찰자가 입게 된 손해를 배상할 책임이 있다.

④ 경매절차에서 소유권이전청구권 가등기가 경료된 부동산을 경락받았으나 가등기에 기한 본등기가 경료되지 않은 경우에는 아직 경락인이 그 부동산의 소유권을 상실한 것이 아니므로 민법 제578조에 의한 손해배상책임이 성립되었다고 볼 여지가 없다.

① 민법 제578조 제1항의 채무자에는 임의경매에 있어서의 물상보증인도 포함되는 것이므로 경락인이 그에 대하여 적법하게 계약 해제권을 행사했을 때에는 물상보증인은 경락인에 대하여 원상회복의 의무를 진다(대판 1988.4.12, 87다카2641).

② 경락인이 강제경매절차를 통하여 부동산을 경락받아 대금을 납부하고 그 앞으로 소유권이전등기까지 마쳤으나, 그 후 위 강제집행의 채무명의가 된 약속어음공정증서가 위조된 것이어서 무효라는 이유로 그 소유권이전등기의 말소를 명하는 판결이 확정됨으로써 경매 부동산에 대한 소유권을 취득하지 못하게 된 경우 경락인은 경매 채권자에게 경매 대금 중 그가 배당받은 금액에 대하여 일반 부당이득의 법리에 따라 반환을 청구할 수 있을 뿐, 민법 제578조 제2항에 의한 담보책임을 물을 수는 없다(대판 1991.10.11, 91다21640).

③ 대판 2003.4.25, 2002다70075

④ 대판 1999.9.17, 97다54024

19 매도인의 하자담보책임에 관한 다음의 설명 중 가장 옳지 않은 것은? (다툼이 있는 경우 판례에 의함)

① 매매의 목적물에 하자가 있는 때에는 매수인은 그 사실을 안 날로부터 6월내에 손해배상청구권을 행사할 수 있고 위 기간은 제척기간이다.

② 경매로 취득한 목적물에 하자가 있는 경우에는 하자담보책임을 물을 수 없다.

③ 매수인이 매매 목적물을 인도받았더라도 매매 목적물에 하자가 있음을 알지 못한 때에는 하자담보에 기한 매수인의 손해배상청구권은 소멸시효로 소멸하지 않는다.

④ 하자담보책임으로 인한 손해배상을 청구하는 경우, 배상 권리자에게 그 하자를 발견하지 못한 잘못으로 손해를 확대시킨 과실이 인정된다면 법원은 매도인의 손해배상의 범위를 정함에 있어서 이를 참작하여야 한다.

① 제582조

② 제580조 제2항

③ 매도인에 대한 하자담보에 기한 손해배상청구권에 대하여는 민법 제582조의 제척기간이 적용되고, 이는 법률관계의 조속한 안정을 도모하고자 하는 데에 취지가 있다. 그런데 하자담보에 기한 매수인의 손해배상청구권은 권리의 내용·성질 및 취지에 비추어 민법 제162조 제1항의 채권 소멸시효의 규정이 적용되고, 민법 제582조의 제척기간 규정으로 인하여 소멸시효 규정의 적용이 배제된다고 볼 수 없으며, 이때 다른 특별한 사정이 없는 한 무엇보다도 매수인이 매매 목적물을 인도받은 때부터 소멸시효가 진행한다고 해석함이 타당하다(대판 2011.10.13, 2011다10266).

④ 하자담보책임으로 인한 손해배상 사건에 있어서 배상 권리자에게 그 하자를 발견하지 못한 잘못으로 손해를 확대시킨 과실이 인정된다면 법원은 손해배상의 범위를 정함에 있어서 이를 참작하여야 하며, 이 경우 손해배상의 책임을 다투는 배상 의무자가 배상 권리자의 과실에 따른 상계 항변을 하지 않더라도 소송에 나타난 자료에 의하여 그 과실이 인정되면 법원은 직권으로 이를 심리·판단하여야 한다(대판 1995.6.30, 94다23920).

Answer 17.③ 18.② 19.③

20 다음 중 환매에 관한 설명으로 옳지 않은 것은?

① 환매는 소유권이전형식에 의한 담보작용을 한다.

② 환매특약은 매매계약과 동시에 하여야 한다.

③ 환매 목적물의 과실과 대금의 이자는 특별한 약정이 없으면 상계한 것으로 본다.

④ 환매의 목적은 부동산에 한하며 등기를 요한다.

 해설 ①② 제590조 제1항
③ 제590조 제3항
④ 구 민법은 환매의 목적물을 부동산에 한정하였으나, 현행 민법은 동산·부동산, 기타 재산권을 포함한다.

21 환매에 관한 다음 설명 중 옳지 않은 것은?

① 환매기간을 정하지 아니한 때에는 부동산은 5년, 동산은 3년으로 한다.

② 환매기간을 정한 때에는 부동산은 5년, 동산은 3년을 초과하지 못하며, 이를 넘은 경우에는 위 기간으로 단축된다.

③ 환매기간은 필요에 따라 연장할 수 있다.

④ 동산·부동산 이외의 재산권의 경우에는 법률상 부동산에 준하여 다루어지는 것은 5년, 동산에 준하여 다루어지는 것은 3년을 기준으로 하여 정한다.

 해설 ① 제591조 제3항
② 제591조 제1항
③ 환매기간은 한번 정하면 다시 연장할 수 없다(제591조 제2항).

22 교환에 관한 다음 설명 중 옳지 않은 것은?

① 교환은 유상 · 쌍무 · 낙성 · 불요식계약이다.

② 교환의 목적물은 금전 기타 재산권이다.

③ 보충금 지급의 특약이 있는 때에는 그 금전에 대하여는 매매대금에 관한 규정을 적용한다.

④ 교환은 유상계약이므로 매매에 관한 규정이 준용된다.

> ✔ 해설 ② 교환의 목적물은 금전 이외의 재산권이라는 점에서 매매와 다르다.
> ③ 제597조
> ④ 제597조

소비대차 · 사용대차 · 임대차

01 소비대차

1 소비대차에 관한 설명 중 옳은 것은?

① 이자 있는 소비대차는 차주가 그 책임 있는 사유로 목적물의 수령을 지체할 때에는 그 후 대주가 상당한 기간을 정하여 다시 수령을 최고한 다음 그 기간 경과 후 이행을 제공한 때부터 이자를 계산하여야 한다.

② 이자 없는 소비대차의 당사자는 목적물의 인도전에는 언제든지 계약을 해제할 수 있다.

③ 반환시기의 약정이 없는 경우 대주는 상당한 기간을 정함이 없이 그 반환을 최고할 수 있다.

④ 대주가 목적물을 차주에게 인도하기 전에 당사자 일방이 파산신고를 받았다 하더라도 소비대차는 그 효력을 잃지 않는다.

 해설 ① 이자 있는 소비대차는 차주가 목적물의 인도를 받은 때로부터 이자를 계산하여야 하며 차주가 그 책임 있는 사유로 수령을 지체할 때에는 대주가 이행을 제공한 때로부터 이자를 계산하여야 한다〈제600조〉.

② 이자 없는 소비대차의 당사자는 목적물의 인도전에는 언제든지 계약을 해제할 수 있다. 그러나 상대방에게 생긴 손해가 있는 때에는 이를 배상하여야 한다〈제601조〉.

③ 반환시기의 약정이 없는 때에는 대주는 상당한 기간을 정하여 반환을 최고하여야 한다〈제603조 제2항〉.

④ 대주가 목적물을 차주에게 인도하기 전에 당사자 일방이 파산선고를 받은 때에는 소비대차는 그 효력을 잃는다〈제599조〉.

2 소비대차에 관한 다음 설명 중 옳지 않은 것은?

① 이자부 소비대차는 차주가 목적물의 인도를 받은 때로부터 이자를 계산하여야 한다.

② 이자부 소비대차의 경우 차주의 귀책사유로 수령을 지체할 때에는 대주가 이행을 제공한 때로부터 이자를 계산한다.

③ 이자 없는 소비대차는 목적물 인도전에 언제든지 계약을 해제할 수 있다.

④ 이자 없는 소비대차로 목적물 인도 전 계약이 해제된 경우에는 손해배상의 문제는 발생하지 않는다.

 ①② 제600조
③ 제601조 본문
④ 상대방에게 손해가 있다면 이를 배상하여야 한다(제601조 단서).

3 경개와 준소비대차에 대한 설명으로 옳지 않은 것은?

① 경개와 준소비대차는 모두 기존 채무를 소멸케 하고 신 채무를 성립시키는 계약이다.

② 경개는 구 채무와 신 채무 간에 동일성이 없지만, 준소비대차는 동일성을 가진다.

③ 당사자 간에 구 채무를 소멸시키고 신 채무를 성립시키는 약정을 한 경우에 이를 경개로 볼 것인가 준소비대차로 볼 것인가는 당사자의 의사에 따른다.

④ 당사자의 의사가 명확하지 않고, 특별한 사정이 없는 한 경개로 보아야 한다.

 ③④ 기존 채권 채무의 당사자가 그 목적물을 소비대차의 목적으로 할 것을 약정한 경우 그 약정을 경개로 볼 것인가 또는 준소비대차로 볼 것인가는 일차적으로 당사자의 의사에 의하여 결정되고 만약 당사자의 의사가 명백하지 않을 때에는 의사해석의 문제이나 특별한 사정이 없는 한 동일성을 상실함으로써 채권자가 담보를 잃고 채무자가 항변권을 잃게 되는 것과 같이 스스로 불이익을 초래하는 의사표시를 하였다고 볼 수는 없으므로 일반적으로 준소비대차라 보아야 할 것이다(대판 1989.6.27, 89다카2957).

4 준소비대차와 경개에 관한 설명 중 옳지 않은 것은? (판례에 의함)

① 준소비대차계약의 당사자는 기초가 되는 기존 채무의 당사자이어야 하고, 기존 채무가 소비대차일 경우에도 성립한다.

② 현실적인 자금의 수수 없이 형식적으로만 신규 대출을 하여 기존 채무를 변제하는 이른바 대환이 있었던 사안에서 그 대환의 성질이 준소비대차로 인정되는 경우에는 특별한 사정이 없는 한 기존 채무에 대한 보증책임이 소멸한다.

③ 경개로 인한 신채무가 원인의 불법 또는 당사자가 알지 못한 사유로 인하여 성립되지 아니하거나 취소된 때에는 구채무는 소멸되지 아니한다.

④ 경개에 의하여 성립된 신채무의 불이행을 이유로 경개계약을 해제할 수는 없다.

> **✔ 해설**
> ① 준소비대차는 소비대차에 의하지 아니하고 금전 기타의 대체물을 지급할 의무가 있는 경우에 당사자가 그 목적물을 소비대차의 목적물로 할 것을 약정함으로써 당사자 사이에 소비대차의 효력이 생기는 것을 말하는 것으로서 기존 채무의 당사자가 그 채무의 목적물을 소비대차의 목적물로 한다는 합의를 할 것을 요건으로 하므로 준소비대차계약의 당사자는 기초가 되는 기존 채무의 당사자이어야 한다(대판 2002.12.06, 2001다2846).
> ② '대환'은, 특별한 사정이 없는 한 형식적으로는 별도의 대출에 해당하나 실질적으로는 기존채무의 변제기의 연장에 불과하므로 그 법률적 성질은 기존채무가 여전히 동일성을 유지한 채 존속하는 준소비대차로 보아야 할 것이나 채권자와 보증인 사이에 '대환'의 경우 보증인이 보증책임을 면하기로 약정을 한 경우 등 특별한 사정이 있는 경우에는 위의 경우와 달리 보증인은 그 보증책임을 면한다. 즉, 채권자와 보증인 사이에 보증인의 보증책임을 면제하기로 약정을 한 경우 등 특별한 사정이 있는 경우를 제외하고는 기존채무에 대한 보증책임이 존속된다.
> ③ 제504조 참조
> ④ 경개계약은 신채권을 성립시키고 구채권을 소멸시키는 처분행위로서 신채권이 성립되면 그 효과는 완결되고 경개계약 자체의 이행의 문제는 발생할 여지가 없으므로 경개에 의하여 성립된 신채무의 불이행을 이유로 경개계약을 해제할 수는 없다(대판 2003.2.11, 2002다62333).

5 소비대차의 담보책임에 관한 설명으로 옳지 않은 것은?

① 이자부 소비대차의 경우에는 매도인의 담보책임 규정을 준용한다.

② 이자 없는 소비대차의 경우 차주는 하자 있는 물건의 가액으로 반환할 수 있다.

③ 이자 없는 소비대차에 있어서 대주가 하자 있음을 알고서도 차주에게 고지하지 아니한 때에는 매도인의 담보책임 규정을 준용한다.

④ 대주가 담보책임을 부담하더라도 소비대차는 무상계약이므로 계약해제권, 완전물급부청구권 이외에 손해배상까지 청구하지는 못한다.

> **✔ 해설**
> ① 제602조 제1항
> ②③ 제602조 제2항
> ④ 소비대차의 대주가 담보책임을 지는 경우에는 매도인의 담보책임과 동일한 책임을 부담한다(제602조).

6 소비대차에 관한 설명으로 옳지 않은 것은?

① 제607조, 제608조는 강행규정이므로, 이와 다른 약정은 모두 무효이다.

② 금전대차의 경우에 차주가 금전에 갈음하여 유가증권 기타 물건의 인도를 받은 때에는 인도시의 가액으로써 차용액으로 한다.

③ 대물변제의 예약을 한 경우 그 재산의 예약 당시의 가액이 차용액 및 이에 붙인 이자의 합산액을 초과하지 못한다.

④ 대물변제의 예약의 목적물이 부동산이고 예약상의 권리를 보전하기 위해 가등기 또는 소유권이전등기를 한 경우에는 '가등기담보 등에 관한 법률'의 적용을 받는다.

> ✔ 해설 ① 편면적 강행규정으로 차주에게 불리한 약정만 무효이다(제608조).
> ② 제606조
> ③ 제607조
> ④ 가등기담보 등에 관한 법률은 차용물의 반환에 관하여 다른 재산권을 이전할 것을 예약한 경우에 적용되는 것이다(대판 1995.4.21. 94다26080).

02 사용대차

7 사용대차에 관한 다음 설명 중 옳지 않은 것은?

① 차주는 자기 재산과 동일한 주의의무로 목적물을 관리하면 된다.
② 차주는 차용물을 반환할 때에는 원상회복의무를 지며, 이에 부속시킨 물건은 철거할 수 있다.
③ 차주가 목적물에 비용을 지출하여 가액이 증대된 때에는 차주는 비용상환청구권을 가진다.
④ 수인이 공동하여 물건을 차용한 때에는 연대하여 그 의무를 부담한다.

> ✔ 해설 ① 사용대차의 목적물반환채무는 특정물인도채무이므로, 선량한 관리자의 주의의무를 부담한다(제374조).
> ② 제615조
> ③ 제611조 제2항
> ④ 제616조

Answer 4.② 5.④ 6.① 7.①

8 사용대차에 있어서 대주의 의무에 관한 설명으로 옳지 않은 것은?

① 사용대차는 당사자일방이 상대방에게 무상으로 사용, 수익하게 하기 위하여 목적물을 인도할 것을 약정하고 상대방은 이를 사용, 수익한 후 그 물건을 반환할 것을 약정함으로써 그 효력이 생긴다.

② 목적물을 유지 · 보수하는 등 차주의 사용 · 수익을 위하여 적극적으로 협력할 의무가 있다.

③ 상대부담이 있을 때에는 그 한도 내에서 매도인과 동일한 담보책임을 진다.

④ 대주가 하자 또는 흠결이 있음을 알고 있으면서 차주에게 고하지 않았을 때는 이로써 생긴 손해에 대하여 배상책임이 있다.

 ① 제609조
② 대주는 차주의 사용 · 수익을 용인하는 소극적인 의무만을 질뿐이다.
③ 제612조
④ 제611조

9 다음 중 사용대차의 종료 원인에 해당하지 않는 것은?

① 차주의 사망, 파산으로 인한 대주의 해지

② 차주의 의무위반을 이유로 하는 대주의 해지

③ 존속기간의 만료

④ 대주의 사망

 ① 제614조
② 제610조 제3항
③ 제613조
④ 차주가 사망하거나 파산선고를 받은 때에는 대주는 계약을 해지할 수 있으나(제614조) 대주의 사망은 사용대차의 종료원인이 아니다.

03 임대차

10 임대차에 관한 다음 설명 중 옳지 않은 것은?

① 차임은 동산, 건물이나 대지에 대하여는 매월말에, 기타 토지에 대하여는 매년말에 지급하여야 한다.

② 임차인이 유익비를 지출한 때에는 그 가액의 증가가 현존하는 때에 한하여 임차인의 지출한 금액이나 그 증가액을 상환 청구할 수 있다.

③ 경제사정의 변동으로 인하여 약정한 차임이 상당하지 않은 때에는 당사자는 장래에 대한 차임의 증감을 청구할 수 있다.

④ 임차인이 임차물의 보존에 관한 필요비를 지출한 때에는 임대인은 임대차 종료시에 그 가액의 증가가 현존한 때에 한하여 임차인의 지출한 금액이나 그 증가액을 상환하여야 한다

 ① 제633조
② 제626조 제2항
③ 제628조
④ 임차인이 임차물의 보존에 관한 필요비를 지출한 때에는 임대인에 대하여 그 상환을 청구할 수 있다(제626 조 제1항).

11 임대차에 관한 다음 규정 중 그 규정에 위반하여 임차인에게 불리하게 약정하더라도 그 약정의 효력이 인정되는 것은? (다툼이 있는 경우 판례에 의함)

① 민법 제626조(임차인의 비용상환청구권)

② 민법 제627조(임차물의 일부 멸실 등과 감액청구, 해지권)

③ 민법 제628조(차임증감청구권)

④ 민법 제635조(기간의 약정 없는 임대차의 해지통고)

 ① 임의규정이다(제652조).
③④는 모두 강행규정으로(제652조) 이 규정에 위반하는 약정으로 임차인이나 전차인에게 불리한 것은 그 효력이 없다.

12 임대차에 관한 다음 설명 중 가장 옳지 않은 것은? (다툼이 있는 경우 판례에 의함)

① 임차인이 임대인의 동의 없이 임차물을 전대하는 경우 임대인은 그로 인한 손해의 배상을 청구할 수는 있지만 임대차계약을 해지할 수는 없다.

② 임차인이 유익비를 지출한 경우에는 임대인은 임대차종료시에 그 가액의 증가가 현존한 때에 한하여 임차인의 지출한 금액이나 그 증가액을 상환하여야 한다.

③ 건물 기타 공작물의 임차인이 그 사용의 편익을 위하여 임대인의 동의를 얻어 이에 부속한 물건이 있는 때에는 임대차의 종료시에 임대인에 대하여 그 부속물의 매수를 청구할 수 있다.

④ 토지임차인의 차임연체 등 채무불이행을 이유로 임대차계약이 해지되는 경우 토지임차인으로서는 토지임대인에 대하여 지상건물의 매수를 청구할 수 없다.

 ① 임차인이 임대인의 동의를 받지 않고 제3자에게 임차권을 양도하거나 전대하는 등의 방법으로 임차물을 사용·수익하게 하더라도, 임대인이 이를 이유로 임대차계약을 해지하거나 그 밖의 다른 사유로 임대차계약이 적법하게 종료되지 않는 한 임대인은 임차인에 대하여 여전히 차임청구권을 가지므로, 임대차계약이 존속하는 한도 내에서는 제3자에게 불법점유를 이유로 한 차임상당 손해배상청구나 부당이득반환청구를 할 수 없다(대판 2008.2.28, 2006다10323).
② 제626조 제2항
③ 제646조
④ 대판 1991.4.23, 90다19695

13 전대에 관한 다음 설명 중 옳지 않은 것은?

① 임차인은 임대인의 동의 없이 임차물을 전대하지 못한다.

② 임차인이 임대인의 동의를 얻어 임차물을 전대한 때에는 전차인은 직접 임대인에 대하여 의무를 부담한다.

③ 건물의 임차인이 그 건물의 소부분을 타인에게 사용하게 하는 경우에도 임차인의 전대에 관한 민법의 규정은 적용된다.

④ 임차인이 임대인의 동의를 얻어 임차물을 전대한 경우에는 임대인과 임차인의 합의로 계약을 종료한 때에는 전차인의 권리는 소멸하지 않는다.

 ① 제629조
② 제630조 제1항 본문
③ 전대에 관한 제629조부터 제631조까지의 규정은 건물의 임차인이 그 건물의 소부분을 타인에게 사용하게 하는 경우에 적용하지 아니한다(제632조).
④ 제631조

14 임대차의 해지에 관한 설명으로 옳지 않은 것은?

① 부동산 임대차에 있어서 임대차기간의 약정이 없는 때에 임차인이 해지를 통고한 경우에는 1월의 기간이 경과하면 해지의 효력이 생긴다.

② 임대차기간의 약정이 없는 때에는 당사자는 언제든지 계약해지의 통고를 할 수 있다.

③ 임차인이 파산선고를 받은 경우에는 임대차기간의 약정이 있는 때에도 임대인은 계약해지의 통고를 할 수 있다.

④ 임대차기간의 약정이 있는 경우에는 임대차기간이 만료됨으로써 임대차관계는 종료될 뿐이고, 당사자들이 임대차기간 내에 해지할 권리를 보유할 수는 없다.

 ① 제635조 제2항
② 제635조 제1항
③ 제637조 제1항
④ 임대차기간의 약정이 있는 경우에도 당사자 일방 또는 쌍방이 그 기간 내에 해지할 권리를 보류한 때에는 해지통고의 규정을 준용한다(제636조).

15 임대차에 관한 설명 중 옳지 않은 것은?

① 임차인이 유익비를 지출하였고, 임대차 종료시 그 가액의 증가가 현존한 경우에는 임대인은 임차인이 지출한 금액이나 그 증가액을 상환하여야 한다.

② 임대인이 임차인의 의사에 반하여 보존행위를 하는 경우에 임차인이 이로 인하여 임차의 목적을 달성할 수 없는 때에는 계약을 해지할 수 있다.

③ 부동산 임차인은 당사자 간에 반대약정이 없으면 임대인에 대하여 그 임대차등기절차에 협력할 것을 청구할 수 있다.

④ 건물소유를 목적으로 한 토지임대차에 있어서 이를 등기하지 아니한 경우 임차인이 그 지상건물을 등기한 것만으로는 제3자에 대하여 임대차의 효력이 생기지 않는다.

 ① 제626조 제2항
② 제625조
③ 제621조 제1항
④ 건물의 소유를 목적으로 한 토지임대차는 이를 등기하지 아니한 경우에도 임차인이 그 지상건물을 등기한 때에는 제3자에 대하여 임대차의 효력이 생긴다(제622조 제1항).

Answer 12.① 13.③ 14.④ 15.④

16 다음 중 임차인의 권리가 아닌 것은?

① 사용·수익권
② 비용상환청구권
③ 임차물의 전대권
④ 지상물매수청구권

✔ **해설** 임차인은 임대인의 동의 없이 그 권리를 양도하거나 임차물을 전대하지 못한다〈제629조 제1항〉.

17 다음 중 일시사용을 위한 임대차에 적용되는 것은?

① 차임증감청구권
② 임차인의 부속물매수청구권
③ 임차인의 비용상환청구권
④ 임대차 규정의 강행규정

✔ **해설** 임차인의 비용상환청구권〈제626조〉은 일시사용을 위한 임대차에도 적용된다.
※ 일시사용을 위한 임대차인 것이 명백한 때에는 ㉠ 차임증감청구권〈제628조〉, ㉡ 전차인에 대한 해지통고의 통지〈제638조〉, ㉢ 차임연체와 해지〈제640조〉, ㉣ 임차인의 부속물매수청구권〈제646조〉, ㉤ 전차인의 부속물매수청구권〈제647조〉, ㉥ 임차지의 부속물과 과실 등에 대한 법정질권〈제648조〉, ㉦ 임차건물 등의 부속물에 대한 법정질권〈제650조〉, ㉧ 임대차 규정의 강행규정〈제652조〉 등의 적용이 없다〈제653조〉.

18 민법상의 임대차에 관한 설명으로 옳지 않은 것은?

① 차임의 지급 시기는 특약이나 관습이 없는 한 후급이 원칙이다.
② 임차인이 임차물의 보존에 관한 비용을 지출한 경우 유익비의 상환은 청구할 수 있으나 필요비의 상환은 청구할 수 없다.
③ 임차물의 일부가 임차인의 과실 없이 멸실하여 사용·수익할 수 없는 때에는 임차인은 그 부분의 비율에 의한 차임의 감액을 청구할 수 있다.
④ 건물의 임대차에서 차임연체액이 2기에 달하는 때에는 임대인은 계약을 해제할 수 있다.

✔ **해설** ① 제633조 참조
② 필요비의 상환은 전액 청구할 수 있으며, 유익비는 임대차 종료시에 그 가액의 증가가 현존한 때에 한하여 임차인이 지출한 금액이나 그 증가액을 상환하면 된다〈제626조 제1항, 제2항〉.
③ 제627조 제1항
④ 제640조

19 임대차에 관한 다음 설명 중 옳지 않은 것은?

① 임대인은 목적물의 사용·수익에 필요한 상태를 유지할 의무를 부담한다.
② 임차인이 임차물의 보존에 관한 필요비를 지출한 때에는 임대인에 대하여 그 상환을 청구할 수 있다.
③ 임대인이 보존행위를 하고자 하는 경우라도 임차인의 의사에 반하는 때에는 이를 거절할 수 있다.
④ 임차인이 유익비를 지출한 때에는 그 가액의 증가가 현존하는 때에 한하여 임차인이 지출한 금액이나 그 증가액의 상환청구를 할 수 있다.

 ① 제623조
② 제626조 제1항
③ 임차인은 임대인의 보존행위를 거절할 수 없다(제624조).
④ 제626조 제2항

20 임대차에 관한 다음 설명 중 판례의 태도와 일치하는 것은?

① 임대차에 있어서 임대인은 그 목적물에 대한 처분권한을 가져야 한다.
② 임대인의 수선의무는 특약에 의해 배제할 수 없다.
③ 통상의 임대차관계에 있어서 임대인의 임차인에 대한 의무는 임차인의 안전을 배려하여 주거나 도난을 방지하는 등의 보호의무까지 부담한다.
④ 임차인의 채무불이행으로 임대차계약이 해지되었을 때에는 계약의 갱신을 청구할 수 없고, 지상물매수청구권의 행사도 할 수 없다.

 ① 반드시 그 목적물에 대한 소유권이나 기타 그것을 처분할 권한을 가져야 하는 것은 아니다(대판 1965.5.31, 65다562).
② 특약에 의해 배제할 수 있다. 다만 임대인의 수선의무 면제특약에서 특별한 사정이 없는 한 대규모의 수선은 이에 포함되지 아니하고 여전히 임대인이 그 수선의무를 부담한다(대판 1994.2.9, 94다34692).
③ 임대인이 임차인의 보호의무까지 부담하지는 않는다(대판 1999.7.9, 99다10004).
④ 대판 1972.12.26, 72다2013

Answer   16.③ 17.③ 18.② 19.③ 20.④

21 주택임대차에 관한 다음 설명 중 옳지 않은 것은?

① 주택임대차가 종료된 후 보증금을 반환받지 못한 임차인은 법원에 임차권등기명령을 신청할 수 있다.

② 주택임대차는 그 등기가 없는 경우에도 주택의 인도와 임차인의 주민등록이 마쳐진 때에는 전입신고일로부터 제3자에 대하여 효력이 생긴다.

③ 임차인이 사망한 경우에 사망 당시 상속권자가 그 주택에서 가정공동생활을 하고 있지 아니한 때에는 그 주택에서 가정공동생활을 하던 사실혼 관계에 있는 배우자와 2촌 이내의 친족은 공동으로 임차인의 권리와 의무를 승계한다.

④ 주택임차인이 임대인의 승낙을 받아 임대주택을 전대하고 그 전차인이 주택을 인도받아 자신의 주민등록을 마친 경우에도 임차인은 대항력을 취득한다.

> ✔해설 ① 주택임대차보호법 제3조의3 제1항
> ② 주택의 인도와 임차인의 주민등록이 마쳐진 다음날부터 제3자에 대하여 효력이 생긴다(동법 제3조 제1항).
> ③ 동법 제9조 제2항
> ④ 대판 2001.1.19, 2000다55645

22 주택임대차보호법상의 임대차의 존속기간에 관한 다음 설명 중 옳지 않은 것은?

① 기간을 2년 미만으로 정한 임대차는 그 기간을 2년으로 본다.

② 주택임대차보호법상의 최단존속기간 규정은 강행규정이므로, 임차인이라도 2년 이하의 기간의 유효를 주장할 수는 없다.

③ 임대차가 종료한 경우에도 임차인이 보증금을 반환받을 때까지는 임대차관계가 존속하는 것으로 본다.

④ 임대인이 임대기간 만료 전 6개월부터 2개월 전까지 갱신거절의 통지를 하지 아니한 때에는, 전 임대차와 동일한 조건으로 다시 임대차한 것으로 본다.

> ✔해설 ① 주택임대차보호법 제4조 제1항
> ② 임차인은 2년 이하의 기간의 유효도 주장할 수 있다(동법 제4조 제1항 단서).
> ③ 동법 제4조 제2항
> ④ 동법 제6조 제1항

23 다음 중 임대차에 대한 설명으로 옳지 않은 것은? (다툼이 있는 경우 판례에 의함)

① 임대인의 임대차보증금반환의무는 임차인의 주택임대차보호법 제3조의3에 의한 임차권등기 말소의무보다 먼저 이행되어야 할 의무이지 동시이행관계에 있는 의무가 아니다.

② 임차인이 임대인의 동의를 얻어 임차물을 전대한 경우, 전대차계약 종료와 전대차목적물의 반환 당시 전차인의 연체차임은 전대차보증금에서 당연히 공제되어 소멸하며, 전차인은 이로써 임대인에게 대항할 수 있으므로, 임대인은 전차인에게 연체차임의 지급을 청구할 수 없다.

③ 건물의 소유를 목적으로 하여 토지를 임차한 사람이 그 토지 위에 소유하는 건물에 저당권을 설정한 때에는 저당권의 효력이 건물뿐만 아니라 건물의 소유를 목적으로 한 토지의 임차권에도 미친다.

④ 임대차 성립 당시 임대인의 소유였던 대지가 타인에게 양도되어 임차주택과 대지의 소유자가 서로 달라진 상태에서 임차주택과 별도로 그 대지만이 경매될 경우에는 주택임대차보호법상의 대항요건 및 확정일자를 갖춘 주택의 임차인이라고 하더라도 그 대지의 환가대금에 대하여 우선변제권을 행사할 수 없다.

 해설 ① 대판 2005.6.9, 2005다4529
② 대판 2008.3.27, 2006다45459
③ 대판 1993.4.13, 92다24950
④ 대항요건 및 확정일자를 갖춘 임차인과 소액임차인은 임차주택과 그 대지가 함께 경매될 경우뿐만 아니라 임차주택과 별도로 그 대지만이 경매될 경우에도 그 대지의 환가대금에 대하여 우선변제권을 행사할 수 있고, 이와 같은 우선변제권은 이른바 법정담보권의 성격을 갖는 것으로서 임대차 성립시의 임차 목적물인 임차주택 및 대지의 가액을 기초로 임차인을 보호하고자 인정되는 것이므로, 임대차 성립 당시 임대인의 소유였던 대지가 타인에게 양도되어 임차주택과 대지의 소유자가 서로 달라지게 된 경우에도 마찬가지이다(대판 2007.6.21, 2004다26133 전합).

24 주택임대차에 관한 다음 판례의 내용 중 옳은 것을 모두 고른 것은?

> ㉠ 방 2개와 주방이 딸린 다방이 영업용으로서 비주거용 건물이라 하여도 그 방 및 다방의 주방을 주거목적에 사용하는 경우에는 주거용 건물의 일부가 주거용 외의 목적으로 사용되는 경우에 해당한다고 볼 수 없다.
> ㉡ 주민등록이라는 대항요건은 임차인 본인뿐만 아니라, 그 배우자나 자녀 등 가족의 주민등록도 포함한다.
> ㉢ 등기부상 동·호수 표시인 '다동 103호'와 불일치한 '라동 103호'로 된 주민등록은 그로써 당해 임대차건물에 임차인들이 거주한다는 사실이 달라지는 것은 아니므로 위 주민등록이 임대차의 공시방법으로 무효인 것은 아니다.
> ㉣ 임차인이 주택의 인도를 마치고 주민등록을 한 다음날 제1 저당권이 설정된 경우에 임차인은 저당권에 대항할 수 있다.
> ㉤ 임차인이 전입신고를 올바르게 하였는데 담당공무원이 착오로 주민등록표상에 신 거주지 지번이 다소 틀리게 기재된 경우 임대차의 대항력을 취득할 수 없다.

① ㉠㉡㉢
② ㉠㉡㉣
③ ㉠㉢㉣㉤
④ ㉡㉢㉣㉤

✔ **해설**
㉠ 대판 1996.3.12, 95다51953
㉡ 대판 1996.1.26, 95다30338
㉢ 동호수가 잘못 신고된 경우에는 임차인이 임대차건물에 주소 또는 거소를 가진 자로 등록되어 있는지를 인식할 수 있다고 보여지지 아니하므로, 위 주민등록이 임대차의 공시방법으로 유효하다고 볼 수 없다(대판 1999.4.13, 99다4207).
㉣ 주택임대차보호법 제3조의 임차인이 주택의 인도와 주민등록을 마친 때에는 그 '익일부터' 제3자에 대하여 효력이 생긴다고 함은 익일 오전 영시부터 대항력이 생긴다는 취지이다(대판 1999.5.25, 99다9981).
㉤ 임차인이 전입신고를 올바르게 하였다면 이로써 그 임대차의 대항력이 생기는 것이므로 설사 담당공무원의 착오로 주민등록표상에 신 거주지 지번이 다소 틀리게 기재되었다 하여 그 대항력에 영향을 끼칠 수는 없다(대판 1991.8.13, 91다18118).

25 주택임대차보호법상의 보증금에 관한 다음 설명 중 옳지 않은 것은?

① 임차인이 대항력을 갖춘 때에는 보증금 중 일정액을 다른 담보물권자와 동순위로 변제받을 수 있다.

② 소액보증금의 우선변제권을 인정받기 위해서는 경매신청의 등기 전까지 대항력을 갖추어야 한다.

③ 임대차가 종료한 경우에도 임차인은 보증금을 반환받을 때까지는 임대차관계는 존속하는 것으로 본다.

④ 임차주택에 경매가 행하여진 경우에도 대항력을 갖춘 임차인이 보증금의 전액을 변제받지 못한 때에는 임차권은 경락으로 소멸되지 않는다.

> ✔ 해설 ①② 임차인이 경매신청의 등기 전까지 주택의 인도와 주민등록을 마친 때에는 보증금 중 일정액을 다른 담보물권자보다 우선하여 변제받을 수 있다(동법 제8조 제1항).
> ③ 동법 제4조 제2항
> ④ 동법 제3조의5

26 상가건물임대차보호법에 관한 설명으로 옳지 않은 것은?

① 기간의 정함이 없거나 기간을 2년 미만으로 정한 경우에는 그 기간을 2년으로 본다.

② 임대차가 종료한 경우에도 임차인이 보증금을 반환받을 때까지 임대차관계는 존속하는 것으로 본다.

③ 임대차는 그 등기가 없는 경우에도 임차인이 건물의 인도와 「부가가치세법」 제8조, 「소득세법」 제168조 또는 「법인세법」 제111조에 따른 사업자등록을 신청하면 그 다음 날부터 제3자에 대하여 효력이 생긴다.

④ 임대차가 종료된 후 보증금을 반환받지 못한 임차인은 임차권등기명령을 신청할 수 있다.

> ✔ 해설 ① 상가건물임대차보호법상의 최단존속기간은 1년이다(동법 제9조 제1항).
> ② 동법 제9조 제2항
> ③ 동법 제3조 제1항
> ④ 동법 제6조 제1항

27 주택임대차보호법에 의한 임대차에 관한 설명 중 틀린 것은? (다툼이 있는 경우 판례에 의함)

① 소유권을 취득하였다가 계약해제로 인하여 소유권을 상실하게 된 임대인으로부터 그 계약이 해제되기 전에 주택을 임차 받아 주택의 인도와 주민등록을 마침으로써 주택임대차보호법 제3조 제1항에 의한 대항요건을 갖춘 임차인은 자신의 임차권을 새로운 소유자에게 대항할 수 있다.

② 주택임차인의 의사에 의하지 아니하고 주민등록법 및 같은 법 시행령에 따라 시장, 군수 또는 구청장에 의하여 직권조치로 주민등록이 말소된 경우에도 원칙적으로 그 대항력은 상실된다.

③ 미등기 또는 무허가 건물도 주택임대차보호법의 적용대상이 된다.

④ 채권자가 채무자와 그 소유의 주택에 관하여 임대차계약을 체결하고 전입신고를 마친 다음 그곳에 거주하였다면 임대차계약의 주된 목적이 소액임차인으로 보호받아 선순위 담보권자에 우선하여 채권을 회수하려는 데에 있었다 하더라도 주택임대차보호법상 소액임차인으로 보호받을 수 있다.

✔**해설** ① 매매계약의 이행으로 매매목적물인 주택을 인도받은 매수인이 매도인으로부터 그 주택의 임대권한을 명시적 또는 묵시적으로 부여받은 경우, 매수인으로부터 매매계약이 해제되기 전에 매매목적물인 주택을 임차하여 그 주택의 인도와 주민등록을 마침으로써 주택임대차보호법 제3조 제1항에 의한 대항요건을 갖춘 임차인은 민법 제548조 제1항 단서의 규정에 따라 계약해제로 인하여 권리를 침해받지 않는 제3자에 해당하므로 임대인의 임대권원의 바탕이 되는 매매계약의 해제에도 불구하고 자신의 임차권을 들어 매도인의 명도청구에 대항할 수 있다(대판 2009.1.30, 2008다65617).

② 주택임대차보호법에서 주민등록을 대항력의 요건으로 규정하고 있는 것은 거래의 안전을 위하여 임대차의 존재를 제3자가 명백히 인식할 수 있게 위한 것으로서 그 취지가 다르므로, 직권말소 후 동법 소정의 이의절차에 따라 그 말소된 주민등록이 회복되거나 동법시행령 제29조에 의하여 재등록이 이루어짐으로써 주택임차인에게 주민등록을 유지할 의사가 있었다는 것이 명백히 드러난 경우에는 소급하여 그 대항력이 유지된다고 할 것이고, 다만, 그 직권말소가 주민등록법 소정의 이의절차에 의하여 회복된 것이 아닌 경우에는 직권말소 후 재등록이 이루어지기 이전에 주민등록이 없는 것으로 믿고 임차주택에 관하여 새로운 이해관계를 맺은 선의의 제3자에 대하여는 임차인은 대항력의 유지를 주장할 수 없다고 봄이 상당하다(대판 2008.3.13, 선고 2007다54023).

③ 주택임대차보호법은 주택의 임대차에 관하여 민법에 대한 특례를 규정함으로써 국민의 주거생활의 안정을 보장함을 목적으로 하고 있고, 주택의 전부 또는 일부의 임대차에 관하여 적용된다고 규정하고 있을 뿐 임차주택이 관할관청의 허가를 받은 건물인지, 등기를 마친 건물인지 아닌지를 구별하고 있지 아니하므로, 어느 건물이 국민의 주거생활의 용도로 사용되는 주택에 해당하는 이상 비록 그 건물에 관하여 아직 등기를 마치지 아니하였거나 등기가 이루어질 수 없는 사정이 있다고 하더라도 다른 특별한 규정이 없는 한 같은 법의 적용대상이 된다(대판 2007.6.21, 2004다26133 전합).

④ 주택임대차보호법의 입법목적은 주거용건물에 관하여 민법에 대한 특례를 규정함으로써 국민의 주거생활의 안정을 보장하려는 것이고(제1조), 주택임대차보호법 제8조 제1항에서 임차인이 보증금 중 일정액을 다른 담보물권자보다 우선하여 변제받을 수 있도록 한 것은, 소액임차인의 경우 그 임차보증금이 비록 소액이라고 하더라도 그에게는 큰 재산이므로 적어도 소액임차인의 경우에는 다른 담보권자의 지위를 해하게 되더라도 그 보증금의 회수를 보장하는 것이 타당하다는 사회보장적 고려에서 나온 것으로서 민법의 일반규정에 대한 예외규정인 바, 그러한 입법목적과 제도의 취지 등을 고려할 때, 채권자가 채무자 소유의 주택에 관하여 채무자와 임대차계약을 체결하고 전입신고를 마친 다음 그곳에 거주하였다고 하더라도 실제 임대차계약의 주된 목적이 주택을 사용수익하려는 것에 있는 것이 아니고, 실제적으로는 소액임차인으로 보호받아 선순위 담보권자에 우선하여 채권을 회수하려는 것에 주된 목적이 있었던 경우에는 그러한 임차인을 주택임대차보호법상 소액임차인으로 보호할 수 없다(대판 2001.5.8, 2001다14733).

CHAPTER

04

고용 · 도급 · 위임

1 다음 중 고용에 관한 설명으로 옳지 않은 것은?

① 기간의 약정이 없는 때에는 당사자는 언제든지 계약해지의 통고를 할 수 있다.

② 기한의 약정이 있는 때라도 3년을 경과한 후에는 언제든지 해지의 통고를 할 수 있다.

③ 기간의 약정이 있는 경우라도 부득이한 사유가 있는 때에는 각 당사자는 계약을 해지할 수 있다.

④ 고용기간이 만료한 후 노무자가 계속하여 그 노무를 제공하고, 사용자가 상당한 기간 내에 이의를 제기하지 아니하면 고용기간은 연장된 것으로 보며, 제3자가 제공한 담보도 연장된다.

 ① 제660조 제1항
② 제659조 제1항
③ 제661조
④ 전 고용과 동일한 조건으로 다시 고용한 것으로 본다. 다만 제3자가 제공한 담보는 기간의 만료로 인하여 소멸한다(제662조).

02 도급

2 도급에 관한 설명 중 옳지 않은 것은?

① 보수는 완성된 목적물이 인도된 후 지체 없이 지급되어야 한다.
② 수급인이 일을 완성하기 전에는 도급인은 손해를 배상하고 계약을 해제할 수 있다.
③ 목적물의 인도를 요하지 않는 경우에는 그 일을 완성한 후 지체 없이 지급하여야 한다.
④ 부동산공사의 수급인은 보수에 관한 채권을 담보하기 위하여 그 부동산을 목적으로 한 저당권의 설정을 청구할 수 있다.

> **✔ 해설** ①③ 보수는 그 완성된 목적물의 인도와 동시에 지급하여야 한다. 그러나 목적물의 인도를 요하지 아니하는 경우에는 그 일을 완성한 후 지체 없이 지급하여야 한다(제665조).
> ② 제673조
> ④ 제666조

3 도급에 관한 다음 설명 중 옳지 않은 것은?

① 도급인이 파산선고를 받은 때에는 수급인은 계약을 해제할 수 있다.
② 도급인은 원칙적으로 완성된 목적물의 인도와 동시에 보수를 지급하여야 한다.
③ 수급인이 일을 완성하기 전이면 도급인은 언제든지 손해를 배상하고 계약을 해제할 수 있다.
④ 완성된 건물의 하자로 인하여 계약의 목적을 달성할 수 없는 때에는 도급인은 계약을 해제할 수 있다.

> **✔ 해설** ① 제674조 제1항
> ② 제665조 제1항
> ③ 제673조
> ④ 도급인이 완성된 목적물의 하자로 인하여 계약의 목적을 달성할 수 없는 때에는 계약을 해제할 수 있다. 그러나 건물 기타 토지의 공작물에 대하여는 그러하지 아니하다(제668조).

4 다음 중 도급에 관한 설명으로 옳지 않은 것은?

① 도급의 목적이 목적물의 완성일 때에는 그 완성된 목적물의 인도의무와 보수지급의무는 동시이행의 관계이다.

② 도급의 목적이 일의 완성인 때에는 일의 완성의무와 보수지급의무는 동시이행의 관계이다.

③ 보수는 지급시기에 관한 약정이 없는 경우에는 관습에 의한다.

④ 부동산공사의 수급인은 보수에 관한 채권을 담보하기 위하여 그 부동산을 목적으로 하는 저당권의 설정을 청구할 수 있다.

> ✔ 해설 ① 제665조 제1항
> ② 일의 완성의무가 보수지급의무에 선이행의무이다(제665조 제1항 단서).
> ③ 제656조 제2항
> ④ 제666조

5 다음의 설명 중 옳지 않은 것은? (다툼이 있는 경우 판례에 의함)

① 유효한 도급계약에 기하여 수급인이 도급인으로부터 제3자 소유 물건의 점유를 이전받아 이를 수리한 결과 그 물건의 가치가 증가한 경우, 소유자에 대한 관계에 있어서 수급인은 민법 제203조에 의한 비용상환청구권을 행사할 수 있는 비용지출자에 해당한다.

② 과실수취권이 인정되지 않는 민법 제201조 제2항의 악의 점유자가 반환하여야 할 부당이득범위는 민법 제748조 제2항에 따라 정하여지는 결과 그는 받은 이익에 이자를 붙여 반환하여야 하며, 위 이자의 이행지체로 인한 지연손해금도 지급하여야 한다.

③ 쌍무계약이 취소된 경우 선의의 매수인에게 민법 제201조가 적용되어 과실취득권이 인정되는 이상 선의의 매도인에게도 민법 제587조의 유추적용에 의하여 대금의 운용이익 내지 법정이자의 반환을 부정하여야 한다.

④ 매매계약이 무효인 경우의 매도인의 매매대금 반환 의무는 성질상 부당이득 반환 의무로서 그 반환 범위에 관하여는 민법 제748조가 적용되고, 그에 관한 특칙인 민법 제548조 제2항이 당연히 유추적용된다고 할 수 없다.

> ✔ 해설 ① 유효한 도급계약에 기하여 수급인이 도급인으로부터 제3자 소유 물건의 점유를 이전받아 이를 수리한 결과 그 물건의 가치가 증가한 경우, 도급인이 그 물건을 간접점유하면서 궁극적으로 자신의 계산으로 비용지출과정을 관리한 것이므로, 도급인만이 소유자에 대한 관계에 있어서 민법 제203조에 의한 비용상환청구권을 행사할 수 있는 비용지출자라고 할 것이고, 수급인은 그러한 비용지출자에 해당하지 않는다고 보아야 한다(대판 2002.8.23, 99다66564,66571).
> ② 대판 2003.11.14, 2001다61869.
> ③ 대판 1993.5.14, 92다45025.
> ④ 대판 1997.9.26, 96다54997.

Answer 2.① 3.④ 4.② 5.①

6 도급계약에 있어서 수급인의 권리·의무에 관한 설명으로 옳지 않은 것은?

① 수급인은 일의 완성의무가 있다.

② 부동산공사의 수급인은 보수에 관한 채권을 담보하기 위해 그 부동산을 목적으로 한 저당권의 설정을 청구할 수 있다.

③ 수급인은 목적물을 인도한 후에 보수지급청구권을 가진다.

④ 수급인은 완성된 목적물에 하자가 있는 경우에는 도급인의 청구에 따라 이를 보수할 의무가 있다.

 ① 제664조
② 제666조
③ 목적물의 인도의무와 보수지급의무는 동시이행의 관계에 있다(제665조 제1항 본문).
④ 제667조 제1항

7 도급계약에 있어서의 해제권에 관한 설명으로 옳은 것은?

① 일의 완성 전에는 수급인은 언제든지 계약을 해제할 수 있다.

② 도급인이 파산한 경우에는 수급인은 계약을 해제하고, 이로 인한 손해배상을 청구할 수 있다.

③ 도급인은 완성된 목적물의 하자로 인하여 계약의 목적을 달성할 수 없는 때에는 계약을 해제할 수 있다.

④ 목적물의 하자로 인하여 계약의 목적을 달성할 수 없는 경우 그 하자가 도급인이 제공한 재료의 성질 또는 도급인의 지시에 기인한 때에는 도급인은 수급인의 의무해태에 상관없이 계약을 해제할 수 없다.

 ① 도급인은 일의 완성 전에 언제든지 계약을 해제할 수 있다(제673조).
② 도급인의 파산을 이유로 계약을 해제할 수는 있으나, 이로 인한 손해배상을 청구하지는 못한다(제674조).
③ 그러나 건물 기타 토지의 공작물에 대하여는 그러하지 아니하다(제668조).
④ 수급인이 그 재료 또는 지시의 부적당함을 알고 도급인에게 고지하지 아니한 때에는 계약을 해제할 수 있다(제669조).

8 수급인의 담보책임에 관한 설명으로 옳지 않은 것은?

① 목적물의 하자가 도급인이 제공한 재료의 성질 또는 도급인의 지시에 기한 때에는 수급인은 담보책임을 부담하지 않는다.

② 도급인은 하자보수에 갈음하여서만 손해배상을 청구할 수 있다.

③ 도급인의 계약해제권은 도급의 목적물이 '건물 기타 토지의 공작물'인 경우에는 그 행사가 제한된다.

④ 담보책임 면제특약이 있는 경우라도 수급인이 고지하지 아니한 사실에 대하여는 그 책임을 면하지 못한다.

 ① 제669조
② 수급인의 담보책임에 대해 도급인은 하자보수에 갈음하여 또는 보수와 함께 손해배상을 청구할 수 있다(제667조 제2항).
③ 제668조 단서
④ 제672조

9 다음 중 수급인의 담보책임에 관한 설명으로 옳은 것은?

① 완성된 목적물 또는 완성 전의 성취된 부분에 하자가 있는 때에는 도급인은 수급인에 대하여 3월 이내의 기간을 정하여 그 하자의 보수를 청구할 수 있다.

② 도급인은 하자의 보수에 갈음하여 손해배상을 청구할 수 있으나, 보수와 함께 손해배상을 청구할 수는 없다.

③ 완성된 목적물의 하자로 계약의 목적을 달성할 수 없는 경우에 도급인은 계약을 해제할 수 있다.

④ 도급인의 보수청구권, 손해배상청구권, 계약해제권 등은 그 사유를 안 날로부터 1년 내에 하여야 한다.

 ① 상당한 기간을 정하여 그 하자의 보수를 청구할 수 있다(제667조 제1항).
② 보수와 함께 손해배상을 청구할 수도 있다(제667조 제2항).
③ 제668조
④ 목적물을 인도받은 날로부터 1년 내에 하여야 한다(제670조).

10 다음 설명 중 가장 옳지 않은 것은? (다툼이 있는 경우 판례에 의함)

① 수급인의 하자담보책임은 법이 특별히 인정한 무과실책임으로서 여기에 민법 제396조의 과실상계 규정이 준용될 수 없으므로 하자발생 및 그 확대에 가공한 도급인의 잘못을 참작 할 수 없다.

② 보증인은 특별한 사정이 없는 한 채무자가 채무불이행으로 인하여 부담하여야 할 손해배상채무와 원상회복의무에 관하여도 보증책임을 지므로, 민간공사 도급계약서에서 수급인의 보증인은 특별한 사정이 없다면 선급금 반환의무에 대하여도 보증책임을 진다.

③ 선급금을 지급한 후 계약이 해제 또는 해지되는 등의 사유로 수급인이 도중에 선급금을 반환하여야 할 사유가 발생하였다면, 특별한 사정이 없는 한 별도의 상계 의사표시 없이도 그 때까지의 기성고에 해당하는 공사대금이 있는 경우 그 금액에 한하여 지급할 의무를 부담한다.

④ 수급인이 완공기한 내에 공사를 완성하지 못한 채 공사를 중단하고 계약이 해제된 결과 완공이 지연된 경우에 있어서 지체상금은 약정 준공일 다음날부터 발생한다.

 ① 민법 제667조 소정의 수급인의 하자 담보책임이 법이 특별히 인정한 무과실 책임으로서 여기에 동법 제396조의 과실상계 규정이 준용될 수 없다 하더라도, 위 담보책임이 민법의 지도이념인 공평의 원칙에 입각한 것일진대 원심이 본건 하자 정도 확대에 가공한 원고의 잘못을 그 손해액 산정에서 참작하였음에 아무런 법리오해가 있다 할 수 없다(대판 1980.11.11, 80다923).

② 선급금 반환의무는 수급인의 채무불이행에 따른 계약해제로 인하여 발생하는 원상회복의무의 일종이고, 보증인은 특별한 사정이 없는 한 채무자가 채무불이행으로 인하여 부담하여야 할 손해배상채무와 원상회복의무에 관하여도 보증책임을 지므로, 민간공사 도급계약에서 수급인의 보증인은 선급금 반환의무에 대하여도 보증책임을 진다(대판 2012.5.24, 2011다109586).

③ 공사도급계약에 있어서 수수되는 이른바 선급금은 수급인으로 하여금 공사를 원활하게 진행할 수 있도록 하기 위하여 도급인이 수급인에게 미리 지급하는 공사대금의 일부로서 구체적인 기성고와 관련하여 지급하는 것이 아니라 전체 공사와 관련하여 지급하는 것이지만 선급 공사대금의 성질을 갖는다는 점에 비추어 선급금을 지급한 후 도급계약이 해제 또는 해지되거나 선급금 지급조건을 위반하는 등의 사유로 수급인이 도중에 선급금을 반환하여야 할 사유가 발생하였다면, 특별한 사정이 없는 한 별도의 상계의 의사표시 없이도 그 때까지의 기성고에 해당하는 공사대금 중 미지급액은 당연히 선급금으로 충당되고 도급인은 나머지 공사대금이 있는 경우 그 금액에 한하여 지급할 의무를 부담하게 된다(대판 1999.12.7, 99다55519).

④ 수급인이 완공기한 내에 공사를 완성하지 못한 채 완공기한을 넘겨 도급계약이 해제된 경우에 있어서 그 지체상금 발생의 시기(始期)는 완공기한 다음날이고, 종기는 수급인이 공사를 중단하거나 기타 해제사유가 있어 도급인이 이를 해제할 수 있었을 때(현실로 도급계약을 해제한 때가 아니다)를 기준으로 하여 도급인이 다른 업자에게 의뢰하여 같은 건물을 완공할 수 있었던 시점이다(대판 1999.10.12, 99다14846).

03 위임

11 위임에 관한 다음 설명 중 옳지 않은 것은?

① 수임인은 특별한 약정이 없는 한 위임사무 완료 후 위임인에게 보수를 청구할 수 있다.

② 위임사무의 처리에 비용을 요하는 때에는 수임인은 비용의 선급을 청구할 수 있다.

③ 수임인이 위임사무의 처리에 관하여 필요비를 지출한 때에는 그 비용과 지출한 날 이후의 이자를 청구할 수 있다.

④ 수임인이 위임사무의 처리를 위하여 과실 없이 손해를 받은 때에는 위임인에 대하여 그 배상을 청구할 수 있다.

 해설 ① 위임은 무상계약이 원칙이다〈제686조 제1항〉.
② 제687조
③ 제688조 제1항
④ 제688조 제3항

12 다음 중 수임인의 권리 · 의무에 관한 설명으로 옳지 않은 것은?

① 수임인이 위임사무의 처리를 위하여 과실 없이 손해를 받은 때에는 위임인에 대하여 그 배상을 청구할 수 있다.

② 위임인의 승낙이나 부득이한 사유 없이 제3자로 하여금 자기에 갈음하여 위임사무를 처리하게 할 수 없다.

③ 위임사무의 처리로 인하여 받은 금전 기타의 물건 및 그 수취한 과실은 보수에 갈음하여 수임인이 취득할 권리가 있다.

④ 수임인이 위임인을 위하여 자기의 명의로 취득한 권리는 위임인에게 이전하여야 한다.

해설 ① 제688조 제3항
② 제682조 제1항
③ 위임인에게 인도하여야 한다〈제684조 제1항〉.
④ 제684조 제2항

Answer 10.① 11.① 12.③

13 위임의 효력에 관한 설명 중 옳지 않은 것은?

① 유상위임의 경우에 특약이 없는 한 보수의 지급은 후급으로 함이 원칙이다.

② 수임인은 위임인의 의사에 반하지 않는 범위 내에서 제3자로 하여금 위임사무를 처리하게 할 수 있다.

③ 위임사무의 처리에 비용을 요하는 때에는 위임인은 수임인의 청구에 의하여 이를 선급하여야 한다.

④ 수임인이 위임사무에 관하여 필요비를 지출한 때에는 위임인에 대하여 지출한 날 이후의 이자를 청구할 수 있다.

 ① 제686조 제2항
② 수임인은 위임인의 승낙이나 부득이한 사유 없이 제3자로 하여금 위임사무를 처리하게 할 수 없다(제682조 제1항).
③ 제687조
④ 제688조 제1항

CHAPTER

05 임치 · 현상광고 · 조합 · 종신정기금 · 화해

01 임치

1 다음 중 선량한 관리자의 주의의무를 지지 않는 자는?

① 무상수임인
② 유상수임인
③ 법인의 이사
④ 무상임치인

 해설 보수 없이 임치를 받은 자는 임치물을 자기의 재산과 동일한 주의로 보관하여야 한다.

2 다음 중 임치에 관한 설명으로 옳지 않은 것은?

① 기간의 약정이 없는 경우에는 수치인은 언제든지 계약을 해지할 수 있다.
② 기간의 약정이 있는 경우에도 임치인은 기간만료 전에 언제든지 계약을 해지할 수 있다.
③ 기간의 약정이 있는 경우 수치인은 부득이한 사유가 있는 경우에 한하여 계약을 해지할 수 있다.
④ 계약해지의 통고를 한 경우에는 일정 기간의 해지기간이 지나야 효력이 생긴다.

해설 ① 제699조
② 제698조 단서
③ 제698조 본문
④ 통고나 기간의 경과를 요하지 않는다.

3 임치의 효력에 관한 다음 설명 중 옳지 않은 것은?

① 유상임치의 경우 수치인의 반환의무와 임치인의 보수지급의무는 동시이행관계에 있다.

② 임치물에 대한 권리를 주장하는 제3자가 수치인에 대하여 소를 제기하거나 압류한 때에는 수치인은 지체없이 임치인에게 이를 통지하여야 한다.

③ 수치인은 자기의 재산과 동일한 주의의무를 부담하는 것이 원칙이나, 유상임치인 경우에는 선관주의의무를 부담하게 된다.

④ 임치물이 대체물일 때에는 동종·동질·동량의 것으로 반환할 수 있다.

> ✔ 해설 ① 유상계약에는 매매에 관한 규정이 준용되므로 양자는 동시이행의 관계에 있다고 할 수 있다(제597조, 제568조 제2항).
> ② 제696조
> ③ 제374조, 제695조
> ④ 수취인이 반환할 목적물은 특약이 없는 한 수취물 그 자체이고 전부 멸실한 때는 임치물 반환의무는 이행불능이 되며 대체물 임치라도 동종 회량의 물건을 인도할 의무는 없다(대판 1967.4.25, 67다2).

---

02 현상광고

4 다음 중 현상광고에 대한 설명으로 옳은 것은?

① 광고에 정한 행위를 완료한 자가 수인인 경우에는 그 행위를 먼저 완료한 자가 보수를 받을 권리가 있다.

② 광고에 정한 행위를 수인이 동시에 완료한 경우에는 추첨을 통하여 보수를 지급한다.

③ 광고에 완료기간이 정해졌을 지라도 그 기간만료 전에 광고를 철회할 수 있다.

④ 광고 있음을 알지 못하고 우연히 광고에 정한 행위를 완료한 경우에는 적용되지 않는다.

> ✔ 해설 ① 제676조 제1항
> ② 수인이 동시에 완료한 경우에는 각각 균등한 비율로 보수를 받을 권리가 있으나, 보수가 그 성질상 분할할 수 없거나 광고에 1인만이 보수를 받을 것으로 정한 때에는 추첨에 의하여 결정한다(제676조 제2항).
> ③ 광고에 그 지정한 행위의 완료기간을 정한 때에는 그 기간만료 전에 광고를 철회하지 못한다(제679조 제1항).
> ④ 광고 있음을 알지 못하고 광고에 정한 행위를 한 경우에도 적용된다(제677조).

5 다음 중 우수현상광고에 대한 설명으로 옳지 않은 것은?

① 우수현상광고는 응모기간을 정한 때에 한하여 그 효력이 있다.

② 우수의 판정은 광고중에 정한 자가 한다. 광고중에 판정자를 정하지 아니한 때에는 광고자가 판정한다.

③ 특별한 의사표시가 없는 한 우수한 자가 없다는 판정도 가능하다.

④ 응모자는 판정에 대해 이의를 제기하지 못한다.

> **✔해설** ① 제678조 제1항
> ② 제678조 제2항
> ③ 특별한 의사표시가 없는 한 우수한 자가 없다는 판정은 할 수 없다. 그러나 광고중에 다른 의사표시가 있거나 광고의 성질상 판정의 표준이 정하여져 있는 때에는 그러하지 아니하다〈제678조 제3항〉.
> ④ 제678조 제4항

03 조합

6 조합에 관한 다음 설명 중 옳은 것은?

① 출자재산은 금전 그 밖의 재산권에 한한다.

② 조합원의 출자 기타 조합재산은 조합원의 합유로 한다.

③ 조합의 부채에 대해 조합원은 자신의 재산으로 변제할 책임은 없다.

④ 조합계약을 해제한 경우에는 조합원은 원상회복의무를 부담한다.

> **✔해설** ① 출자는 금전 기타 재산 또는 노무로 할 수 있다〈제703조〉.
> ② 제704조
> ③ 조합의 부채는 동시에 조합원 각자의 부채로서, 조합원으로서 소유하는 재산(조합 재산) 이외에 각자의 개인 재산을 가지고서도 그 변제를 해야 할 책임이 있다〈제712조, 제713조〉.
> ④ 조합계약에 있어서는 조합의 해산청구를 하거나 조합으로부터 탈퇴를 하거나 또는 다른 조합원을 제명할 수 있을 뿐이지 일반계약에 있어서처럼 조합계약을 해제하고 상대방에게 그로 인한 원상회복의 의무를 부담지울 수는 없다(대판 1994.5.13. 94다7157).

7 조합의 업무집행에 관한 다음 설명 중 옳지 않은 것은?

① 업무집행은 조합원의 과반수로써 결정한다.

② 조합계약으로 업무집행자를 정하지 아니한 때에는 조합원의 3분의 2 이상의 찬성으로 이를 선임하며, 업무집행자의 과반수 찬성으로 업무를 집행한다.

③ 통상사무는 각 조합원 또는 각 업무집행자가 전행(專行)할 수 있지만, 다른 조합원 또는 다른 업무집행자가 이의가 있는 때에는 즉시 중지하여야 한다.

④ 조합업무를 집행하는 조합원은 그 업무집행의 대리권이 있다고 추정되지 않는다.

 해설 ① 제706조 제2항
② 제706조 제1항, 제2항
③ 제706조 제3항
④ 대리권이 있는 것으로 추정한다〈제709조〉.

8 다음 중 조합의 재산관계에 관한 설명으로 옳지 않은 것은?

① 조합에 대한 채무자는 그 채무와 조합원에 대한 채권으로 상계할 수 있다.

② 조합채무는 특별한 약정이 없는 한 각 조합원의 손실부담의 비율에 따라 분담되는 분할채무이다.

③ 조합지분은 조합원의 전원의 동의가 없는 한 처분할 수 없다.

④ 조합원은 조합재산의 분할을 청구할 수 없다.

해설 ① 조합의 채무자는 그 채무와 조합원에 대한 채권으로 상계하지 못한다〈제715조〉.
② 조합원이 연대책임을 부담키로 한 특약이 있는 경우를 제외하고는 채권발생 당시 조합원이 손실분담의 비율을 하는 때에는 그 비율에 의하여 만약 이를 알지 못한 때에는 각 조합원에 대하여 균일하게 그 권리를 행사할 수 있는 것이다(대판 1957.12.5, 4290민상508).
③ 제273조 제1항
④ 제273조 제2항

9 조합의 탈퇴에 관한 설명으로 옳지 않은 것은?

① 탈퇴하려는 자는 다른 조합원의 전원에 대한 의사표시로 해야 한다.

② 존속기간을 정하고 있지 않은 경우 각 조합원은 언제든지 탈퇴할 수 있다.

③ 조합에 불리한 시기에는 탈퇴할 수 없다.

④ 존속기간을 정하고 있는 경우에는 원칙적으로 그 기간 내에 탈퇴할 수 없다.

 ① 대판 1959.7.9, 4291민상668

② 제716조 본문

③ 부득이한 사유가 있는 경우에 한하여 탈퇴할 수 있다(제716조 단서).

④ 대판 1997.1.24, 96다26305

10 조합의 해산사유에 해당하지 않는 것은?

① 존속기간의 만료, 기타 조합계약에서 정한 해산사유의 발생

② 조합원 전원의 합의

③ 부득이한 사유로 인한 조합원의 해산청구

④ 조합원이 2인인 경우 그 중 1인의 탈퇴

 2인으로 된 조합관계에 있어 그 중 1인이 탈퇴하면 조합관계는 종료된다 할 것이나, 특별한 사정이 없는 한 조합은 해산되지 아니하고 따라서 청산이 뒤따르지 아니하며, 다만 조합원의 합유에 속한 조합재산은 남은 조합원의 단독소유에 속하며 탈퇴자와 남은 자 사이에는 탈퇴로 인한 계산을 하는 데 불과하다(대판 1987.11.24, 86다카2484).

11 다음 중 조합에 관한 판례의 태도와 다른 것은?

① 조합채무는 특별한 약정이 없는 한 각 조합원의 손실부담의 비율에 따라 분담되는 분할채무이다.

② 조합채무가 상행위로 인하여 부담하게 되었다면 조합원 전원은 연대채무를 부담한다.

③ 조합원이 사망하더라도 그 지분은 상속되지 않는다.

④ 조합의 해산에 관한 민법의 규정은 강행규정으로 이와 다른 약정은 무효이다.

해설 ① 대판 1957.12.5, 4290민상508

② 대판 1992.11.27, 92다30405

③ 대판 1996.12.10, 96다23238

④ 강행규정이 아니므로 당사자가 다른 내용의 특약을 한 경우 그 특약은 유효하다(대판 1998.12.8, 97다31472).

Answer 7.④ 8.① 9.③ 10.④ 11.④

04 종신정기금

12 종신정기금에 관한 다음 설명 중 옳지 않은 것은?

① 종신정기금은 일수로 계산한다.

② 종신정기금 채무자의 채무불이행이 있으면, 채권자는 이행의 최고 없이 원본의 반환을 청구함으로써 계약을 해제할 수 있다.

③ 종신정기금계약을 해제함으로써 발생하는 이미 수령한 정기금의 반환의무와 원본의 반환의무 및 손해배상의무는 동시이행의 관계에 있다.

④ 정기금채권자 또는 정기금 수익자의 사망이 정기금채무자의 책임 있는 사유에 의한 것이라도 정기금채권자 또는 그 상속인은 계약을 해지하고 손해배상을 청구할 수 있을 뿐이다.

> ✔ **해설** ① 제726조
> ② 제727조 제1항
> ③ 제728조
> ④ 상당한 기간 채권의 존속의 선고를 법원에 청구할 수 있다(제729조).

13 화해에 대한 설명 중 옳지 않은 것은?

① 화해계약은 착오를 이유로 취소할 수 없는 것이 원칙이다.
② 화해는 분쟁에 관하여 당사자 쌍방이 상호 양보하는 내용이어야 한다.
③ 화해계약은 당사자 일방이 양보한 권리가 소멸되고 상대방이 화해로 인하여 그 권리를 취득하는 효력이 있다.
④ 화해의 목적인 분쟁에 관하여 착오가 있는 경우에는 화해계약을 취소할 수 있다.

✔해설 ①④ 화해계약은 착오를 이유로 하여 취소하지 못한다. 그러나 화해당사자의 자격 또는 화해의 목적인 분쟁 이외의 사항에 착오가 있는 때에는 그러하지 아니하다(제733조).

14 화해에 관한 다음 설명 중 옳지 않은 것은?

① 화해는 창설적 효력을 가진다.
② 화해계약은 사기 · 강박, 착오를 이유로 취소할 수 있다.
③ 화해당사자의 자격 또는 화해의 목적인 분쟁 이외에 관한 사항에 착오가 있는 때에는 취소할 수 있다.
④ 화해는 계약이므로 해제할 수 있다.

✔해설 ① 제732조
②③ 제733조 참조

CHAPTER

06 사무관리 · 부당이익

01 사무관리

1 다음 중 사무관리에 관한 설명으로 옳지 않은 것은?

① 의무 없이 타인을 위하여 사무를 관리하는 자는 그 사무의 성질에 좇아 가장 본인에게 이익이 되는 방법으로 이를 관리하여야 한다.

② 본인의 의사를 알거나 알 수 있었을 때는 그 의사에 적합하도록 관리하여야 한다.

③ 관리자는 본인, 그 상속인이나 법정대리인이 그 사무를 관리하는 때까지 관리를 계속하여야 한다.

④ 관리자는 지출한 비용을 청구할 수 있으나, 유익비는 현존이익의 한도 내에서만 청구할 수 있다.

✔ **해설** ① 제734조 제1항
② 제734조 제2항
③ 제737조
④ 사무관리가 본인의 의사에 반하지 않는 경우에는 관리자가 지출한 필요비와 유익비 전액을 청구할 수 있다〈제739조 제1항〉.

2 사무관리에 대한 다음 설명 중 가장 옳지 않은 것은? (다툼이 있는 경우 판례에 의함)

① 의무 없이 타인의 사무를 처리한 자는 그 타인에 대하여 민법상 사무관리 규정에 따라 비용상환 등을 청구할 수 있으나, 제3자와의 약정에 따라 타인의 사무를 처리한 경우에는 의무 없이 타인의 사무를 처리한 것이 아니므로 이는 원칙적으로 그 타인과의 관계에서는 사무관리가 된다고 볼 수 없다.

② 사무관리가 성립하기 위하여는 우선 그 사무가 타인의 사무이고 타인을 위하여 사무를 처리하는 의사, 즉 관리의 사실상의 이익을 타인에게 귀속시키려는 의사가 있어야 하며, 나아가 그 사무의 처리가 본인에게 불리하거나 본인의 의사에 반한다는 것이 명백하지 아니할 것을 요한다. 여기에서 '타인을 위하여 사무를 처리하는 의사'는 관리자 자신의 이익을 위한 의사와 병존할 수 있고, 반드시 외부적으로 표시될 필요가 없으며, 사무를 관리할 당시에 확정되어 있을 필요가 없다.

③ 의무 없이 타인을 위하여 사무를 관리한 자는 타인에 대하여 민법상 사무관리 규정에 따라 비용상환 등을 청구할 수 있는 외에 사무관리에 의하여 결과적으로 사실상 이익을 얻은 제3자에 대하여 제3자에 대하여 직접 부당이득반환을 청구할 수 없다.

④ 관리자가 처리한 사무의 내용이 관리자와 제3자 사이에 체결된 계약상의 급부와 그 성질이 동일하다고 하더라도 관리자가 위 계약상 약정된 급부를 모두 이행한 후 본인과의 사이에 별도의 계약이 체결될 것을 기대하고 사무를 처리한 경우, 사무관리 의사가 있다고 볼 수 없다.

✔ 해설 ① 대판 2013.9.26, 2012다43539
② 대판 2013.8.22, 2013다30882
③ 계약상 급부가 계약 상대방뿐 아니라 제3자에게 이익이 된 경우에 급부를 한 계약당사자는 계약 상대방에 대하여 계약상 반대급부를 청구할 수 있는 이외에 제3자에 대하여 직접 부당이득반환청구를 할 수는 없다고 보아야 하고, 이러한 법리는 급부가 사무관리에 의하여 이루어진 경우에도 마찬가지이다. 따라서 의무 없이 타인을 위하여 사무를 관리한 자는 타인에 대하여 민법상 사무관리 규정에 따라 비용상환 등을 청구할 수 있는 외에 사무관리에 의하여 결과적으로 사실상 이익을 얻은 다른 제3자에 대하여 직접 부당이득반환을 청구할 수는 없다(대판 2013.6.27, 2011다17106).
④ 사무관리가 성립하기 위해서는 관리자가 법적인 의무 없이 타인의 사무를 관리해야 하는바, 관리자가 처리한 사무의 내용이 관리자와 제3자 사이에 체결된 계약의 급부와 그 성질이 동일하다고 하더라도, 관리자가 위 계약상 약정된 급부를 모두 이행한 후 본인과의 사이에 별도의 계약이 체결될 것을 기대하고 사무를 처리하였다면 그 사무는 위 약정된 의무의 범위를 벗어나 이루어진 것으로서 법률상 의무 없이 사무를 처리한 것이며, 이 경우 특별한 사정이 없는 한 그 사무처리로 인한 사실상의 이익을 본인에게 귀속시키려는 의사, 즉 타인을 위하여 사무를 처리하는 의사가 있다고 봄이 상당하다(대판 2010.1.14, 2007다55477).

3 사무관리에 관한 다음 설명 중 옳지 않은 것은?

① 본인이 누구인지 모르거나 착오를 하였어도 사무관리는 성립한다.
② 유실물 습득자가 유실물법에 따라 습득물을 신고하기까지 그 물건을 관리하는 행위도 사무관리라 할 수 있다.
③ 긴급사무관리의 경우 관리자가 선의이면 이로 인한 손해를 배상할 책임이 없다.
④ 사무관리자에게는 보수청구권이 있다.

> ✔해설 ③ 관리자가 타인의 생명, 신체, 명예 또는 재산에 대한 급박한 위해를 면하게 하기 위하여 그 사무를 관리한 때에는 고의나 중대한 과실이 없으면 이로 인한 손해를 배상할 책임이 없다(제735조).
> ④ 사무관리자에게는 보수청구권이 없다.

---

02 부당이득

4 부당이득에 관한 설명 중 옳지 않은 것은?

① 선의의 수익자는 그 받은 이익이 현존한 한도에서, 악의의 수익자는 그 받은 이익에 이자를 붙여 반환하여야 한다.
② 변제기에 있지 아니한 채무를 변제한 때에는 그 반환을 청구하지 못한다. 그러나 채무자가 착오로 인하여 변제한 때에는 채권자는 이로 인하여 얻은 이익을 반환하여야 한다.
③ 채무 없음을 알고 이를 변제한 때에는 그 반환을 청구하지 못한다.
④ 불법원인이 수익자에게만 있는 경우라도 불법원인급여의 반환을 청구할 수 없다.

> ✔해설 ① 제748조
> ② 제743조
> ③ 제742조
> ④ 불법의 원인으로 인하여 재산을 급여하거나 노무를 제공한 때에는 그 이익의 반환을 청구하지 못한다. 그러나 그 불법원인이 수익자에게만 있는 때에는 그러하지 아니하다(제746조).

5 부당이득에 관한 설명으로 옳지 않은 것은?

① 수익자가 이익을 받은 후 법률상 원인 없음을 안 때에는 그때부터 악의의 수익자로서 책임을 진다.

② 선의의 수익자가 패소한 때에는 그 패소한 때로부터 악의의 수익자로 본다.

③ 수익자의 선·악의 여부는 반환범위와 손해배상책임에 영향을 준다.

④ 이득이 상대방의 손실보다 많은 경우 반환범위는 손실의 범위로 제한된다.

> ✔ 해설 ① 제749조 제1항
> ② 패소한 때에는 소제기시부터 악의의 수익자로 본다(제749조 제2항).
> ③ 제748조
> ④ 부당이득제도는 손실자의 손해를 전보함으로써 공평의 원칙을 유지하려는 것이므로 반환범위는 손실의 범위를 한도로 한다.

6 다음 설명 중 부당이득에 관한 판례의 태도와 다른 것은?

① 불법원인급여에 의한 반환청구의 금지는 채권으로서의 부당이득을 이유로 하는 경우를 주로 예정하고 있지만, 이것은 소유권을 이유로 한 경우에는 적용되지 않는다.

② 부당이득은 현재의 부당이득뿐만 아니라 장래의 부당이득도 그 이행기에 지급을 기대할 수 없어 미리 청구할 필요가 있으면 미리 청구할 수 있다.

③ 부당이득반환채무는 기한의 정함이 없는 채무이므로 수익자는 이행청구를 받은 때로부터 지체책임을 진다.

④ 불법원인급여에 있어서 수익자의 불법성이 급여자의 불법성보다 현저히 큰 경우, 급여자의 부당이득반환청구가 허용된다.

> ✔ 해설 ① 민법 제746조는 단지 부당이득제도만을 제한하는 것이 아니라 동법 제103조와 함께 사법의 기본이념으로서, 결국 사회적 타당성이 없는 행위를 한 사람은 스스로 불법한 행위를 주장하여 복구를 그 형식 여하에 불구하고 소구할 수 없다는 이상을 표현한 것이므로, 급여를 한 사람은 그 원인행위가 법률상 무효라 하여 상대방에게 부당이득반환청구를 할 수 없음은 물론 급여한 물건의 소유권은 여전히 자기에게 있다고 하여 소유권에 기한 반환청구도 할 수 없고, 따라서 급여한 물건의 소유권은 급여를 받은 상대방에게 귀속된다(대판 1979.11.13. 79다483).
> ② 대판 1975.4.22. 74다1184
> ③ 대판 1996.12.10. 96다32881
> ④ 대판 1997.10.24. 95다49530, 49547

7 부당이득에 관한 다음 설명 중 옳지 않은 것은? (다툼이 있는 경우 판례에 의함)

① 계약의 일방 당사자가 계약 상대방의 지시 등으로 급부과정을 단축하여 계약 상대방과 또 다른 계약관계를 맺고 있는 제3자에게 직접 급부한 경우, 계약의 일방 당사자는 제3자를 상대로 법률상 원인 없이 급부를 수령하였다는 이유로 부당이득반환청구를 할 수 없다.

② 부동산 실권리자명의 등기에 관한 법률 시행 후에 계약명의신탁약정이 이루어진 경우에는, 명의수탁자가 명의신탁자에게 반환하여야 할 부당이득의 대상은 당해 부동산 자체가 아니라 명의신탁자로부터 제공받은 매수자금이다.

③ 법률상 원인 없이 타인의 재산 또는 노무로 인하여 이익을 얻고 그로 인하여 타인에게 손해를 가한 경우, 그 취득한 것이 금전상의 이득인 때에는 그 금전은 이를 취득한 자가 소비하였는가의 여부를 불문하고 현존하는 것으로 추정된다.

④ 현금으로 계좌송금 또는 계좌이체가 된 경우에는 예금원장에 입금의 기록이 된 때에 예금이 된다고 예금거래기본약관에 정하여져 있을 뿐이고, 수취인과 은행 사이의 예금계약의 성립 여부를 송금의뢰인과 수취인 사이에 계좌이체의 원인인 법률관계가 존재하는지 여부에 의하여 좌우되도록 한다고 별도로 약정하였다는 등의 특별한 사정이 없는 경우, 송금의뢰인과 수취인 사이에 계좌이체의 원인이 되는 법률관계가 존재하지 아니함에도 송금의뢰인이 수취인의 예금계좌에 계좌이체를 하였다면, 송금의뢰인은 수취은행에 대하여 부당이득을 근거로 하여 이체금액 상당액의 반환을 청구할 수 있다.

 ① 대판 2003.12.26, 2001다46730
② 대판 2005.1.28, 2002다66922
③ 대판 1987.8.18, 87다카768
④ 송금의뢰인과 수취인 사이에 계좌이체의 원인이 되는 법률관계가 존재하지 않음에도 불구하고, 계좌이체에 의하여 수취인이 계좌이체금액 상당의 예금채권을 취득한 경우에는, 송금의뢰인은 수취인에 대하여 위 금액 상당의 부당이득반환청구권을 가지게 되지만, 수취은행은 이익을 얻은 것이 없으므로 수취은행에 대하여는 부당이득반환청구권을 취득하지 아니한다(대판 2007.11.29, 2007다51239).

8 부당이득의 반환범위에 관한 설명 중 옳지 않은 것은?

① 선의의 수익자는 그 받은 이익이 현존하는 한도에서 반환의 책임이 있다.
② 악의의 수익자는 그 받은 이익에 이자를 붙여 반환할 책임이 있다.
③ 수익자의 선·악을 불문하고 손해가 있는 때에는 그 손해도 배상하여야 한다.
④ 원물반환이 원칙이며, 원물반환이 불가능한 경우에 한하여 가액반환을 한다.

 ① 제748조 제1항
② 제748조 제2항
③ 악의의 수익자인 경우에 손해배상책임이 있다(제748조 제2항).
④ 제747조

9 불법원인급여에 관한 설명 중 옳지 않은 것은? (다툼이 있는 경우 판례에 의함)

① 불법의 원인이 수익자에게만 있는 경우에는 그 이익의 반환을 청구할 수 있다.

② 도박자금채무의 담보를 위하여 근저당권설정등기가 경료된 경우 불법원인급여이므로 등기설정자는 그 근저당권설정등기의 말소를 구할 수 없다.

③ 부동산 실권리자명의 등기에 관한 법률에 위반되어 무효인 명의신탁약정에 기하여 경료된 타인 명의의 등기는 불법원인급여에 해당하지 않는다.

④ 성매매의 유인·강요의 수단으로 제공한 선불금 등은 불법원인급여에 해당한다.

> ✔ 해설 ① 민법 제746조 단서.
> ② 민법 제746조에서 불법의 원인으로 인하여 급여함으로써 그 반환을 청구하지 못하는 이익은 종국적인 것을 말한다. 도박자금으로 금원을 대여함으로 인하여 발생한 채권을 담보하기 위한 근저당권설정등기가 경료되었을 뿐인 경우와 같이 수령자가 그 이익을 향수하려면 경매신청을 하는 등 별도의 조치를 취하여야 하는 경우에는, 그 불법원인급여로 인한 이익이 종국적인 것이 아니므로 등기설정자는 무효인 근저당권설정등기의 말소를 구할 수 있다(대판 1995.8.11, 94다54108).
> ③ 부동산 실권리자명의 등기에 관한 법률이 규정하는 명의신탁약정은 부동산에 관한 물권의 실권리자가 타인과의 사이에서 대내적으로는 실권리자가 부동산에 관한 물권을 보유하거나 보유하기로 하고 그에 관한 등기는 그 타인의 명의로 하기로 하는 약정을 말하는 것일 뿐, 그 자체로 선량한 풍속 기타 사회질서에 위반하는 경우에 해당한다고 단정할 수 없을 뿐만 아니라, 위 법률이 비록 부동산등기제도를 악용한 투기·탈세·탈법행위 등 반사회적 행위를 방지하는 것 등을 목적으로 제정되었다고 하더라도, 무효인 명의신탁약정에 기하여 타인 명의의 등기가 마쳐졌다는 이유만으로 그것이 당연히 불법원인급여에 해당한다고 볼 수 없다(대판 2014.7.10, 2013다74769).
> ④ 성매매 및 성매매알선 등 행위는 선량한 풍속 기타 사회질서에 반하여 성매매 할 사람을 고용함에 있어 성매매의 권유·유인·강요의 수단으로 이용되는 선불금 등 명목으로 제공한 금품이나 그 밖의 재산상 이익 등은 불법원인급여로서 반환을 청구할 수 없는바, 성매매알선 등 행위에 관하여 동업계약을 체결한 당사자 일방이 상대방에게 그 동업계약에 따라 성매매의 권유·유인·강요의 수단으로 이용되는 선불금 등 명목으로 사업자금을 제공하였다면 그 사업자금 역시 불법원인급여에 해당하여 반환을 청구할 수 없다(대판 2013.8.14, 2013도321).

10 불법원인급여에 관한 다음 설명 중 옳은 것은? (판례에 의함)

① 불법이란 선량한 풍속 기타 사회질서, 강행법규에 위반하는 것을 말한다.

② 불법원인급여에서 급여는 재산상 가치 있는 종국적인 것이어야 한다.

③ 불법원인급여에 의한 반환청구의 금지는 채권으로서의 부당이득을 이유로 하는 경우를 주로 예정하고 있으므로, 이것은 소유권을 이유로 한 경우에도 동일하게 적용되지 않는다.

④ 불법원인급여의 당사자 간에 급여된 목적물을 반환하겠다는 특약을 하였다면 그 특약은 유효하다.

> **✔해설** ① 불법원인급여의 경우에 불법원인이라 함은 그 원인은 행위가 선량한 풍속 기타 사회질서에 위반하는 경우를 말하는 것으로서 설사 법률의 금지함에 반하는 경우라 할지라도 그것이 선량한 풍속 기타 사회질서에 위반하지 않는 경우에는 이에 해당하지 않는 것이라 할 것인 바 강행법규 위반이 곧 불법원인급여에 상당하다는 논리는 채용할 수 없다(대판 1960.12.27, 4293민상359).
>
> ② 대판 1994.12.22, 93다55234
>
> ③ 민법 제746조는 단지 부당이득제도만을 제한하는 것이 아니라 동법 제103조와 함께 사법의 기본이념으로서, 결국 사회적 타당성이 없는 행위를 한 사람은 스스로 불법한 행위를 주장하여 복구를 그 형식 여하에 불구하고 소구할 수 없다는 이상을 표현한 것이므로, 급여를 한 사람은 그 원인행위가 법률상 무효라 하여 상대방에게 부당이득반환청구를 할 수 없음은 물론 급여한 물건의 소유권은 여전히 자기에게 있다고 하여 소유권에 기한 반환청구도 할 수 없고 따라서 급여한 물건의 소유권은 급여를 받은 상대방에게 귀속된다(대판 1979.11.13, 79다483).
>
> ④ 본조는 불법원인급여자의 수령자에 대한 급여물반환청구를 법률상 보호하지 않는데 그 입법의 취지가 있는 것일 뿐이므로 그 수령자가 임의로 급여된 물건이나 이에 가름하여 다른 물건을 급여자에게 반환하는 것까지를 선량한 풍속 기타의 사회질서에 위배된다고 하는 취지가 아니나 그 소위 임의반환은 현실적인 반환을 하였을 경우를 이르는 것으로서 반환에 관한 약정과 같이 그 약정의 이행청구에 있어 약정의 원인이 된 당초의 불법원인급여에 관한 사실을 주장하게 되는 경우까지를 말하는 것이 아니다(대판 1964.10.27, 64다798, 799).

CHAPTER 07 불법행위

01 불법행위 일반

1 불법행위에 대한 다음 설명 중 가장 옳지 않은 것은?

① 영업상의 명의를 대여하고 있는 경우 명의대여자는 사용자책임을 부담하지 않는다.

② 가처분 집행채권자가 본안소송에서 패소확정하였다면 그 가처분으로 인하여 채무자가 입은 손해에 대하여는 채권자에게 과실이 없다는 반증이 없는 한 배상할 책임이 있다는 것이 판례이다.

③ 사용자책임에 있어서의 사용관계는 비단 고용관계가 있는 경우에 한하지 않고, 동업관계라 하더라도 업무집행에 관하여 지휘·감독하에 집무하는 관계가 있으면 사용관계가 인정된다.

④ 고의·과실은 불법행위의 적극적인 성립요건이므로 그 입증책임은 불법행위의 성립을 주장하는 피해자가 부담한다.

> ✔ **해설**　① 명의대여자는 명의차용자 내지는 그의 피용자에 대한 지휘·감독관계가 인정되므로 사용자책임을 진다(대판 1964.4.7, 63다638).
> ② 대판 1980.2.26, 79다2138, 2139
> ③ 대판 1998.8.21, 97다13702
> ④ 고의·과실에 대한 입증책임은 추정되지 않으며, 피해자가 가해자의 고의·과실을 입증해야 한다.

2 공동불법행위에 관한 다음 설명 중 가장 옳지 않은 것은? (다툼이 있는 경우 판례에 의함)

① 공동불법행위의 성립에는 객관적으로 각 공동불법행위자의 행위에 관련공동성이 있으면 되고, 공동불법행위자 상호 간 의사의 공통이나 공동의 인식은 필요하지 않다.

② 공동불법행위자 중 과실이 없는 자, 즉 내부적인 부담 부분이 전혀 없는 자가 다른 수인의 공동불법행위자에 대하여 구상권을 행사하는 경우, 특별한 사정이 없는 한 다른 공동불법행위자들의 구상권자에 대한 채무는 각자의 부담부분에 따른 분할채무로 보는 것이 타당하다.

③ 과실에 의하여 불법행위를 방조한 경우도 공동불법행위가 성립한다.

④ 갑(甲)과 을(乙)이 공동불법행위자인 경우, 갑(甲)이 고의로 불법행위를 행한 자라고 하더라도 과실로 불법행위를 행한 을(乙)은 피해자의 과실을 들어 그 책임을 제한할 수 있다.

> **✔ 해설** ① 대판 1988.4.12, 87다카2951
>
> ② 공동불법행위자 중 1인에 대하여 구상의무를 부담하는 다른 공동불법행위자가 수인인 경우에는 특별한 사정이 없는 이상 그들의 구상권자에 대한 채무는 각자의 부담 부분에 따른 분할채무로 봄이 상당하지만, 구상권자인 공동불법행위자측에 과실이 없는 경우, 즉 내부적인 부담 부분이 전혀 없는 경우에는 이와 달리 그에 대한 수인의 구상의무 사이의 관계를 부진정연대관계로 봄이 상당하다(대판 2005.10.13, 선고 2003다24147).
>
> ③ 민법 제760조 제3항은 교사자나 방조자는 공동행위자로 본다고 규정하여 교사자나 방조자에게 공동불법행위자로서 책임을 부담시키고 있는바, 방조라 함은 불법행위를 용이하게 하는 직접, 간접의 모든 행위를 가리키는 것으로서 작위에 의한 경우뿐만 아니라 작위의무 있는 자가 그것을 방지하여야 할 제반 조치를 취하지 아니하는 부작위로 인하여 불법행위자의 실행행위를 용이하게 하는 경우도 포함하는 것이고, 이러한 불법행위의 방조는 형법과 달리 손해의 전보를 목적으로 하여 과실을 원칙적으로 고의와 동일시하는 민법의 해석으로서는 과실에 의한 방조도 가능하다고 할 것이며, 이 경우의 과실의 내용은 불법행위에 도움을 주지 않아야 할 주의의무가 있음을 전제로 하여 이 의무에 위반하는 것을 말하고, 방조자에게 공동불법행위자로서의 책임을 지우기 위하여는 방조행위와 피방조자의 불법행위 사이에 상당인과관계가 있어야 한다(대판 1998.12.23, 98다31264).
>
> ④ 피해자의 부주의를 이용하여 고의로 불법행위를 저지른 자가 바로 그 피해자의 부주의를 이유로 자신의 책임을 감하여 달라고 주장하는 것은 허용될 수 없으나, 이는 그러한 사유가 있는 자에게 과실상계의 주장을 허용하는 것이 신의칙에 반하기 때문이므로, 불법행위자 중의 일부에게 그러한 사유가 있다고 하여 그러한 사유가 없는 다른 불법행위자까지도 과실상계의 주장을 할 수 없다고 해석할 것은 아니다(대판 2007.6.14., 2005다32999).

3   공동불법행위에 관한 다음 설명 중 옳지 않은 것은? (다툼이 있는 경우 판례에 의함)

① 법원이 피해자의 과실을 들어 과실상계를 함에 있어서는 공동불법행위자 각인에 대한 과실비율이 서로 다르더라도 피해자의 과실을 공동불법행위자 각인에 대한 과실로 개별적으로 평가할 것이 아니고 그들 전원에 대한 과실로 전체적으로 평가하여야 한다.

② 공동불법행위자 중 1인이 자기의 부담 부분 이상을 변제하여 공동의 면책을 얻게 하였을 때에는 다른 공동불법행위자에게 그 부담 부분의 비율에 따라 구상권을 행사할 수 있다.

③ 공동불법행위책임에 있어서 가해자 중 1인이 다른 가해자에 비하여 불법행위에 가공한 정도가 경한 경우 피해자에 대한 관계에서 그 가해자의 책임 범위를 제한할 수 있다.

④ 공동 아닌 수인(數人)의 행위 중 어느 자의 행위가 그 손해를 가한 것인지를 알 수 없는 경우에는 각각의 행위와 손해 발생 사이의 상당인과관계가 법률상 추정된다.

✔해설 ① 공동불법행위책임은 가해자 각 개인의 행위에 대하여 개별적으로 그로 인한 손해를 구하는 것이 아니라 가해자들이 공동으로 가한 불법행위에 대하여 그 책임을 추궁하는 것으로, 법원이 피해자의 과실을 들어 과실상계를 함에 있어서는 피해자의 공동 불법행위자 각인에 대한 과실비율이 서로 다르더라도 피해자의 과실을 공동불법행위자 각인에 대한 과실로 개별적으로 평가 할 것이 아니고 그들 전원에 대한 과실로 전체적으로 평가하여야 한다(대판 2013.11.14, 2011다82063).
② 공동불법행위자의 1인을 피보험자로 하는 보험계약의 보험자가 보험금을 지급하고 상법 제682조에 의하여 취득하는 피보험 자의 다른 공동불법행위자에 대한 구상권은 피보험자의 부담 부분 이상을 변제하여 공동의 면책을 얻게 하였을 때에 다른 공동불법행위자의 부담 부분의 비율에 따른 범위에서 성립하는 것이고, 공동불법행위자들과 각각 보험계약을 체결한 보험자 들은 각자 그 공동불법행위의 피해자에 대한 관계에서 상법 제724조 제2항에 의한 손해배상채무를 직접 부담하는 것이므로, 이러한 관계에 있는 보험자가 그 부담 부분을 넘어 피해자에게 손해배상금을 보험금으로 지급함으로써 공동불법행위자들의 보험자들이 공동면책되었다면 그 손해배상금을 지급한 보험자는 다른 공동불법행위자들의 보험자들이 부담하여야 할 부분에 대하여 직접 구상권을 행사할 수 있다(대판 2009.12.24, 2009다53499).
③ 공동불법행위로 인한 손해배상책임의 범위는 피해자에 대한 관계에서 가해자들 전원의 행위를 전체적으로 함께 평가하여 정하여야 하고, 그 손해배상액에 대하여는 가해자 각자가 그 금액의 전부에 대한 책임을 부담하며, 가해자의 1인이 다른 가해 자에 비하여 불법행위에 가공한 정도가 경미하다고 하더라도 피해자에 대한 관계에서 그 가해자의 책임 범위를 위와 같이 정하여진 손해배상액의 일부로 제한하여 인정할 수는 없다(대판 2012.8.17, 2012다30892).
④ 민법 제760조 제2항은 여러 사람의 행위가 경합하여 손해가 생긴 경우 중 같은 조 제1항에서 말하는 공동의 불법행위로 보 기에 부족할 때, 입증책임을 덜어줌으로써 피해자를 보호하려는 입법정책상의 고려에 따라 각각의 행위와 손해 발생 사이의 인과관계를 법률상 추정한 것이므로, 이러한 경우 개별 행위자가 자기의 행위와 손해 발생 사이에 인과관계가 존재하지 아니 함을 증명하면 면책되고, 손해의 일부가 자신의 행위에서 비롯된 것이 아님을 증명하면 배상책임이 그 범위로 감축된다. 차 량 등의 3중 충돌사고로 사망한 피해자가 그 중 어느 충돌사고로 사망하였는지 정확히 알 수 없는 경우, 피해자가 입은 손 해는 민법 제760조 제2항에서 말하는 가해자 불명의 공동불법행위로 인한 손해에 해당하여 위 충돌사고 관련자들의 각각의 행위와 위 손해 발생 사이의 상당인과관계가 법률상 추정되므로, 그 중 1인이 위 법조항에 따른 공동불법행위자로서의 책임 을 면하려면 자기의 행위와 위 손해 발생 사이에 상당인과관계가 존재하지 아니함을 적극적으로 주장·입증하여야 한다(대판 2008.4.10, 2007다76306).

Answer   2.② 3.③

4 불법행위에 관한 설명 중 옳은 것은?

① 미성년자는 어떠한 경우에도 책임능력이 인정되지 아니한다.

② 불법행위로 인한 손해배상의 청구권은 불법행위가 있은 날로부터 3년을 경과하면 시효로 소멸한다.

③ 타인의 생명을 해한 경우에 피해자의 배우자는 피해자의 손해배상청구권의 상속권자로서 손해배상청구를 할 수 있을 뿐, 독자적으로 손해배상청구를 할 수 없다.

④ 손해배상 의무자는 그 손해가 고의 또는 중대한 과실에 의한 것이 아니고 그 배상으로 인하여 배상자의 생계에 중대한 영향을 미치게 할 경우에는 법원에 그 배상액의 경감을 청구할 수 있다.

 ① 미성년자가 타인에게 손해를 가한 경우에 그 행위의 책임을 변식할 지능이 없는 때에는 배상의 책임이 없다(제753조).
② 불법행위로 인한 손해배상의 청구권은 피해자나 그 법정대리인이 그 손해 및 가해자를 안 날로부터 3년간 이를 행사하지 아니하거나 불법행위를 한 날로부터 10년을 경과한 때 시효로 인하여 소멸한다(제766조).
③ 유족으로서의 고유의 위자료청구권과 상속받은 위자료청구를 함께 행사할 수 있다(제752조).
④ 제765조 제1항

5 다음 설명 중 가장 옳지 않은 것은? (다툼이 있는 경우 판례에 의함)

① 의사의 환자에 대한 설명의무가 수술 시에만 한하지 않고, 검사, 진단, 치료 등의 진료의 모든 단계에서 각각 발생한다.

② 설명의무 위반으로 인하여 지급할 의무가 있는 위자료에는, 설명의무 위반이 인정되지 않은 부분과 관련된 자기결정권 상실에 따른 정신적 고통을 위자하는 금액 또는 중대한 결과의 발생 자체에 따른 정신적 고통을 위자하는 금액 등은 포함되지 아니한다고 보아야 한다.

③ 시술하고자 하는 미용성형 수술이 의뢰인이 원하는 구체적 결과를 모두 구현할 수 있는 것이 아니고 그 일부만을 구현할 수 있는 것이라면 그와 같은 내용 등을 상세히 설명하여 의뢰인으로 하여금 그 성형술을 시술받을 것인지를 선택할 수 있도록 할 의무가 있다.

④ 의사의 설명의무 위반을 이유로 환자에게 발생한 중대한 결과로 인한 모든 손해의 배상을 청구하는 경우에는, 설명의무 위반과 중대한 결과 사이에 조건적 인과관계가 있으면 충분하고 상당인과관계까지 존재하여야 하는 것은 아니다.

✔해설 ①② 의사의 환자에 대한 설명의무가 수술 시에만 한하지 않고, 검사, 진단, 치료 등 진료의 모든 단계에서 각각 발생한다 하더라도, 설명의무 위반에 대하여 의사에게 위자료 등의 지급의무를 부담시키는 것은 의사가 환자에게 제대로 설명하지 아니한 채 수술 등을 시행하여 환자에게 예기치 못한 중대한 결과가 발생하였을 경우에 의사가 그 행위에 앞서 환자에게 질병의 증상, 치료나 진단방법의 내용 및 필요성과 그로 인하여 발생이 예상되는 위험성 등을 설명하여 주었더라면 환자가 스스로 자기결정권을 행사하여 그 의료행위를 받을 것인지를 선택함으로써 중대한 결과의 발생을 회피할 수 있었음에도 불구하고 의사가 설명을 하지 아니하여 그 기회를 상실하게 된 데에 따른 정신적 고통을 위자하는 것이므로, 설명의무 위반으로 인하여 지급할 의무가 있는 위자료에는, 설명의무 위반이 인정되지 않은 부분과 관련된 자기결정권 상실에 따른 정신적 고통을 위자하는 금액 또는 중대한 결과의 발생 자체에 따른 정신적 고통을 위자하는 금액 등은 포함되지 아니한다고 보아야 한다(대판 2013.4.26. 2011다29666).

③ 미용성형술은 외모상의 개인적인 심미적 만족감을 얻거나 증대할 목적에서 이루어지는 것으로서 질병 치료 목적의 다른 의료행위에 비하여 긴급성이나 불가피성이 매우 약한 특성이 있으므로 이에 관한 시술 등을 의뢰받은 의사로서는 의뢰인 자신의 외모에 대한 불만감과 의뢰인이 원하는 구체적 결과에 관하여 충분히 경청한 다음 전문적 지식에 입각하여 의뢰인이 원하는 구체적 결과를 실현시킬 수 있는 시술법 등을 신중히 선택하여 권유하여야 하고, 당해 시술의 필요성, 난이도, 시술 방법, 당해 시술에 의하여 환자의 외모가 어느 정도 변화하는지, 발생이 예상되는 위험, 부작용 등에 관하여 의뢰인의 성별, 연령, 직업, 미용성형시술의 경험 여부 등을 참조하여 의뢰인이 충분히 이해할 수 있도록 상세한 설명을 함으로써 의뢰인이 필요성이나 위험성을 충분히 비교해 보고 시술을 받을 것인지를 선택할 수 있도록 할 의무가 있다. 특히 의사로서는 시술하고자 하는 미용성형 수술이 의뢰인이 원하는 구체적 결과를 모두 구현할 수 있는 것이 아니라 일부만을 구현할 수 있는 것이라면 그와 같은 내용 등을 상세히 설명하여 의뢰인에게 성형시술 받을 것인지를 선택할 수 있도록 할 의무가 있다(대판 2013.6.13, 2012다94865).

④ 의사가 설명의무를 위반한 채 수술 등을 하여 환자에게 중대한 결과가 발생한 경우에 환자 측에서 선택의 기회를 잃고 자기결정권을 행사할 수 없게 된 데 대한 위자료만을 청구하는 경우에는 의사의 설명 결여 내지 부족으로 인하여 선택의 기회를 상실하였다는 점만 입증하면 족하고, 설명을 받았더라면 중대한 결과는 생기지 않았을 것이라는 관계까지 입증하여야 하는 것은 아니지만, 그 결과로 인한 모든 손해의 배상을 청구하는 경우에는 그 중대한 결과와 의사의 설명의무 위반 내지 승낙취득 과정에서의 잘못과 사이에 상당인과관계가 존재하여야 하며, 그때의 의사의 설명의무 위반은 환자의 자기결정권 내지 치료행위에 대한 선택의 기회를 보호하기 위한 점에 비추어 환자의 생명, 신체에 대한 구체적 치료과정에서 요구되는 의사의 주의의무 위반과 동일시할 정도의 것이어야 한다(대판 2013.4.26, 2011다29666).

6 채무불이행과 불법행위의 차이에 관한 다음 설명 중 옳지 않은 것은?

① 채무불이행에 기한 손해배상청구권의 소멸시효기간은 10년이지만, 불법행위에 기한 손해배상청구권은 3년의 단기소멸시효에 걸린다.

② 채무불이행, 불법행위에 기한 손해배상청구권은 모두 배상액의 예정이 가능하다.

③ 양자에 기한 손해배상청구의 범위는 원칙적으로 동일하다.

④ 채무불이행책임에 있어서는 특약에 의한 책임요건의 변경이 가능하지만, 불법행위책임에 있어서는 특약에 의해 책임요건이 변경될 수 없다.

✔해설 ① 제162조 제1항, 제766조
② 불법행위에 기한 손해배상청구권의 배상액 예정은 할 수 없다(제398조 제1항).
④ 불법행위는 우연에 의해 발생하게 되는 법률관계이므로 미리 특약에 의해 책임요건의 변경을 예정할 수는 없다.

7 손해배상의 범위에 관한 다음 설명 중 옳지 않은 것은? (다툼이 있는 경우 판례에 의함)

① 공사도급계약의 도급인이 될 자가 수급인을 선정하기 위해 입찰을 실시하여 낙찰자를 결정한 이후 정당한 이유 없이 낙찰자에 대하여 본계약의 체결을 거절하는 경우, 낙찰자는 입찰실시자에 대하여 예약채무불이행을 이유로 한 손해배상을 청구할 수 있고, 이 때 낙찰자가 본계약의 체결 및 이행을 통하여 얻을 수 있었던 이익, 즉 이행이익 상실의 손해는 통상의 손해에 해당한다.

② 채무불이행을 이유로 계약해제와 아울러 손해배상을 청구하는 경우 이행이익의 배상을 구하는 것이 원칙이나, 다만 일정한 경우에는 이행이익의 배상과 함께 그 계약이 이행되리라고 믿고 채권자가 지출한 비용 즉 신뢰이익의 배상도 구할 수 있다.

③ 채무불이행을 이유로 계약해제와 아울러 손해배상으로 계약이 이행되리라고 믿고 채권자가 지출한 비용 즉 신뢰이익의 배상을 구하는 경우 그 신뢰이익 중 계약의 체결과 이행을 위하여 통상적으로 지출되는 비용은 통상의 손해로서 상대방이 알았거나 알 수 있었는지의 여부와는 관계없이 그 배상을 구할 수 있고, 이를 초과하여 지출되는 비용은 특별한 사정으로 인한 손해로서 상대방이 이를 알았거나 알 수 있었던 경우에 한하여 그 배상을 구할 수 있다.

④ 계약교섭의 부당한 중도파기가 불법행위를 구성하는 경우 그러한 불법행위로 인한 손해는 신뢰손해에 한정된다고 할 것이나, 아직 계약체결에 관한 확고한 신뢰가 부여되기 이전 상태에서 계약교섭의 당사자가 계약체결이 좌절되더라도 어쩔 수 없다고 생각하고 지출한 비용, 예컨대 경쟁입찰에 참가하기 위하여 지출한 제안서, 견적서 작성비용 등은 여기에 포함되지 아니한다.

> ✔ 해설   ① 대판 2011.11.10, 2011다41659
> ② 채무불이행을 이유로 계약해제와 아울러 손해배상을 청구하는 경우에 그 계약이행으로 인하여 채권자가 얻을 이익 즉 이행이익의 배상을 구하는 것이 원칙이지만, 그에 갈음하여 그 계약이 이행되리라고 믿고 채권자가 지출한 비용 즉 신뢰이익의 배상을 구할 수도 있다고 할 것이고, 그 신뢰이익 중 계약의 체결과 이행을 위하여 통상적으로 지출되는 비용은 통상의 손해로서 상대방이 알았거나 알 수 있었는지의 여부와는 관계없이 그 배상을 구할 수 있고, 이를 초과하여 지출되는 비용은 특별한 사정으로 인한 손해로서 상대방이 이를 알았거나 알 수 있었던 경우에 한하여 그 배상을 구할 수 있다고 할 것이고, 다만 그 신뢰이익은 과잉배상금지의 원칙에 비추어 이행이익의 범위를 초과할 수 없다(대판 2002.6.11, 2002다2539).
> ③ 대판 2003.10.23, 2001다75295
> ④ 대판 2003.4.11, 2001다53059

8 불법행위의 주관적 성립요건에 관한 다음 설명 중 옳은 것은?

① 불법행위에서 말하는 과실은 구체적 과실이다.
② 금치산자라고 해서 반드시 책임능력이 없는 것은 아니다.
③ 실화책임에서는 고의의 경우에만 책임을 진다.
④ 행위자의 위법성의 인식이 있어야 한다.

 ① 불법행위에서 말하는 과실은 추상적 경과실이다.
② 금치산자라도 의사능력이 회복된 때에는 책임능력이 있다.
③ 실화책임에 관한 법률은 고의·중과실인 경우에만 실화자가 책임을 진다고 규정하고 있다.
④ 행위자의 행위가 위법하면 족하며, 그 위법성의 인식까지 하여야 하는 것은 아니다.

9 다음 중 불법행위책임에 관한 설명으로 옳은 것은?

① 불법행위자의 고의·과실은 법률상 추정된다.
② 불법행위자는 채무불이행 책임자와 달리 불법성이 강하므로 자신의 손해배상책임에 대해 상계를 주장할 수 없다.
③ 금치산자와 같은 책임무능력자라도 일시적으로 의사능력이 회복된 상태에서 위법행위를 하였다면 불법행위책임이 성립할 수 있다.
④ 불법행위자의 책임무능력은 피해자가 입증하여야 한다.

 ① 법률상 추정되지 않는다. 따라서 피해자가 불법행위자의 고의·과실 있음을 입증해야 한다.
② 고의의 불법행위자는 상계를 주장할 수 없으나(제496조), 과실의 불법행위자는 자신의 손해배상채무를 상계할 수 있다.
③ 불법행위에 있어서 책임능력은 구체적인 경우에 개별적으로 판단하여 인정할 수 있으면 된다.
④ 책임능력은 일반인에게는 갖추어져 있는 것이 보통이므로 피해자가 가해자의 고의·과실을 입증하면 족하고, 가해자는 자신의 책임을 면하기 위해 책임무능력을 입증하여야 한다.

10 책임무능력자의 감독자의 책임에 관한 설명 중 옳은 것은?

① 감독의무자가 스스로 가해행위를 한 것에 대한 책임이다.

② 미성년자 · 금치산자라고 하더라도 행위 당시 책임능력이 있는 경우에는 감독의무자에게 과실이 있더라도 감독의무자가 책임을 지지는 않는다.

③ 책임무능력자의 감독자가 의무를 해태하지 아니한 때라도 배상책임이 있다.

④ 대리감독자에게 배상책임이 있으면 법정감독의무자는 책임을 면한다.

> **✔ 해설** ① 감독의무자의 과실은 책임무능력자의 행위에 대한 일반적인 감독의무의 위반을 말하는 것이다.
> ② 책임능력 있는 미성년자, 금치산자가 불법행위책임을 진다.
> ③ 감독자가 감독의무를 해태하지 아니한 경우에는 책임이 없다(제755조 제1항 단서).
> ④ 양자의 책임은 부진정연대책임이므로, 피해자는 전부의 배상을 받을 때까지 어느 쪽에 대해서도 책임을 물을 수 있다.

11 다음 중 무과실책임인 것은?

① 사용자 책임

② 공작물 소유자의 책임

③ 책임무능력자의 감독자의 책임

④ 동물 점유자의 책임

> **✔ 해설** ① 피용자의 선임 · 감독의무의 해태에 대한 책임이다(제756조).
> ② 제758조 제2항
> ③ 감독의무 해태에 대한 책임이다(제755조).
> ④ 동물의 보관에 상당한 주의를 해태한 것에 대한 책임이다(제759조).
> ※ ①③④의 책임은 책임자가 자기가 직접 불법행위를 한 것은 아니지만, 행위자(물)의 행위를 지배할 수 있는 위치에 있는 자라는 점에서 그 책임의 정도를 무겁게 구성하고 있다(중간책임). 다만 이러한 책임은 여전히 그 책임의 근거를 책임자의 감독 · 관리 해태 등에서 도출한다는 점에서 완전한 의미의 무과실책임은 아니다.

12 도급인의 사용자책임에 관한 다음 설명 중 옳지 않은 것은?

① 도급인은 수급인의 행위에 관하여 원칙적으로 책임을 지지 않는다.

② 도급 또는 지시에 관하여 도급인에게 중대한 과실이 있어야 한다.

③ 도급인의 중과실은 피해자가 입증하여야 한다.

④ 수급인의 행위는 불법행위가 성립하여야 한다.

> **✔ 해설** ① 제757조 본문
> ② 제757조 단서
> ④ 수급인의 행위로 제3자가 손해가 발생하면 되고, 수급인의 행위가 불법행위이어야 하는 것은 아니다.

13 사용자책임에 관한 다음 설명 중 옳지 않은 것은?

① 일시적인 고용이거나 사용관계의 기초가 되는 계약이 존재하지 않는 경우에도 사용자책임에서 말하는 피용자에 해당한다.

② 외형상 피용자의 직무범위에 속하는 행위가 실제는 배임행위인 때에는 사용자책임에서 말하는 사무집행에 포함되지 않는다.

③ 사용자가 책임을 지는 경우라 하더라도 피용자의 책임이 면책되는 것은 아니며, 피해자는 피해 전부의 배상을 받을 때까지 어느 쪽에 대하여도 손해배상청구가 가능하다.

④ 사용자가 손해배상을 한 경우에는 피용자에 대하여 구상권을 행사할 수 있음은 물론이다.

> ✔해설 ① 대판 1998.8.21, 97다13702
> ② 객관적으로 행위의 외형상 사무의 범위 내라고 인정되는 경우에는 피용자가 그의 지위를 남용하여 자기의 이익을 꾀할 목적으로 행한 경우에도 사무집행에 관하여 행한 행위라고 하여야 한다(대판 1980.1.15, 79다1867).
> ③ 대판 1969.6.24, 69다441
> ④ 제756조 제3항

14 민법상 사용자책임에 대한 설명으로 판례의 태도와 다른 것은?

① 사용자책임과 요건인 '사무집행에 관하여'라는 뜻은 피용자의 불법행위가 외형상 객관적으로 사용자의 사업 활동 내지 사무집행행위 또는 그와 관련된 것이라고 보여질 때에는 행위자의 주관적 사정을 고려함이 없이 이를 사무집행에 관하여 한 행위로 본다는 것이다.

② 위법행위로 타인에게 직접 손해를 가한 피용자 자신의 손해배상의무와 그 사용자의 손해배상의무는 사실상 하나의 채무여서 그 양자가 배상하여야 할 손해액의 범위는 같다.

③ 피용자의 행위가 사용자나 사용자에 갈음하여 그 사무를 감독하는 자의 사무집행행위에 해당하지 않음을 피해자 자신이 알았거나 또는 중대한 과실로 알지 못한 경우에는 사용자 혹은 사용자에 갈음하여 그 사무를 감독하는 자에 대하여 사용자책임을 물을 수 없다.

④ 도급인이 수급인에 대하여 특정한 행위를 지휘하거나 특정한 사업을 도급시키는 경우와 같은 이른바 노무도급의 경우에 있어서는 도급인이라고 하더라도 민법 제756조가 규정하고 있는 사용자책임의 요건으로서의 사용관계가 인정된다.

> ✔해설 위법행위로 타인에게 직접 손해를 가한 피용자 자신의 손해배상의무와 그 사용자의 손해배상의무는 별개의 채무여서 그 양자가 배상하여야 할 손해액의 범위가 각기 달라질 수 있다(대판 1999.2.12, 98다55154).

Answer 10.② 11.② 12.④ 13.② 14.②

15 공동불법행위에 관한 다음 설명 중 옳지 않은 것은?

① 공동불법행위책임은 부진정연대책임이다.

② 피용자의 불법행위에 대해서 사용자에게 고의가 있는 경우는 사용자책임의 문제이며 공동불법행위는 문제되지 않는다.

③ 공동불법행위자 중 1인이 피해자에게 전부배상을 한 경우 배상자는 다른 불법행위자에게 구상권을 가진다.

④ 공동불법행위자가 되기 위하여는 행위자의 공모 혹은 의사의 공통이나 공동의 인식은 필요하지 아니하고, 그 행위가 객관적으로 관련·공동하고 있으면 족하다.

> ✔해설 ② 사용자책임에서 사용자의 부주의는 선임·감독에 관한 것이므로 사용자의 고의가 피해자를 향하여 있는 것이라면 이는 공동불법행위의 문제이다(대판 1963.11.15, 62다596).
> ③ 대판 1983.5.24, 83다208
> ④ 대판 1963.10.31, 63다573

16 다음 중 공작물 등의 하자로 인한 책임에 관한 설명으로 옳은 것은?

① 공작물이란 토지의 공작물에 한한다.

② 수목의 식재 또는 보존에 하자가 있는 경우에는 공작물의 책임을 준용한다.

③ 점유자와 소유자의 책임은 부진정연대채무관계이다.

④ 점유자와 소유자는 손해의 방지에 필요한 주의를 다하였음을 입증하여 책임을 면할 수 있다.

> ✔해설 ① 제758조 제1항 참조. 구 민법상에서는 토지의 공작물에 한정하였으나, 현행 민법에는 그러한 제한이 없다.
> ② 수목의 식재 또는 보존에 하자가 있는 경우에도 공작물 책임을 준용한다(제758조 제2항).
> ③ 점유자가 1차적인 책임을 지고, 소유자의 책임은 점유자의 책임이 인정되지 않는 경우에 비로소 인정되는 2차적인 책임이다.
> ④ 점유자에 관하여는 면책사유를 인정하나, 소유자에 관하여는 이를 인정하지 않는다(제758조 제1항 단서 참조).

Answer 15.② 16.②

서원각 용어사전 시리즈

상식은 "용어사전"

용어사전으로 중요한 용어만 한눈에 보자

중요한 용어만 공부하자!

1 시사용어사전 1200

매일 접하는 각종 기사와 정보 속에서 현대인이 놓치기 쉬운, 그러나 꼭 알아야 할 최신 시사상식을 쏙쏙 뽑아 이해하기 쉽도록 정리했다!

2 경제용어사전 1030

주요 경제용어는 거의 다 실었다! 경제가 쉬워지는 책, 경제용어사전!

3 부동산용어사전 1300

부동산에 대한 이해를 높이고 부동산의 개발과 활용, 투자 및 부동산 용어 학습에도 적극적으로 이용할 수 있는 부동산용어사전!

- 최신 관련 기사 수록
- 다양한 용어를 수록하여 1000개 이상의 용어 한눈에 파악
- 용어별 중요도 표시 및 꼼꼼한 용어 설명
- 파트별 TEST를 통해 실력점검